| 2021 최신 개정판 |

미리 준비할수록 덜 내는 현명한 상속·증여설계

| 2021 최신 개정판 |

미리 준비할수록
덜 내는
현명한
상속 · 증여설계

이병권 지음

새로운 제안

상속·증여세는 그동안 일부 부유층만 내는 세금으로 알려져 왔다. 하지만 국세청 통계에 따르면 최근 들어 증여세의 납세인구와 납세액이 급속도로 증가하고 있다. 이는 우리나라에서도 재산상속을 고민하고 증여를 통해 재산상속을 미리 실행하는 사람들이 점차 늘고 있음을 의미한다. 재산증여의 대부분은 상속인에게 하는 것이기 때문에 증여도 넓은 의미에서는 재산상속에 해당한다.

우리나라는 50~60년대의 빈곤기와 70~80년대의 경제성장기를 거치고, 2000년대에 들어서는 국민소득 3만 달러 시대에 진입하면서 개인들의 부의 규모도 많이 커지게 되었다. 최근 재산 상속과 증여가 늘고 있는 이유는, 소수에 의해 소득과 자산이 집중되었던 경제발전의 1세대가 지나고 지금은 경제발전의 2세대라 할 수 있는 60~70대의 숫자가 늘었기 때문이다. 현재 우리나라 자산시장의 큰 축을 형성하고 있는 이들 세대에 의해 앞으로 10~20년 후에는 본격적인 재산상속이 이루어지게 될 것이다.

게다가 향후 지속적으로 조세부담이 늘어나고 사회 전반이 고령화 됨에 따라 재무설계의 핵심축은 자연스럽게 상속·증여설계와 은퇴설계로 이동할 수밖에 없다. 특히 갈수록 커질 자녀세대의 경제적 불확실성은 여유계층으로 하여금 상속 대신 서둘러 증여를 선택하게 하는 요인이 될 것이다.

특히 앞으로는 국가부채증가에 따라 증세가 불가피한 상황이며, 재산세나 종합부동산세 등 부동산보유세 부담이 급증할 것으로 예상된다. 따라서 상속보다는 증여를 통한 재산의 이전이 예전보다 훨씬 더 가속화될 것이다.

상속·증여설계의 가장 큰 목적은 피상속인이 사망했을 때 상속인들이 부딪치게 될 법률적·재무적인 문제점 등을 사전에 예상하고 미리 이에 대비하는 것이다. 재산이전과정에서 유산분배 등을 둘러싸고 발생할 상속인들 간의 갈등과 분쟁을 미리 조정하고 재산이전에 따르는 비용, 즉 상속·증여세를 최소화하는 것들이 구체적인 세부전략에 해당한다.

이런 관점에서 재산을 미리 상속해주는 증여설계도 넓은 의미에서는 상속설계의 일부로 봐야 한다. 이러한 상속·증여설계는 미리미리 준비하지 않으면 안 된다. 왜냐하면 죽음을 바로 앞두고는 효과적인 상속·증여설계가 불가능하기 때문이다. 그리고 반드시 세금(절세)설계와 병행했을 때 그 효과를 극대화할 수 있다.

이와 같은 상속·증여설계의 중요성과 필요성에도 불구하고 아직 상속·증여설계가 일반화되지 않는 것은 상속이 개시되기 전에 재산상속을 미리 거론하는 데 따른 거부감과 재산증여를 미리 할 경우 생길지 모르는 여러 가지 부작용 때문이다. 그러나 피상속인의 입장에서는 사전에 치밀하게 계획된 상속·증여설계를 통해 상속개시 이후 상속인들 간의 상속분쟁을 방지하고 절세를 통해 보다 안정적인 재산이전을 가능하게 할 수 있다.

또한 상속·증여설계는 민법과 세법(상속세및증여세법) 등 법률적 지식을 필요로 하기 때문에 관련되는 법률에 대한 완벽한 지식을 갖추어야 한다. 다만, 단순한 법률적 지식이 아니라 이를 해석하고 활용할 수 있어야 하며, 이들을 상속·증여재산(금융상품과 부동산 등)에도 접목시킬 수 있어야 한다.

아무쪼록 이 책이 상속·증여를 고민하고 있는 많은 사람들이 상속·증여설계를 수립하는 데 있어 훌륭한 길잡이 역할을 해주는 지침서가 되기를 간절히 바란다. 아울러 늘 함께하는 새로운 제안의 모든 분들에게도 이 기회를 빌려 감사의 말을 전한다.

이병권

CONTENTS

3장 _ 상속설계를 위한 체크포인트

4장 _ 증여설계를 위한 체크포인트

1장_상속 · 증여설계를 위한 기본 노하우

미리 보는 상속 · 증여설계 Tip

'상속 대신 증여'가 새 트렌드
… 재산 대물림 최고 관심사는 '절세'

주부 이지연(31) 씨는 부친의 유언 덕을 톡톡히 봤다. 무남독녀인 이 씨는 몇 년 전 친정 아버지가 돌아가셨을 때 상속세 때문에 속이 상했다. 친정아버지는 사망 전 "이럴 줄 알았으면 미리미리 손을 써 놓는 건데…"라며 후회 했다. 그래서 올해 초 남편(34)과 상의해 생후 3개월인 아들 이름으로 2,000만원짜리 주식형 펀드에 가입했다. 아들

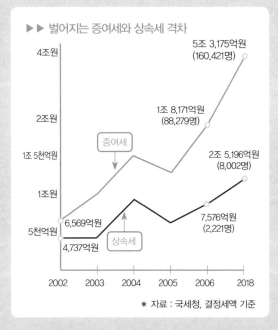

▶▶ 벌어지는 증여세와 상속세 격차

증여세

상속세

5조 3,175억원
(160,421명)

1조 8,171억원
(88,279명)

2조 5,196억원
(8,002명)

6,569억원

4,737억원

7,576억원
(2,221명)

2002 2003 2004 2005 2006 2018

* 자료 : 국세청, 결정세액 기준

의 펀드는 8개월만에 60~70%의 수익률을 내고도 세금은 전혀 내지 않았다. 부모가 미성년 자녀에게 증여할 때는 10년에 2,000만원(성년일 때는 5,000만원)까지 증여세를 내지 않아도 되기 때문이다.

그리고 이 씨는 최근 세무사와 상담한 뒤 곧바로 아들의 펀드를 세무서에 신고했다. 혹시 나중에 펀드가 더 크게 불어날 경우에 대비해서다. 국세청에서는 부모가 자녀 명의의 계좌를 개설한 다음 돈을 입금한 사실만으로는 증여했다고 보지 않고 부모의 차명 계좌로 인정하기 때문이다. 세무서에 신고한 증빙 자료가 있어야 증여로 인정해 준다.

수십억대 재산가인 장수해(58) 씨는 부동산 보유세 부담 때문에 아들 둘에

게 부동산을 증여하기로 마음먹었다. 첫째 아들에게는 상가를, 둘째 아들에게
는 재건축 가능성이 큰 아파트를 주기로 했다. 상가는 증여세의 기준이 되는
시가를 파악하기 어려워 보통 시가의 60~70%인 기준시가로 세금이 매겨진
다. 장 씨는 아파트도 재건축 논의가 본격화돼 값이 오르기 전에 넘기는 게 유
리하다는 판단을 내렸다. 그는 "부동산도 실거래가로 과세하는 추세"라며 "차
라리 기준시가나 공시지가가 오르기 전에 증여하는 편이 나중에 상속세를 내
는 것보다 부담이 적다"고 말했다.

부자들의 전유물로 여겨지던 증여가 점점 대중화하고 있다. 50~60대 자
산가뿐만 아니라 20~30대 회사원까지 증여에 나서고 있다. 증여받는 자녀의
연령도 낮아지고 있다. 부동산 과세가 엄격해지고 자녀 명의로 각종 펀드에 가
입하는 사람이 늘면서 생겨난 현상이다. 재산의 대물림 방식이 상속에서 증여
로 바뀌고 있는 것이다.

국세청 통계에 따르면 2018년 증여세 결정세액은 5조 3,175억원으로 상속
세(2조 5,196억원)의 2배에 달했다. 증여세의 납세인원도 계속 증가하는 추세이
다.

상속세는 재산을 물려주는 사람(피상속인)의 재산을 합산과세해 세율이 높
은 편이다. 이에 비해 증여세는 받는 사람 입장에서 증여받은 금액을 기준으로
과세하기 때문에 적용되는 세율이 낮다. 예를 들어 20억원을 보유한 사람이
사망하면 최대 40%까지 상속세를 내야 하지만 미리 자녀 4명에게 5억원씩 증
여했다면 증여세의 최고세율은 20%로 줄어든다. 2,000~5,000만원의 소액
증여를 신고하는 경우도 크게 늘었다. 서울의 한 세무서는 "2~3년 전까지 거
의 없던 소액증여 신고가 하루에 10여 건씩 몰릴 정도"라고 전했다.

(중앙일보에서 발췌)

상속과 증여의 차이점은 무엇이며, 어떤 것이 더 유리한가요

01

전성기 PB는 상속 · 증여설계에 대해 공부해 보려고 한다. 흔히 증여를 '미리 하는 상속'이라고들 하는데 상속과 증여는 무엇이 다르며, 어떤 것이 더 유리할까?

☑ 상속인

민법에 정해진 순서에 따라 상속권을 갖는 사람을 말한다. 1순위자는 피상속인의 직계비속과 배우자, 2순위자는 피상속인의 직계존속과 배우자이며, 직계비속과 직계존속이 모두 없을 경우에는 배우자가 단독으로 상속권을 갖는다. 선순위자가 모두 상속을 포기하면 다음 순위자에게 상속권이 돌아간다.

재산을 상속인들에게 이전한다는 점에서는 상속이나 증여 모두 마찬가지다. 하지만 상속에 의한 재산이전과 증여에 의한 재산이전은 여러 가지 면에서 차이가 있다. 상속은 재산을 물려주는 사람(이를 피상속인이라고 한다)이 사망한 후 피상속인의 재산이 상속인에게 이전되는 것을 말한다. 따라서 피상속인이 사망해야 상속이 개시되며, 피상속인이 사망한 날이 곧 상속개시일이다.

그러나 증여는 이와 달리 피상속인이 사망하기 전, 즉 살아 있을 때 재산을 미리 이전해 주는 것을 말한다. 따라서 증여를 죽기 전에 미리하는 상속, 즉 사전(死前)상속이라고도 한다. 반면 살아있을 때 미리 증여한 것이라도 증여자의 사망에 의해 효력이 발생하는 유증(유언에 의한 재산증여로서 유증자가 사망을 해야 증여가 이루어진다)과 사인증여(사망을 원인으로 하는 재산증여로서 사망시점에 증여가 이루어진다)에 대해서는 세법상 이를 증여로 보지 않고 상속으로 간주해 상속세를 과세하고 있다.

원래 법률적으로 증여란 증여자와 이를 받는 수증자(증여받는 사람을 뜻한다)가 쌍방간 계약에 따라 아무런 대가나 반대급부없이 재산을 주고받는 것을 말한다. 하지만 대부분 증여는 상속인에게 이루어지는 것이 현실이므로 증여를 사전상속이라고 표현하는 것이다.

상속이나 증여 모두 재산이전에 해당하며, 재산이전에는 비용이 수반된다. 즉, 상속재산(유산)을 물려받은 상속인과 재산을 증여받은 수증자에게는 각각 상속세와 증여세가 과세된다.

따라서 상속·증여설계의 핵심포인트는 재산이전에 따른 이전비용(세금)을 최소화하는 것이다. 아울러 상속·증여설계를 통해 재산분배와 이전을 둘러싸고 발생할 수 있는 상속인들 간의 갈등과 분쟁을 미리 조정하는 것도 매우 중요한 과제이다.

한편 재산이전비용의 최소화라는 관점에서 보면 상속과 증여 중 증여가 절대적으로 유리하다. 세법에서는 상속과 증여를 본질적으로 같은 것으로 보기 때문에 상속이나 증여 모두 같은 세율을 적용한다.

그러나 상속세는 피상속인이 물려준 유산총액에 대해 합산

유증

유언에 의해 재산의 전부 또는 일부를 상속인 또는 상속인이 아닌 자에게 주는 것을 말하며, 포괄적 유증(상속재산의 전부나 일정비율을 주는 것으로, 예를 들면 ○○○에게 재산의 1/2을 준다라는 식)과 특정적 유증(구체적인 하나의 특정재산만을 증여하는 것으로, 예를 들면 ○○○에게 내가 살던 집을 준다라는 식)이 있다. 쌍방간 계약행위인 사인증여와는 달리 유증은 증여자의 단독행위로써 효력이 발생한다.

사인증여

증여자와 수증자가 생전에 증여계약을 맺되, 증여자가 사망해야 증여의 효력이 발생하도록 한 것이다. 유증과는 달리 수증자와의 계약행위이다.

Key Word_
상속, 증여, 유증, 사인증여, 상속·증여세 세율, 유산세, 유산취득세

과세하지만, 증여는 증여받은 재산에 대해 수증자별로 개별과세하기 때문에 과세표준이 분산되어 낮은 세율이 적용된다. 게다가 상속이 평생 한 번만 가능한 반면, 증여는 여러 번에 걸쳐 가능하기 때문에 그 효과는 더욱 크다. 또한 재산상속은 반드시 상속인에게만 가능하지만, 증여는 상속인이 아닌 사람에게도 가능하다는 점에서 차이가 있다.

그렇다고 항상 증여가 상속보다 유리한 것은 아니다. 증여의 경우 위와 같은 장점이 있지만 상속에 비해 증여재산에서 공제되는 금액(이를 증여재산공제라고 한다)이 매우 적다.

반면에 상속은 상속재산에서 공제되는 금액이 매우 많기 때문에 상속인이 배우자와 자녀이고 상속재산이 10억원이 안 될 경우에는 상속세가 아예 발생하지 않는다. 이런 경우라면 굳이 절세를 위해 재산증여를 미리 할 필요가 없다. 따라서 증여를 통한 재산이전이 절세측면에서 상속보다 유리하려면 최소한 상속세가 과세될 정도의 재산규모가 돼야 한다.

나아가 증여의 경우 재산상속을 미리 하는 것이므로 재산이전에 대한 증여자의 증여의지가 절대적으로 필요하다. 증여가 아무리 유리하다고 해도 증여자가 수증자(상속인)들에게 재산을 미리 나눠주고자 하는 뜻이 없다면 증여는 불가능하기 때문이다. 이는 증여자의 가치관이나 인생관(재산증여가 꼭 필요한지에 대한 의문과 자녀에 대한 증여가 자녀의 삶에 대한 태도에 부정적인 영향을 미칠 수도 있다는 생각 등)이 재산이전에 영향을 미치는 중요한 변수라는 점을 의미한다.

▶▶ 상속과 증여의 차이점

구분	상속	증여
과세방식	유산세 방식	유산취득세 방식
납세의무자	상속인	수증자
납세지	피상속인의 주소지(관할 세무서)	수증자의 주소지(관할 세무서)
신고 · 납부기한	상속개시일이 속한 달의 말일부터 6개월	증여일이 속한 달의 말일부터 3개월
세율	10~50%	

▶▶ 유산세와 유산취득세의 차이

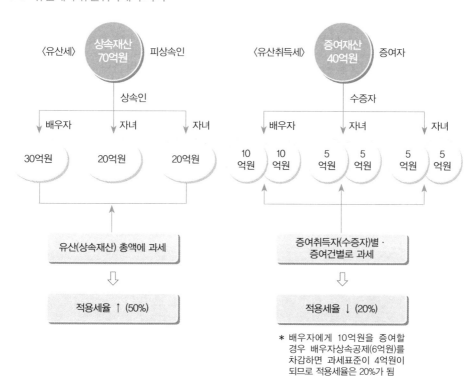

* 배우자에게 10억원을 증여할 경우 배우자상속공제(6억원)를 차감하면 과세표준이 4억원이 되므로 적용세율은 20%가 됨

관련 세법
상속세및증여세법 제47조
[증여세 과세가액]

② 해당 증여일 전 10년 이내에 동일인(증여자가 직계존속인 경우에는 그 직계존속의 배우자를 포함한다)으로부터 받은 증여재산가액을 합친 금액이 1,000만원 이상인 경우에는 그 가액을 증여세 과세가액에 가산한다. 다만, 합산배제증여재산의 경우에는 그러하지 아니하다.

취득세
상속 및 증여로 인한 부동산 취득의 경우 상속으로 인한 취득세는 취득가액(상속재산가액)의 2.8%(농지는 2.3%), 증여로 인한 취득세는 취득가액(증여재산가액)의 3.5%이다. 그러나 조정지역 안에 있는 시가표준액(공시가격)이 3억원 이상인 주택을 증여받은 경우에는 12%의 취득세율을 적용한다(단, 1세대 1주택을 배우자나 직계존비속에게 증여하는 경우에는 3.5%를 그대로 적용함).

상속과 증여의 이와 같은 차이점에도 불구하고 재산이전은 최대한 빠를수록 유리하다. 시간이 지날수록 재산가치는 증가할 수밖에 없고, 이에 따라 이전비용도 늘어날 수밖에 없기 때문이다. 또한 증여를 통한 재산이전도 세법에서는 10년마다 합산과세하므로 미리 증여하지 않으면 증여재산공제를 반복해서 받기 어렵다.

예를 들어 40세에 배우자에게 6억원의 재산을 증여한 사람은 50세와 60세, 70세에 각각 6억원의 재산을 다시 증여할 수 있다. 각각의 증여는 10년이 지나고 나서 재증여된 것이므로 합산과세되지 않는다.

게다가 각각의 증여건별로 배우자에 대한 증여재산공제 6억원을 차감하면 증여세도 전혀 과세되지 않는다. 결국 4번에 걸친 사전증여를 통해 24억원의 재산이 아무런 세금부담없이(단, 증여재산이 부동산이라면 재산이전시 수증자가 취득세 등을 별도로 부담해야 한다) 배우자에게 미리 이전되는 셈이다.

상속·증여를 미리미리 계획하고 설계해야 하는 이유는 무엇 때문인가요

■ ■ ■ ■ ■ ■ ■   ■ ■ ■

02

상속과 증여의 차이점을 이해하고 난 전성기 PB는 아무리 증여가 유리하다고 해도 증여자의 증여의사가 없다면 상속에 앞서 증여설계를 미리 하기는 어렵겠다고 생각했다. 증여를 포함한 상속설계를 미리미리 해야 한다는 점을 고객들에게 어떻게 설명하고 설득해야 할까?

이 세상에서 절대로 피할 수 없는 것이 '죽음'과 '세금'이라는 말이 있듯이 누구나 죽음을 맞이하게 되고, 그에 따라 재산상속도 불가피하다. 하지만 미리 준비한 경우와 그렇지 않은 경우에는 매우 큰 차이가 있다. 갑작스런 가장의 사망시 빚어지는 문제는 여러 가지가 있겠지만 물려받은 재산 없이 남겨진 유가족에게는 생계자금의 확보가 가장 절박할 것이다. 또 상속되는 빚(부채)의 승계문제가 있을 수 있다. 물려받은 재산이 있는 경우에는 상속세의 납부문제와 협의분할을 비롯한 재산분배문제 등이 가장 큰 고민거리가 될 것이다. 이런 문제들을 상속이 개시된 후에 처리하기보다는 미리 준비하고 대비하

☑ 협의분할

상속재산의 분할을 쉽게 하기 위해 상속인들이 합의에 의해 상속지분을 재조정하는 것을 말한다. 세법에서는 협의분할의 효력을 상속개시 당시로 소급하여 인정하므로 협의분할에 따라 특정상속인의 상속분이 늘어난다고 해도 이를 증여로 보지는 않는다. 그러나 상속등기를 마친 후, 상속세 신고기한 후에 다시 협의분할을 해서 특정상속인의 상속지분이 증가하면 이를 증여로 간주한다.

Key Word_
상속·증여설계, 협의분할, 상속
공제금액

면 더 효과적으로 대처할 수 있기 때문에 사전적인 상속·증여설계가 반드시 필요하다.

그러나 대부분의 사람들은 상속·증여설계를 자신과는 전혀 상관없는 일로 생각한다. 이는 상속세가 물려줄 재산이 매우 많은 부유층만이 내는 세금이고, 그에 따라 절세가 주목적인 상속설계는 자신과 무관하다는 단순한 생각에서 비롯된다.

현재 세법상으로 상속세를 내려면(?) 상속인이 배우자와 자녀일 경우 상속개시, 즉 피상속인이 사망할 때 남겨진 유산총액이 10억원을 넘어야 한다. 돌이켜보면 지난 20년간 한국의 자산시장은 급속도로 성장했다. 2000년 이전만 하더라도 10억원은 매우 큰돈이었고 웬만한 사람들에게는 엄두도 못 내는 돈이었다.

하지만 지금은 어떤가? 조사에 의하면 재산이 최소한 70억원은 돼야 부자로 생각한다는 사람들이 많고, 금융기관에서도 50~100억원은 돼야 VIP 대접을 받는다. 자산가치의 증가에 따라 10억원이 기준인 상속세 과세대상에 들어가는 계층도 엄청나게 증가했다. 다만 상속개시(사망)가 당장에 현실화되지 않다보니 통계적으로 이를 느끼지 못할 뿐이다. 이같은 과세대상의 증가에도 불구하고 상속공제금액과 세율은 20년 전과 비교해 거의 차이가 없다. 앞으로도 부의 양극화가 더욱 심화되고 중산층이 계속적으로 줄어든다고 보면 사회극빈층을 지원하기 위한 모든 재원은 결국 중산층 이상 여유계층에서 조달될 수밖에 없다. 이는 앞으로도 상속·증여세를 완화하기가 결코 쉽지 않으며, 오히려 재산이전과 관련된 세원포착과 사후관리 등은 갈수록 점점 더 강화될 것이라는 점을 시사하고 있다. 이런 추세를 반영해서인지 미리하는 상속, 즉 증여신고건수와 금액은 매년 급속도로 증가하고 있다.

지금도 그렇지만, 앞으로도 상속보다는 증여가 재산이전의 트렌드가 될 수밖에 없다. 그 이유는 세금부담을 최소화하는 것도 있지만, 지금의 자녀세대(10~20대)는 특수한 경우를 제외하고는 스스로 경제적 독립기반을 마련하기가 매우 어렵기 때문이다. 특히 웬만한 월급쟁이는 물론이거니와 의사나 변호사라 하더라도 몸값이 예전 같지 않고, 사회에 첫출발을 하는 시기는 더 늦어지는 반면 퇴직시기는 더 앞당겨지고 있는 실정이다.

게다가 앞으로 10년 후가 되면 사회적으로 많은 은퇴자가 쏟아진다. 따라서 젊은 세대의 노년부양비도 엄청나게 늘어날 것이고, 이에 따라 가처분소득은 줄어들 수밖에 없다.

결국 부모의 경제적 능력이 자녀의 미래 경제적 수준과 삶의 질을 결정하는 큰 요인이 될 수밖에 없다. 물론 자녀에 대한 재산증여가 꼭 바람직한 것만은 아니다. 하지만 아주 거액은 아니더라도 어느 정도의 재산을 부모로부터 받아서 시작하는 경우와 맨손으로 시작하는 경우 10년 후, 20년 후의 차이는 엄청나게 벌어질 것이다.

그리고 이런 사전증여는 언제, 얼마를, 어떤 방법으로 실행할 것인지 미리 정교하게 계획을 세워야 한다. 그렇지 않으면 상속인 간의 갈등과 분쟁을 초래하고, 사전증여의 가장 큰 문

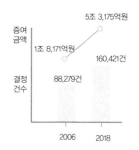

☑ 증여세 결정건수와 금액

국세청의 증여세 결정건수와 금액은 2006년 88,279건, 1조 8,171억원에서 2018년에는 160,421건, 5조 3,175억원으로 각각 81%와 192%가 증가했다.

☑ 노년부양비
생산가능연령인구(15~64세)에 대한 노령층인구(65세 이상)의 비율로, 생산가능인구가 부양해야 하는 경제적 부담을 나타내는 지표이다. 노년부양비는 2010년 15%에서 2030년에는 38%, 2050년에는 72%로 높아진다.

☑ 가처분소득
개인이 자유로이 처분할 수 있는 소득으로서 개인소득에서 소득세를 차감한 것을 말한다. 가계는 이 가처분소득을 가지고 소비를 하거나 저축을 한다.

제점인 스스로 노력해서 살고자 하는 삶의 의지를 훼손할 수 있기 때문이다.

요즘 은퇴자를 비롯한 노년계층에 회자하는 우스갯말로 '자녀들에게 재산을 미리 다 줘버리면 굶어 죽고, 한 푼도 주지 않으면 맞아 죽고, 절반만 주면 쫄려서(시달려서) 죽는다'는 말이 있다. 한순간 웃어넘길 수 있는 우스갯소리에 불과하지만 이 말 속에 재산이전을 둘러싼 고충과 어려움이 고스란히 담겨져 있다.

다시 말해 재산이전, 특히 증여는 구체적인 시기와 대상, 증여수단의 선택, 절차와 방법에 대해 사전에 치밀한 전략을 수립하고 이를 실행하는 것이 무엇보다 중요하다.

또한 상속·증여설계도 은퇴설계와 마찬가지로 장기설계이므로 미리 할수록 효과적이다. 따라서 상속·증여설계의 실행 이후에도 세법이나 각종 법률의 개정, 재산가치 및 구성의 변화, 상속인 구성의 변화, 피상속인의 건강상태의 변화, 경제상황 변화 등 수많은 변수가 존재하므로 이로 인한 상황변화를 지속적으로 모니터링하고 필요하다면 이미 수립한 상속·증여설계를 수정하고 보안해나가는 노력이 필요하다.

부유층이 아닌 데도 상속·증여설계가 꼭 필요한가요

■ ■ ■ ■ ■ ■ ■ ■ ■

03

상속세를 내려면 상속재산이 적어도 10억원은 넘어야 한다는 사실을 알고 난 전성기 PB는 자신의 고객 중 그 정도 재산을 가진 사람이 얼마나 될까 하고 생각하니 막상 상속·증여설계가 필요한 고객이 많지 않을 것 같아 고민이다. 상속설계가 꼭 상속세를 내야 하는 부유층에게만 필요한 것일까?

상속·증여설계가 일부 부유층에게만 필요하다고 생각하면 절대 오산이다. 이는 많은 사람들이 상속·증여설계의 주목적이 절세에 있다고 생각하기 때문이다. 그러나 상속·증여설계가 지향하는 목표는 절세만이 아니다.

물론 상속·증여설계에서 절세는 매우 중요한 요소이다. 하지만 상속세 절세 외에 피상속인의 은퇴 및 생활자금 확보와 상속재산에 대한 통제권 및 재산이전에 대한 피상속인의 가치관 등도 종합적으로 감안해야 한다. 아울러 상속설계시에는 재산상속을 둘러싸고 상속인 사이에 생길 수 있는 분쟁을 최소화하고 상속재산의 운용수익을 극대화하는 방안도 같이 고려해야

Key Word_
상속·증여설계, 세대생략상속,
상속공제 적용의 한도

☑ 세대생략상속

상속 1순위인 직계비속(피상속인의 자녀)이 상속을 포기하거나 피상속인이 유증 또는 사인증여를 통해 피상속인의 자녀가 아닌 그 직계비속(손자녀)에게 재산을 상속하는 것을 말한다.

☑ 상속세 계산구조

　상속재산*
(－) 공과금·채무·장례비
　상속세 과세가액
(－) 상속공제액
　상속세 과세표준
(×) 세율
　산출세액
(－) 증여세액공제
(－) 신고세액공제(3%)
　납부세액

＊ 사망 전 10년 이내에 상속인에게 증여한 재산 포함

＊＊ 자세한 상속세의 계산구조는 123쪽 참조

☑ 상속공제 적용의 한도

상속공제액은 상속세 과세가액에서 다음에 해당하는 가액을 뺀 금액을 한도로 한다(단, ③은 상속세 과세가액이 5억원을 초과하는 경우에만 적용함).
① 선순위인 상속인이 아닌 자에게 유증 및 사인증여한 재산가액
② 선순위인 상속인의 상속포기로 그다음 순위의 상속인이 상속받은 재산의 가액
③ 상속세 과세가액에 가산한 사전증여재산가액(증여 당시 증여재산공제를 받은 경우에는 증여재산가액에서 그 공제받은 금액을 뺀 가액을 말한다)

한다. 따라서 상속설계는 상속세 절세라는 단편적인 접근보다 피상속인의 은퇴설계와 함께 부의 원활한 세대간 이전을 목표로 설계돼야 한다. 다음은 물려받은 유산이 달랑 집 한 채(6억원)인 사람이 상속세를 추징 당한 실제 사례로서 상속설계가 재산규모에 관계없이 누구에게나 필요한 것임을 일깨워 준다(이하 조세일보에서 발췌한 기사임).

납세자 A씨는 2년 전 사망한 할아버지로부터 아파트 한 채를 상속받았다. 원래는 아버지가 상속받았어야 하는데 아버지가 상속을 포기하면서 본의 아니게 '세대생략상속'을 받게 된 것이다. A씨는 상속을 받은 뒤 얼마 지나지 않아 아파트에 대한 상속재산가액을 6억원으로 계산해 상속공제액 10억원을 적용, 관할 세무서에 상속세 신고서를 제출했다. 무언가 미심쩍었던지 A씨는 관할 세무서 접수담당 세무공무원에게 신고에 잘못이 없는지 물었고, 접수담당 세무공무원으로부터 "아무런 문제가 없다"는 답변을 듣고 신고서를 제출, 상속세 문제를 해결할 수 있었다.

그러나 1년이 지난 후 문제가 터졌다. 관할 세무서는 현행 상속·증여세법상 한 세대가 생략된 상속의 경우 상속공제를 적용하지 않는다는 설명과 함께 7,800만원의 상속세를 납부하라는 통지서를 보내온 것이다. A씨는 이에 반발, 조세심판원에 심판청구를 제출했고, "상속세 신고시 관할 세무서 접수담당 공무원에게 적합성을 문의했고, 아무런 문제가 없다는 답변을 듣고 신고서를 제출했다"고 주장했다.

A씨는 "제출한 상속세 신고서에는 피상속인과 상속인의 관계가 '손자'라고 분명히 기재되어 있었기 때문에 접수담당 공무원이 신고서의 오류를 쉽게 인지할 수 있었음에도 이에 대한 업무 소홀로 피해를 준 것"이라며 "과세는 취소되어야 한다"고 강조했다.

국세청은 A씨의 주장에 대해 "접수담당 공무원과의 일반적인 상담내용만으로 관할 세무서가 A씨에게 공적인 견해를 표명했다고 볼 수 없다"고 반박하며 과세의 정당성을 주장했다. 결국 국세청과 A씨의 다툼은 조세심판원이 국세청의 손을 들어주면서 끝이 났다.

심판원은 결정문을 통해 "현행 상속세및증여세법상 세대생략상속의 경우 상속공제 등을 적용하지 않는다고 명백히 규정하고 있다"며 "공제금액이 없는 데도 불구하고 세무공무원의 잘못된 설명을 믿고 신고를 했다는 것이 성실신고 의무불이행에 대한 정당한 이유가 될 수 없다"고 설명했다. 심판원은 이어 "과세관청 직원의 안내는 세법지식이 부족한 일반인을 위한 행정서비스일 뿐, 과세관청의 공적인 견해 표명으로 보기 어렵다"며 "A씨에게 세금을 부과한 처분은 잘못이 없다"고 강조했다.

☑ **상속공제 등을 적용하지 않는다**

A씨의 상속재산과 상속세과세가액은 6억원이지만, 상속공제액을 계산할 때 선순위자인 아버지의 상속포기로 인해 받은 부분(6억원)을 과세가액에서 차감한 금액을 한도로 한다. 따라서 상속공제액은 0원이므로 과세표준은 6억원이 된다.

상속·증여설계는 은퇴설계와 어떻게 관련되나요

04

고객으로부터 상속·증여에 대한 컨설팅 요청을 받고 나가려는 전성기 PB는 지점장으로부터 "상속·증여설계를 하기 전에 은퇴설계 컨설팅부터 먼저 해야 한다"는 말을 들었다. 상속·증여설계를 하는 데 은퇴설계가 필요한 이유는 무엇 때문일까?

재무설계에서 가장 큰 비중을 차지하는 것은 은퇴설계와 상속·증여설계이다. 이 둘은 재무설계의 목적과 대상이 서로 다르지만 매우 밀접한 관련을 갖고 있다.

은퇴설계는 무엇보다 '나' 자신을 위한 것이다. 이에 반해 상속·증여설계는 사랑하는 '가족'을 위한 설계라는 점에서 차이가 있다. 좀 더 엄밀하게 구분하면 은퇴설계는 '나와 배우자'를 위한 것이고, 상속·증여설계는 '자녀'를 위한 것이다.

법적상속인은 자녀와 배우자이지만 상속·증여설계는 재산의 대물림(세대간 이전을 뜻함)을 위한 재무설계로서, 자녀가 아닌 배우자에 대한 상속·증여재산은 머지 않은 장래에 다시 자녀세대에 이전돼야 하므로 완전한 재산이전이 될 수 없다.

세법상으로도 배우자에 대한 상속·증여는 세대간 이전이 아니라는 점을 감안하여 많은 금액의 배우자공제를 허용하고 있다. 현재 상속재산에 대한 배우자상속공제는 최소 5억원에서 최대 30억원까지이며, 배우자에 대한 증여재산공제는 10년마다 6억원을 공제하고 있다. 그러나 훗날 배우자가 사망하여 배우자의 재산이 자녀에게 이전되는 시점에서는 어차피 상속세가 다시 과세될 수밖에 없으므로 이는 단순한 과세이연(연기)에 불과한 것이다.

상속·증여설계가 재산의 대물림을 위한 재무설계이다보니 물려줄 재산이 어느 정도 있는 사람에게만 적용되는 것이 사실이다. 그러나 상속·증여설계가 반드시 절세만을 목적으로 하는 것은 아니기 때문에 상속세를 내지 않을 정도의 재산을 가진 사람에게도 상속·증여설계는 반드시 필요하다. 다만, 재산분배와 재산이전에 앞서 자신의 노후에 대한 은퇴설계는 필수적으로 선행돼야 한다.

즉, 상속·증여설계보다 자신과 배우자에 대한 은퇴설계를 먼저 하고, 남는 여유재산을 언제·어떻게·누구에게 이전할지를 설계해야 한다. 따라서 상속·증여설계는 자신과 배우자의 은퇴설계와 동시에 이루어졌을 때 더 효과적인 설계가 가능하다. 자신과 배우자의 노후자금에 대한 충분한 고려없이 재산이전을 설계했다가는 훗날 낭패를 보기 십상이다.

☑ 배우자상속공제

상속재산(상속개시 전 10년 이내에 상속인에게 사전증여한 재산은 합산하되 상속인이 아닌 자에게 유증한 재산은 제외) 중 배우자의 몫에 대한 공제를 말한다. 배우자상속공제는 배우자가 실제로 상속받은 금액을 공제하되, 민법상의 지분을 한도로 한다. 예를 들어 상속재산에 대한 배우자의 민법상 지분(공동상속인 중 상속포기자가 있어도 이를 무시하고 계산함)이 10억원인데, 배우자가 실제 상속받은 재산이 8억원이라면 8억원이, 13억원이라면 10억원이 공제된다. 그리고 배우자상속공제는 아무리 많아도 30억원을 넘을 수 없으며, 아무리 적어도 최소한 5억원은 공제받는다. 또한 배우자가 상속을 포기하더라도 5억원을 공제받을 수 있다.

☑ 증여재산공제

증여재산에서 공제되는 금액으로 배우자로부터의 증여는 6억원, 직계존비속으로부터의 증여는 5,000만원(단, 증여받는 사람이 미성년자녀인 경우에는 2,000만원), 기타친족으로부터 증여받는 경우에는 1,000만원을 공제한다. 증여재산에서 증여재산공제를 빼면 증여세 과세표준이 산출된다.

Key Word_
은퇴설계, 상속형연금, 혼합형보험

이런 분위기를 반영해 최근에는 은퇴설계와 상속·증여설계를 결합한 상품까지도 등장했다. 예를 들면 상속형연금이나 혼합형보험(종신보험과 연금보험의 기능이 결합된 것)이 모두 이에 해당한다. 구체적인 설계수단에 있어서는 금융자산뿐만 아니라 부동산도 임대수익형부동산의 경우는 안정적인 현금수입을 통해 자신과 배우자의 노후를 보장받을 수 있고 때가 되면 이를 자녀들에게 증여 또는 상속할 수 있다.

　　따라서 상속·증여설계는 비단 재산이전뿐만 아니라 이런 전반적인 목적과 틀 속에서 본인과 배우자의 은퇴자금 확보와 재산이전을 위한 전반적이고 통합적인 솔루션(해법)을 제공할 수 있어야만 한다.

상속순위와 상속지분은 어떻게 결정되나요

05

상속·증여설계의 필요성과 중요성을 파악한 전성기 PB는 지점장으로부터 "상속·증여설계를 제대로 하려면 우선 민법부터 알아야 한다"라는 말을 들었다. 상속·증여설계를 위해 알아야 할 민법 내용은 무엇일까?

상속설계의 핵심은 피상속인이 사망한 후 상속인들이 부딪치게 될 여러 가지 문제점들을 예측하고 미리 이에 대비하는 것이다. 이때 피상속인의 사후(死後)에 발생할 문제점에는 상속세 납부는 물론 상속인들 간의 재산분할과 이전, 가업승계 등 여러 가지가 포함된다.

따라서 상속설계에는 이와 같은 문제점을 해결할 수 있는 구체적인 방안과 해법이 담겨져야 한다. 이때 상속세의 납부문제를 검토하기 위해서는 관련 세법을 정확히 알고 있어야 하며, 재산의 분할과 이전에 관련해서는 민법의 상속 관련 내용을 알고 있어야 한다.

Key Word_
상속권자, 지정상속, 유언의 효력,
상속지분, 법정상속

일반적으로 상속시 재산분배와 관련해 가장 중요한 문제는 피상속인의 유산을 누가(상속권자), 얼마나(상속지분) 가져갈 것인지를 결정하는 일이다.

재산상속을 받을 권리를 갖는 사람을 상속권자라고 하는데, 이는 민법에 규정된 대로 따른다. 민법상 상속 1순위자는 직계비속이다. 직계비속에 해당하는 자녀와 손자가 같이 있는 경우에는 최근친인 직계비속, 즉 자녀가 상속권을 갖는다. 피상속인의 배우자가 있을 경우에는 배우자도 자녀와 함께 1순위자가 된다.

만약 직계비속이 없다면 피상속인의 직계존속(부모)이 2순위자로서 상속권을 갖는다. 이때에도 피상속인의 배우자는 피상속인의 직계존속과 함께 2순위자로서 동등한 상속권을 갖는다.

또한 1순위자인 직계비속과 2순위자인 직계존속이 모두 없을 경우에는 배우자가 단독으로 상속권을 갖게 되며, 1·2순위자 및 배우자가 모두 없을 경우에는 피상속인의 형제자매가 상속권을 갖게 된다.

한편 상속인들이 각자 재산을 얼마나 분배받을 것인지는 원칙적으로 피상속인이 정하게 되는데, 이를 지정상속이라고 한다. 지정상속은 피상속인이 생전에 작성한 유언장이나 사망 당시의 유언에 따라 재산을 나누는 것을 말한다. 이 경우 민법에서 정한 요건을 갖추어야만 유언의 효력을 인정받을 수 있기 때문에 유언의 법적요건을 갖추는 것이 무엇보다 중요하다.

다만 유언 없이 사망한 경우에는 민법이 정한 비율대로 상속재산을 나누게 되는데, 이를 법정상속이라고 한다. 법정상속지

순위	상속권자	비고
1	직계비속	피상속인의 배우자가 있는 경우 배우자는 공동 1순위
2	직계존속	피상속인의 배우자가 있는 경우 배우자는 공동 2순위, 직계존비속이 모두 없을 경우 배우자가 단독상속
3	형제자매	
4	4촌 이내의 방계혈족	

▶▶ 상속지분

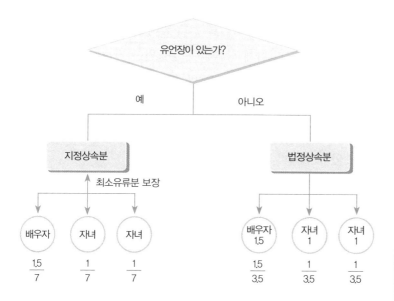

* 배우자 및 직계비속의 유류분 : 법정상속분 $\times \frac{1}{2}$

직계존속 및 형제자매의 유류분 : 법정상속분 $\times \frac{1}{3}$

분은 모든 상속인에게 동일하게 적용하되, 배우자의 경우에만 50%를 할증한다. 예를 들어 상속인이 배우자와 3자녀일 경우 배우자는 1.5의 지분을, 3자녀는 각각 1의 지분을 갖게 되어 상속재산분배비율은 배우자가 1.5/4.5(33.3%)이고 3자녀는 각각 1/4.5(22.2%)이 된다.

이렇게 우리나라 민법은 지정상속에 의한 재산분배를 우선으로 하고 있기 때문에 피상속인의 뜻에 따른 유산분배과정에서 일부 상속인의 권리가 침해될 가능성이 있다. 따라서 민법에서는 이런 문제점을 유류분청구제도로 보완하고 있다. 이는 지정상속과정에서 재산상속을 전혀 받지 못했거나 자신의 법정지분의 1/2에 미달하게 상속받은 상속인이 가정법원에 청구소송을 해서 최소한 자신이 받을 법정상속분의 1/2까지는 상속받을 수 있도록 하는 것이다. 즉, 상속인은 아무리 적어도 자신의 법정상속지분의 1/2까지는 상속받을 수 있도록 법에서 보장을 하고 있는 셈이다.

이와 함께 상속인 간의 공평을 도모하기 위해 기여분제도와 특별수익분제도도 적용하고 있다.

기여분제도란 상속재산형성과정에 특별히 기여한 상속인의 몫을 인정하는 제도로서, 상속지분 계산시 기여분을 상속재산에서 제외시키는 대신 이를 기여상속인의 상속지분에 따로 합산하는 것을 말한다. 예를 들어 피상속인의 상속재산 50억원 중 장남의 기여분이 5억원이고, 상속인이 배우자와 3자녀일 경우 장남의 상속지분은 본인의 기여분 5억원에 10억원{(50억원-

5억원)×1/4.5}을 더한 15억원으로 계산된다.

한편 특별수익이란 공동상속인 중 특정상속인이 피상속인으로부터 미리 증여나 유증을 받은 것(연수의 제한이 없음)을 말한다. 이때 특별수익을 받은 자의 상속지분은 자신의 상속분(상속재산에 미리 증여받은 재산을 더한 금액에 상속지분비율을 곱한 금액)에서 미리 증여받거나 유증받은 재산을 차감하여 계산한다. 즉, 미리 증여받은 재산이 자신의 상속분(특별수익자에게 사전증여한 재산을 합해 계산함)에 미달하는 한도 내에서만 상속받을 수 있다.

예를 들어 피상속인의 사망에 따라 상속재산 40억원이 배우자와 3자녀에게 상속되는 경우 3자녀 중 장남이 15년 전 아버지로부터 사업자금 5억원을 미리 증여받았다면, 장남의 상속몫은 과거에 증여받은 재산을 빼고 계산하게 된다. 이에 따라 장남의 상속지분은 5억원{((40억원+5억원)×1/4.5)−5억원}으로 계산되는데, 결국 장남 몫의 상속재산은 과거의 증여재산을 포함하여 모두 10억원이 되는 셈이다.

대습상속과 세대생략상속은 무엇이 다른가요

06

전성기 PB와 상담하던 VIP 고객 황부자 씨(78세)는 현재 대학생인 자신의 손자(27세)에게 상가(시가 5억원)를 증여하면 세금이 어떻게 되는지 궁금하다고 물어왔다. 이렇게 세대를 건너뛰어 재산을 증여해도 증여세는 똑같이 내는 것일까?

✓ 상속세 계산구조

　상속재산*
(-) 공과금·채무·장례비
　상속세 과세가액
(-) 상속공제액
　상속세 과세표준
(×) 세율
　산출세액
(-) 증여세액공제
(-) 신고세액공제(3%)
　납부세액
* 사망 전 10년 이내에 상속인에게 증여한 재산 포함
** 자세한 상속세의 계산구조는 123쪽 참조

　　원래 재산이전의 흐름은 할아버지의 재산이 자녀에게, 그리고 자녀의 재산이 손자녀에게 이전되는 것이 일반적이지만, 세대를 건너뛰어 할아버지가 직접 손자녀에게 재산을 물려줄 수도 있다. 이때 증여를 통한 이전은 관계없지만 상속의 경우는 손자녀가 1순위 상속권자가 아니므로 1순위 상속권자인 자녀들이 모두 상속을 포기해야 한다.

　　또는 유증이나 사인증여 형식을 통해 본인 사망시 재산을 손자녀에게 이전하는 방법도 가능하다. 민법상으로 유증은 상속, 사인증여는 증여에 해당하지만 둘 다 증여자의 사망시점에서 효력이 발

생하는 것이므로 세법에서는 이들을 모두 상속으로 본다.

그러나 상속포기, 유증 및 사인증여형식을 통해 상속인이 아닌 사람에게 재산을 상속했을 때는 그 금액만큼 상속공제를 받을 수 없어 상속세가 늘어난다는 점도 고려해야 한다.

따라서 상속재산이 많다면 손자녀에게 아예 증여하는 것이 더 유리할 수도 있다. 세법상 피상속인이 상속인에게 증여한 재산 중 사망 전 10년 이내에 증여한 것은 이를 모두 상속재산에 합산한다. 하지만 손자녀는 법적 상속인이 아니므로 상속개시 전에 미리 증여한 사전증여재산의 합산기간이 5년으로 줄어든다. 그러므로 상속인에 대한 사전증여시기를 놓친 고령자의 경우 상속인이 아닌 손자녀에게 증여를 하고 나서 5년이 지나면 상속재산에 다시 합산되지 않는다.

또한 증여받은 손자녀의 입장에서는 할아버지로부터의 증여재산과 자신의 부모인 아버지로부터의 증여재산은 증여자가 서로 다르기 때문에 합산되지 않는다는 것도 장점이다.

이렇게 세대를 건너뛴 상속과 증여를 세대생략상속 또는 세대생략증여라고 한다. 세대생략상속(증여)은 원래 2대에 걸쳐 이루어지는 재산이전단계를 축소함으로써 재산이전에 따른 비용을 최소화할 수 있다는 것이 가장 큰 장점이다. 상속세는 물론 취득세도 절세가 가능하다.

이런 점 때문에 세법에서는 세대생략상속(증여)의 경우 산출세액에 30%(단, 상속인이 미성년자이고 상속재산이 20억원을 초과하는 경우에는 40%)의 세금을 할증해서 과세하고 있다. 그러나

☑ **상속공제를 받을 수 없어(상속공제의 종합한도)**

상속세 과세가액에서 공제되는 상속공제금액은 다음 금액을 한도로 한다.

• 상속공제의 종합한도
= 상속세 과세가액
(-) 선순위인 상속인이 아닌 자에게 유증·사인증여한 재산가액
(-) 선순위인 상속인의 상속포기로 그다음 순위의 상속인이 상속받은 재산가액
(-) 상속재산에 포함된 증여재산가액-증여재산공제액

▶ 사례 1
상속재산이 25억원이고 상속인은 배우자와 1자녀일 경우, 상속재산 중 10억원이 손자에게 상속되었다면 상속공제액은?

☞ 상속공제액은 배우자상속공제 15억원(25억원×1.5/2.5)과 일괄공제 5억원을 더한 20억원이지만, 공제한도는 15억원(25억원-10억원)이므로 15억원만 공제된다.

▶ 사례 2
상속재산이 25억원(내연녀에게 유증한 재산 8억원 포함)이고 상속인은 배우자와 1자녀일 경우, 5년 전 큰아들(45세)에게 5억원을 증여(증여세 신고·납부)했다면 상속공제액은?

☞ 상속공제액은 배우자상속공제 13.2억원((25+5-8)×1.5/2.5)과 일괄공제 5억원을 더한 18.2억원이지만, 공제한도는 17.3억원(25+5-8-4.7)이므로 17.3억원만 공제된다.

Key Word_
사전증여재산의 합산, 세대생략상속, 세대생략증여, 대습상속

상속세 과세가액을 계산할 때 상속개시(사망) 전에 미리 증여한 재산을 다시 상속재산에 합산하는데, 이때 상속인에게 증여한 재산은 상속개시일부터 10년 이내에 증여한 것을 합산하고, 상속인이 아닌 자에게 증여한 재산은 상속개시일부터 5년 이내에 증여한 것을 합산한다.

취득 관련 세금(증여받은 경우)

증여에 의한 취득시에는 3.5%의 취득세율이 적용되며 추가로 지방교육세(0.3%)와 농어촌특별세(0.2%)가 붙어 모두 4%의 취득관련세금을 내야 한다. 단, 조정지역안에 있는 시가표준액(공시가격)이 3억원 이상인 주택을 증여받은 경우에는 12%의 취득세율을 적용한다(단, 1세대 1주택을 배우자나 직계존비속에게 증여하는 경우에는 3.5%를 그대로 적용함).

30%를 할증하더라도 두 번에 걸쳐 내는 세금보다는 적을 수밖에 없다(단, 세대생략상속의 경우는 상속공제가 줄어들게 되므로 이를 구체적으로 따져봐야 한다).

예를 들어 황 씨 소유의 상가(5억원)를 아버지가 증여받고 이를 다시 자신의 아들(성년)에게 증여한다면 모두 1억 5,520만원의 증여세를 내야 하고, 취득 관련 세금도 두 번에 걸쳐 모두 4,000만원을 부담해야 한다.

하지만 이를 처음부터 손자에게 증여한다면 할증과세를 포함하더라도 증여세는 1억 88만원, 취득 관련 세금은 2,000만원으로 줄어든다. 모두 7,432만원의 세금이 줄어드는 셈이다.

한편 대습상속이란 피상속인의 사망 당시 상속 1순위자가 이미 사망하고 없는 경우, 그 사람의 상속지분에 해당하는 상속재산이 그 사람의 상속 1순위자에게 상속되는 것을 말한다.

예를 들어 할아버지 사망시 3자녀 중 장남이 이미 사망하고 없다면 장남몫의 상속재산이 장남의 상속 1순위자인 배우자(큰며느리)와 그 자녀(손자녀)에게 상속되는 것을 말한다. 대습상속은 세대생략상속과는 달리 할증과세되지 않는다.

이 경우 할아버지와 장남이 동시에 사망했다고 하더라도 장남의 상속 1순위자인 배우자와 자녀의 대습상속권은 그대로 인정된다.

▶▶ 세대생략증여의 절세효과

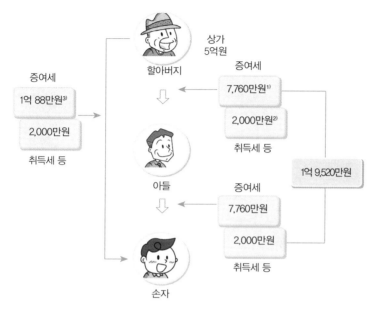

1) {((5억원 − 5,000만원) × 20%) − 1,000만원} × 97%(신고세액공제 3% 차감)
2) 5억원 × 4%(취득세 3.5%, 지방교육세 0.3%, 농어촌특별세 0.2%)
3) (8,000만원 × 130%) × 97%(신고세액공제 3% 차감)

☑ 증여세 계산구조

증여재산
(−) 증여재산공제액
───────────
증여세 과세표준
(×) 세율
───────────
산출세액
(−) 기납부증여세
(−) 신고세액공제(3%)
───────────
납부세액

☑ 관련 세법

상속세및증여세법 제57조 [직계비속에 대한 증여의 할증과세]

① 수증자가 증여자의 자녀가 아닌 직계비속인 경우에는 증여세 산출세액에 100분의 30 (수증자가 증여자의 자녀가 아닌 직계비속이면서 미성년자인 경우로서 증여재산가액이 20억원을 초과하는 경우에는 100분의 40)에 상당하는 금액을 가산한다. 다만, 증여자의 최근친(最近親)인 직계비속이 사망하여 그 사망자의 최근친인 직계비속이 증여받은 경우에는 그러하지 아니하다.

기본통칙 57−0…1 [직계비속에 대한 증여시 할증과세액의 계산]

법 제47조제2항의 규정에 의하여 증여세 과세가액에 가산하는 증여재산 중 수증자의 부모를 제외한 직계존속으로부터 증여받은 재산이 포함되어 있는 경우 법 제57조의 규정에 의하여 할증과세되는 세액은 다음에 의하여 계산한다.

$$증여세\ 산출세액 \times \frac{수증자의\ 부모를\ 제외한\ 직계존속으로부터\ 증여받은\ 재산가액}{총증여재산가액} \times 30\%(또는\ 40\%)$$

− 기할증 과세된 증여세액

상속세및증여세법 제27조 [세대를 건너뛴 상속에 대한 할증과세]

상속인이나 수유자가 피상속인의 자녀를 제외한 직계비속인 경우에는 제26조에 따른 상속세 산출세액에 상속재산(제13조에 따라 상속재산에 가산한 증여재산 중 상속인이나 수유자가 받은 증여재산을 포함한다) 중 그 상속인 또는 수유자가 받았거나 받을 재산이 차지하는 비율을 곱하여 계산한 금액의 100분의 30(피상속인의 자녀를 제외한 직계비속이면서 미성년자에 해당하는 상속인 또는 수유자가 받았거나 받을 상속재산의 가액이 20억원을 초과하는 경우에는 100분의 40)에 상당하는 금액을 가산한다. 다만, 민법 제1001조에 따른 대습상속의 경우에는 그러하지 아니하다.

기본통칙 27-0…1 [세대를 건너뛴 상속에 대한 할증과세 방법]

법 제27조의 규정에 의하여 할증과세되는 세액은 다음 산식에 의하여 계산한다.

$$상속세\ 산출세액 \times \frac{피상속인의\ 자녀를\ 제외한\ 직계비속이\ 상속받은\ 재산가액}{총상속재산가액} \times 30\%(또는\ 40\%)$$

▶▶ 대습상속

피상속인 — 할아버지

할머니 / 장남 (먼저 사망) / 장녀

며느리 / 손자

▶▶ 세대생략상속

피상속인 — 할아버지 70억원

할머니 30억원 / 장남 20억원 / 장녀 10억원

며느리 / 손자 유증 10억원

* 상속공제 한도 = 70억원 − 10억원 = 60억원
* 상속세 산출세액
  = (상속재산 − 배우자상속공제 − 일괄공제 − 금융재산상속공제) × 세율
  = {(70억원 − 30억원 − 5억원 − 2억원) × 50%} − 4억 6,000만원 = 11억 9,000만원

세대생략상속에 따른 할증세액 = 11억 9,000만원 × $\frac{10억원}{70억원}$ × 30% = 5,100만원

상속·증여재산은 어떻게 평가하나요

07

전성기 PB의 선배 나대로 씨(54)는 작년에 투자목적으로 가지고 있던 아파트를 자녀에게 증여하면서 증여세 신고를 했는데, 증여재산가액을 아파트의 공시가격(2억원)으로 신고했다. 그런데 세무서에서는 증여재산가액을 시가인 3억원으로 해야 한다며, 이를 기준으로 증여세를 부과했다. 증여재산의 평가는 무엇을 기준으로 하는 것일까?

상속·증여재산 중 예금 등의 금융자산은 그 평가에 별 어려움이 없지만 부동산이나 고가의 미술품, 골동품, 비상장주식 등은 재산평가를 어떻게 하느냐에 따라 세금액수가 크게 달라진다. 따라서 상속·증여설계를 위해서는 먼저 상속·증여재산의 평가기준이 무엇인지를 잘 알고 있어야 한다.

세법에서는 상속세와 증여세가 과세되는 재산의 가액을 평가기준일의 시가에 의하도록 규정하고 있다. 여기서 시가는 불특정다수인 사이에 자유로이 거래가 이루어지는 경우에 통상 성립된다고 인정되는 가액을 말하며, 수용·공매가격 및 감정

☑ **평가기준일**

상속은 상속개시일(상속등기일이 아닌 피상속인이 사망한 날을 뜻함), 증여는 증여일을 뜻한다.

Key Word_
상속·증여재산의 평가기준,
보충적 평가방법, 1주당 순손익가치

☑ 감정가액

2곳 이상(기준시가 10억원 이하인 부동산은 한 곳 이상)의 감정평가법인이 감정한 평균가격을 말하는데, 해당 감정가액이 상속세법상 평가액과 시가의 90%에 해당하는 가액 중 적은 금액에 미달하는 경우에는 이를 인정하지 않고 세무서장이 다른 감정기관에 의뢰하여 감정받은 가액에 의한다. 감정가액에 따른 평가액이 인정되면 해당 감정평가수수료는 500만원까지 과세가액에서 공제된다.

☑ 보충적 평가방법

납세자가 보충적 평가방법에 따른 기준시가로 신고하더라도 국세청에서는 상속개시일(증여일) 전후 6월(증여는 증여일 전 6개월 ~ 증여일 후 3개월) 이내의 실거래가를 시가로 보아 상속 · 증여재산가액을 평가하여 과세하는 것이 일반적이다.

가액 등 시가로 인정되는 것을 모두 포함한다.

이 경우 평가기준일 전후 6월(증여재산의 경우에는 증여일 전 6개월 ~ 증여일 후 3개월) 이내의 기간(평가기간) 중 확인된 매매가 · 감정가 · 수용가 · 경매가 등도 모두 시가로 본다. 또한 해당 재산과 유사한 사례가액(면적 · 위치 · 용도 · 종목 및 기준시가가 동일하거나 유사한 다른 재산에 대한 가액을 의미하며 상속 · 증여세가 신고된 경우에는 평가기준일 전 6개월부터 평가기간 이내의 신고일까지의 가액을 말함)이 있는 경우에는 해당 가액을 시가로 본다. 나아가 평가기준일 전 2년 이내의 기간 또는 평가기간 후 법정결정기한(상속세는 신고기한으로부터 9개월, 증여세는 신고기한으로부터 6개월)까지 발생한 매매 등 사례가액도 시가로 본다.

나 씨가 증여한 아파트의 경우는 국토교통부 실거래가 조회 등을 통해 매매가 확인이 비교적 수월한 편인데, 공시가격은 비록 2억원이지만 평가기준일을 전후로 실제거래가가 3억원으로 확인된다면 증여재산가액은 3억원이 된다.

한편 앞서 열거된 방법으로도 시가를 산정하기 어려운 경우에는 해당 재산의 종류 · 규모 · 거래상황 등을 감안하여 별도로 정한 방법(이를 보충적 평가방법이라고 한다)으로 평가한 가액에 의한다. 이 경우 적용되는 평가기준은 다음과 같다.

▶▶ 상속·증여재산의 평가기간

원칙

① 위 기간 중 확인된 상속·증여재산의 매매가·감정가·수용가·경매가·공매가 등
② 위 기간 중 상속·증여재산과 유사한 재산의 사례가액
③ 평가기준일 전 2년 이내의 매매사례가액(이후 가격변동이 없는 경우)
④ 평가기간 후 법정결정기한까지 발생한 매매사례가액

예외

위에 열거된 시가 확인이 어려운 경우에 한해서 보충적 평가방법 적용

1. 토지

평가기준일(상속개시일 또는 증여일) 현재의 개별공시지가로 하되, 개별공시지가가 없는 토지는 납세지 관할 세무서장이 인근 유사토지의 개별공시지가를 참작하여 평가한 금액으로 한다.

2. 건물

건물(오피스텔과 상업용건물, 주택은 제외)의 신축가격·구조·용도·위치·신축년도 등을 참작하여 매년 1회 이상 국세청장이 산정·고시하는 가액으로 한다.

3. 오피스텔 및 상업용 건물

건물의 종류·규모·거래상황·위치 등을 참작하여 매년 1회 이상 국세청장이 토지와 건물에 대해 일괄하여 산정·고시한 가액으로 한다.

4. 주택

국토교통부에서 고시한 개별주택가격 및 공동주택가격으로 한다. 다만, 공동주택가격의 경우 국세청장이 결정·고시한 공동주택가격이 있는 때에는 그 가격에 의한다.

5. 차량·기계장비 등

해당 자산을 처분할 경우 다시 취득할 수 있다고 예상되는 가액으로 하되, 그 가액이 확인되지 않는 경우에는 장부가액(취득가액에서 감가상각비를 차감한 가액)과 지방세법에 따른 시가표준액을 순차로 적용한다.

6. 서화·골동품

2인 이상의 전문가가 감정한 가액의 평균액으로 한다. 단, 그 가액이 국세청장이 위촉한 3인 이상의 전문가로 구성된 감정평가심의회의 감정가액에 미달하는 경우에는 그 감정가액으로 한다.

7. 사실상 임대차계약이 체결되거나 임차권이 등기된 재산

1년간 임대료를 12%로 나눈 금액에 임대보증금을 더한 금액과 임대부동산의 시가금액 중 큰 금액으로 한다. 예를 들어 기준시가가 10억원인 상가건물의 임대보증금이 6억원이고 매월 임대료가 750만원이라면 해당 부동산의 평가액은 13.5억원(13.5억원(6억원＋(9,000만원÷12%)과 10억원 중 큰 금액)이 된다.

8. 유가증권

한국거래소에서 거래되는 주권상장법인의 주식은 평가기준일 이전·이후 각 2월 동안 공표된 매일의 최종시세가액(종가)의 평균액으로 하고, 비상장주식은 해당 법인의 손익 및 자산가치 등을 감안하여 평가한다. 이때 1주당 순손익가치와 1주당 순자산가치를 각각 3과 2의 비율로 가중평균한 가액(단, 그 가중평균한 가액이 1주당 순자산가치의 80%에 미달하는 경우에는 1주당 순자산가치의 80%로 평가)에 의해 평가한다. 또한 최대주주가 보유한 주식에 대해서는 그 평가액에 20%(중소기업은 0%(할증 안함))를 가산한다.

9. 예금·저금·적금 등

평가기준일 현재 예입총액과 같은 날 현재 이미 지난 미수이자 상당액의 합계액에서 소득세법 규정에 의한 원천징수세액 상당금액을 차감한 가액으로 한다.

☑ **감가상각비**

유형자산의 사용가능년수(내용년수)가 경과함에 따라 취득원가 중 일부를 비용으로 인식한 것을 말한다. 취득가액에서 감가상각된 금액을 차감하면 장부가액이 계산된다.

☑ **1주당 순손익가치**

1주당 순손익은 각 사업년도 소득금액에서 법인세 등 결정세액을 차감한 금액을 발행주식수로 나눈 것으로, 1주당 수익력을 나타낸다. 1주당 순손익가치는 최근 3년 동안 1주당 순손익의 가중평균액(평가기준일 전 1년간의 순손익에는 3, 2년간의 순손익에는 2, 3년간의 순손익에는 1의 가중치를 곱해서 더한 금액을 6으로 나눈 것)을 기획재정부령이 정한 이자율(현재 10%)로 할인한 가치를 말한다. 단, 상속세및증여세 과세표준 신고기한 이내에 청산절차가 진행 중인 법인, 사업개시 전의 법인, 사업개시 후 3년 미만인 법인과 휴·폐업 중에 있는 법인, 자산총액 중 부동산이 80% 이상인 법인 등의 주식은 순자산가치로만 평가한다.

☑ **1주당 순자산가치**

법인의 세법상 순자산가액을 평가기준일 현재의 발행주식수로 나눈 것을 말한다. 여기서 순자산가액이란 평가기준일 현재 법인의 자산총액에서 부채총액을 차감한 가액에 영업권 평가액을 더한 금액을 말한다. 자산의 평가는 평가기준일 현재의 시가에 의하고 시가가 불분명한 경우 보충적 평가방법에 의해 평가하되, 그 가액이 장부가액보다 적은 경우에는 장부가액으로 평가한다.

✓ 유기정기금

매년 일정금액을 받는 것을 정기금이라고 하며, 정기금을 받게 될 기간이 미리 정해져 있는 것을 유기정기금이라고 한다. 상속 또는 증여를 통해 유기정기금을 받을 권리가 이전됐을 때는 세법이 정하는 바에 따라 평가한 가액을 상속·증여재산에 합산한다.

✓ 무기정기금

정기금을 받게 될 기간을 따로 정하지 않은 채 무한정 지급되는 정기금을 말한다.

✓ 종신정기금

정기금을 받을 사람이 사망할 때까지 정기금을 지급하는 것으로, 종신정기금도 넓은 의미에서는 유기정기금의 일종이다. 그러나 사망시기를 예측할 수 없기 때문에 세법에서는 종신정기금의 상속·증여시 피보험자의 성별·연령별 기대여명연수까지 받게 될 정기금만 과세표준에 포함시킨다.

10. 정기금을 받을 권리

연금처럼 일정금액을 받을 권리가 상속인에게 상속·증여되는 경우 유기정기금은 그 잔존기간 동안 각 연도에 받을 정기금액을 기획재정부령(시행규칙)이 정한 이자율(현재 3%)로 할인한 금액으로 평가한다. 다만, 1년분 정기금액의 20배를 초과할 수 없다.

무기정기금은 그 1년분 정기금액의 20배에 상당하는 금액으로 평가하며, 종신정기금은 그 목적으로 된 자(보험의 경우 피보험자)의 성별·연령별 기대여명의 연수(통계청이 고시)까지의 기간 중 각 연도에 받을 정기금액을 기획재정부령이 정한 이자율(현재 3%)로 할인한 금액으로 평가한다.

11. 저당권 등이 설정된 재산

저당권이 설정된 재산의 가액은 시가 또는 보충적 평가방법에 따른 평가액과 해당 재산이 담보하는 채권액 중 큰 금액으로 하며, 전세권이 등기된 재산의 가액은 시가 또는 보충적 평가방법에 따른 평가액과 등기된 전세금(임대보증금을 받고 임대한 경우에는 임대보증금) 중 큰 금액으로 한다.

상속·증여세의 신고·납부는 어떻게 하나요

■ ■ ■ ■ ■ ■ ■ ● ● ●

08

전성기 PB의 오랜 고객인 노지식 사장(67세)은 이번에 부친이 사망하자 재산을 상속받게 되었다. 상속재산은 모두 20억원(부동산 15억원(은행대출금 1억원 포함), 금융자산 5억원)이고 상속인은 노 사장을 포함한 3형제이다. 그런데 상속세의 신고·납부절차를 몰라 이를 전성기 PB에게 문의해왔다. 상속세의 신고·납부는 어떻게 하는 것일까?

재산을 상속받거나 증여받은 사람은 세법이 정한 일정기한(상속은 상속개시일이 속하는 달의 말일부터 6개월, 증여는 증여받은 날이 속하는 달의 말일부터 3개월) 이내에 이를 신고해야 한다. 단, 피상속인 또는 상속인 전원이 외국에 주소를 둔 경우에는 9개월 이내에 신고하면 된다.

이렇게 신고기한 내에 신고하면 산출세액의 3%에 상당하는 세금을 공제받을 수 있다. 그러나 기한 내에 신고하지 않으면 가산세를 내야 하는데, 신고불성실가산세는 상속세와 증여세 산출세액의 20%(고의적으로 신고하지 않은 경우에는 40%)가 부과된다.

✓ 상속개시일

상속재산의 이전등기일이 아니라 피상속인이 사망한 날을 뜻한다.

Key Word_
상속·증여세의 결정과 통지,
상속세 신고기한, 증여세 신고기한

☑ 관련 세법
상속세및증여세법 제67조
[상속세 과세표준 신고]

① 제3조의2에 따라 상속세 납부의무가 있는 상속인 또는 수유자는 상속개시일이 속하는 달의 말일부터 6개월 이내에 제13조와 제25조제1항에 따른 상속세의 과세가액 및 과세표준을 대통령령으로 정하는 바에 따라 납세지 관할 세무서장에게 신고하여야 한다.
② 제1항에 따른 신고를 할 때에는 그 신고서에 상속세 과세표준의 계산에 필요한 상속재산의 종류, 수량, 평가가액, 재산분할 및 각종 공제 등을 증명할 수 있는 서류 등 대통령령으로 정하는 것을 첨부하여야 한다.
③ 제1항의 기간은 유언집행자 또는 상속재산관리인에 대해서는 그들이 제1항의 기간 내에 지정되거나 선임되는 경우에 한정하며, 그 지정되거나 선임되는 날부터 계산한다.
④ 피상속인이나 상속인이 외국에 주소를 둔 경우에는 제1항의 기간을 9개월로 한다.
⑤ 제1항의 신고기한까지 상속인이 확정되지 아니한 경우에는 제1항의 신고와는 별도로 상속인이 확정된 날부터 30일 이내에 확정된 상속인의 상속관계를 적어 납세지 관할 세무서장에게 제출하여야 한다.

상속세는 피상속인의 주소지 관할 세무서에, 증여세는 수증자(증여받은 사람)의 주소지 관할 세무서에 신고하면 된다. 이때 과세표준의 계산에 필요한 상속(증여)재산의 종류·수량·평가액·재산분할 및 각종 공제 등을 입증할 수 있는 서류 등을 첨부하여 제출해야 한다.

여기서 중요한 것은 상속인이 확정되지 않았더라도 상속세 신고는 반드시 기한 내에 이루어져야 한다는 점이다. 이때에는 상속세 신고와는 별도로 상속인이 확정된 날부터 30일 이내에 확정된 상속인의 상속관계를 기재하여 관할 세무서장에게 제출해야 한다.

한편 상속세와 증여세는 다른 세금과는 달리 납세자가 신고한 대로 세금이 확정되는 것이 아니라 납세자의 신고내용을 토대로 국세청(세무서)이 세액을 결정하게 된다. 그러나 신고를 안 했거나 신고한 과세표준 및 세액에 탈루·오류가 있는 경우에는 국세청이 직접 과세표준과 세액을 조사해서 그 내용을 토대로 결정하게 된다.

상속·증여세의 신고에서 가장 문제가 되는 것은 상속·증여받은 재산의 평가인데, 납세자는 세금을 적게 내기 위해 무조건 기준시가로 신고하지만 국세청에서는 확인된 실거래가에 따른 시가로 평가하는 것이 일반적이다. 이때 납세자들은 이에 불복하여 심판청구 등을 하게 되는데, 대부분 국세청이 납세자의 신고에도 불구하고 상속개시일 전후 6개월(증여는 증여일 전 6개월부터 증여일 후 3개월) 이내의 실거래가 신고에 따른 매매사례가액 등을 시가로 보아 상속·증여재산가액을 다시 평가하여

▶▶ 상속 · 증여세의 신고와 결정기한

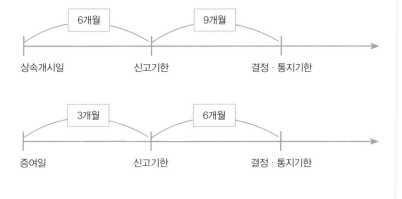

| 6개월 | 9개월 |

상속개시일   신고기한   결정 · 통지기한

| 3개월 | 6개월 |

증여일   신고기한   결정 · 통지기한

상속개시일이 3월 10일인 경우
- 신고기한은 9월 30일까지
- 결정기한은 다음해 6월 말까지임

증여일이 8월 17일인 경우
- 신고기한은 11월 30일까지
- 결정기한은 다음해 5월 말까지임

☑ 관련 세법

상속세및증여세법 제76조
[결정 · 경정]

① 세무서장 등은 제67조나 제68조에 따른 신고에 의하여 과세표준과 세액을 결정한다. 다만, 신고를 하지 아니하였거나 그 신고한 과세표준이나 세액에 탈루 또는 오류가 있는 경우에는 그 과세표준과 세액을 조사하여 결정한다.
③ 세무서장 등은 제1항에 따른 신고를 받은 날부터 대통령령으로 정하는 기간(이하 '법정결정기한'이라 한다) 이내에 과세표준과 세액을 결정하여야 한다. 다만, 상속재산 또는 증여재산의 조사, 가액의 평가 등에 장기간이 걸리는 등 부득이한 사유가 있어 그 기간 이내에 결정할 수 없는 경우에는 그 사유를 상속인 · 수유자 또는 수증자에게 알려야 한다.

상속세및증여세법 시행령 제78조 [결정 · 경정]

① 법 제76조제3항의 규정에 의한 법정결정기한은 다음 각 호의 1에 의한다.
1. 상속세법 제67조의 규정에 의한 상속세 과세표준 신고기한부터 9월
2. 증여세법 제68조의 규정에 의한 증여세 과세표준 신고기한부터 6월

추징하는 것을 적법한 것으로 판결하고 있다. 이 경우 당초의 과소신고분에 대해 신고불성실가산세를 부과하지는 않지만, 납부불성실가산세(미납부세액에 대해 1일당 2.5/10,000(연리 9.125%))는 부과된다.

상속세의 결정과 통지는 상속세 신고기한부터 9개월, 증여세는 증여세 신고기한부터 6개월 이내에 이루어진다. 이렇게 과세표준과 세액을 통지하는 경우에는 납세고지서에 과세표준

Key Word_
연부연납, 분납, 물납, 상속세
과세표준신고 및 자진납부계산서

✓ **납부할 금액의 일부**
납부할 세액이 2,000만원 이하인 경우에는 1,000만원을 초과하는 금액을 분납하고, 납부할 세액이 2,000만원을 초과하는 경우에는 50% 이하의 금액을 분납한다.

✓ **납세담보**
납세자의 세금납부를 확실히 하기 위해 세무서에 맡겨둔 재산을 말한다. 납세담보가 가능한 재산은 금전, 국채와 지방채, 납세보증보험증권, 토지 등이 있다.

과 세액의 산출근거를 명시하여 통지하게 된다. 다만, 상속·증여재산의 조사, 가액의 평가 등에 장기간이 소요되는 등 부득이한 사유가 있어 그 기간 이내에 결정할 수 없는 경우에는 그 사유를 상속인·수유자 또는 수증자에게 통지하고 그 기간을 연장할 수 있다.

상속세와 증여세 산출세액은 신고기간 내에 납부돼야 하지만 납부세액이 2,000만원을 초과하는 경우에는 납부할 금액의 일부를 납부기한 경과 후 2개월 이내에 분납할 수 있다. 또한 상속세와 증여세 납부세액이 2,000만원을 초과하는 경우에는 납세담보를 제공한 후 연부연납을 신청할 수도 있다. 그렇지만 연부연납은 분납과 달리 소정의 이자(연부연납가산금)를 추가로 내야 한다.

한편 상속받은 재산 중 부동산과 유가증권(비상장주식을 제외하되, 비상장주식 이외의 상속재산이 없는 경우는 포함)의 가액이 해당 재산가액의 1/2을 초과하고 상속세 납부세액이 2,000만원을 초과하는 경우에는 물납을 신청할 수 있다(상속받은 금융재산으로 상속세 납부가 가능한 경우에는 물납이 불가능하며 증여세는 물납이 아예 불가능함). 물납은 상속받은 부동산과 유가증권으로 세금을 납부하는 것을 말하는데, 비상장주식은 그 환금성에 문제가 있기 때문에 비상장주식 외의 상속재산이 없거나 납부세액에서 상속세과세가액(비상장주식과 상속인이 거주하는 주택을 차감)을 차감한 금액 이내에서만 물납이 가능하다.

한편 노 사장의 경우 상속세 신고서를 작성해보면 다음과 같다.

[별지 제9호서식]   (앞 쪽)

상속세과세표준신고 및 자진납부계산서

①관리번호	－

신고인	②성 명	노지식	③주민등록번호	430525-1034※※	피상속인과의 관계	자
	④주 소	서울 서초구 반포동 ○○아파트 103-501	(☎ 397-0000)		전자우편 주소	jasin@xx.com
피상속인	⑤성 명	노도강	⑥주민등록번호	290224-1124※※		
	⑦주 소	서울 송파구 잠실동 ○○아파트 301 - 902				
⑧상 속 원 인			⑨상속개시일	20XX. 4. 13.		

구 분	금 액	구 분	금 액
⑩상 속 세 과 세 가 액	1,800,000,000	㉔신 고 불 성 실 가 산 세	
⑪상 속 공 제 액	600,000,000	㉕납 부 불 성 실 가 산 세	
⑫과 세 표 준 (⑩-⑪)	1,200,000,000	㉖차 가 감 납 부 할 세 액 (⑯-⑰-⑱+㉔+㉕)	320,400,000
⑬세 율	40%	납부방법	납부·신청 일자
⑭산 출 세 액	356,000,000	㉗연부연납세액	
⑮세 대 생 략 가 산 액 (「상속세 및 증여세법」제27조)		㉘물 납	
⑯산 출 세 액(⑭+⑮)	356,000,000	현금 ㉙분 납	20XX.12.31. 160,200,000
⑰문 화 재 등 징 수 유 예 세 액		㉚신고납부	20XX.10.31. 160,200,000
⑱ 계 (⑲+⑳+㉑+㉒+㉓)	35,600,000	※연부연납·불납 신청 가능합니다.	

세액공제	⑲증여세액공제	소 계	
		「상속세 및 증여세법」제28조	
		「조세특례제한법」 제30조의5 및 제30조의6	
	⑳외국납부세액공제 (「상속세 및 증여세법」 제29조)		
	㉑단기세액공제 (「상속세 및 증여세법」 제30조)		
	㉒신고세액공제 (「상속세 및 증여세법」 제69조)		35,600,000
	㉓그 밖의 공제		

「상속세 및 증여세법」제67조 및 같은 법 시행령 제64조제1항에 따라 상속과세표준신고 및 자진납부계산서를 제출합니다.

20XX 년 10 월 31 일

신 고 인   노지식   (서명 또는 인)
세무대리인   김세돌   (서명 또는 인)
(관리번호 :   ☎   )
송파 세무서장 귀하

구비서류	신고인 제출서류	담당 공무원 확인사항 (담당 공무원의 확인에 동의하지 아니하는 경우 신고인이 직접 제출하여야 하는 서류)
	1. 피상속인의 가족관계증명서 1부 2. 상속세과세가액계산명세서(부표 1) 1부 3. 상속인별 상속재산 및 평가명세서(부표 2) 1부 4. 채무·공과금·장례비용 및 상속공제 명세서(부표 3) 1부 5. 상속개시 전 1(2)년 이내 재산처분·채무부담 내역 및 사용처소명명세서(부표 4) 1부	상속인의 가족관계증명서(1부)

본인은 이 건 업무처리와 관련하여 「전자정부법」 제21조제1항에 따른 행정정보의 공동이용을 통하여 담당 공무원이 위의 담당 공무원 확인사항을 확인하는 것에 동의합니다.

신고인   노지식   (서명 또는 인)

▶▶ 상속세과세가액계산명세서

[별지 제9호서식 부표 1]

상속세과세가액계산명세서

①관리번호	—

가. 상속받은 총재산

②재산종류	③ 소 재 지 국외재산국가명	④수량(면적)	⑤가 액	⑥비고
부동산	서울송파 잠실동 ○○아파트 301-902	대지 82.5㎡ 건물 185㎡	1,500,000,000	
예금	○○은행 ○○지점		500,000,000	
⑦ 계			2,000,000,000	

나. 상속세 과세가액 계산

총상속재산 가 액	⑧상 속 재 산 가 액	2,000,000,000
	⑨상속개시 전 처분재산등 산입액 (「상속세 및 증여세법」 제15조)	
	⑩ 합 계	2,000,000,000
비과세 재산가액 (「상속세 및 증여세법」 제12조)	⑪ 계	
	⑫금양(禁養)임야등 가액 (「민법」 제1008조의3)	
	⑬문 화 재 가 액	
	⑭기 타	
과세가액 불산입액	⑮ 계	
	⑯공익법인 출연재산가액 (「상속세 및 증여세법」 제16조)	
	⑰공익신탁 재산가액 (「상속세 및 증여세법」 제17조)	
	⑱기 타	
공제금액 (「상속세 및 증여세법」 제14조)	⑲ 계	110,000,000
	⑳공 과 금	
	㉑장 례 비 용	10,000,000
	㉒채 무	100,000,000
가산하는 증여재산가액	㉓ 계 (㉔+㉕ 또는 ㉔+㉖)	
	㉔「상속세 및 증여세법」 제13조	
	㉕「조 세 특 례 제 한 법」 제30조의5	
	㉖「조 세 특 례 제 한 법」 제30조의6	
㉗ 상 속 세 과 세 가 액[⑩-(⑪+⑮+⑲)+㉓]		1,890,000,000

※ 작성방법
1. ③ 소재지 「국외재산 국가명」에는 재산 소재지가 국외인 경우 '재산소재지 국명'을 적고, 국외재산 소재지는 한글 또는 영문으로 적는 것이 원칙입니다.
2. ⑥비고란에는 ⑧·⑨·⑫·⑬·⑭·⑯·⑰·⑱·㉔·㉕·㉖에 해당되는 재산의 경우에 그 번호를 적습니다. 비과세재산과 과세가액불산입재산의 경우 그 번호와 ⑧을 중복하여 적습니다.
3. ⑧상속재산가액란에는 본래의 상속재산가액에 「상속세 및 증여세법」 제8조부터 제10조까지의 상속재산을 합산한 금액을 적습니다. ⑧상속재산가액란의 금액에는 「상속세 및 증여세법」 제13조 및 ㉕·㉖「조세특례제한법」 제30조의5 및 제30조의6에 따라 가산하는 증여재산가액을 포함하지 아니합니다.
4. ⑨법 제15조 상속개시전 처분재산등 산입액란에는 상속개시전 1(2)년 이내 재산처분·채무부담 내역 및 사용처명세서(별지 제9호서식 부표 4)의 ⑯상속추정 재산가액란의 금액을 적습니다.
5. ⑳공과금란부터 ㉒채무란까지는 채무·공과금·장례비용 및 상속공제명세서(별지 제9호서식 부표 3)의 각 해당금액을 적습니다.
6. ㉕·㉖「조세특례제한법」 제30조의5 및 제30조의6란은 증여당시의 창업자금, 가업승계 주식등 증여재산 평가가액을 적습니다.

▶▶ 상속인별 상속재산 및 평가명세서

[별지 제9호서식 부표2]

상속인별 상속재산 및 평가명세서

가. 상속인별 상속현황

①피상속인과의관계	②성 명	③주민등록번호	④주 소	⑤법정상속지분율 ⑦실제상속지분율	⑥법정상속재산가액 ⑧실제상속재산가액
자	노지식	430525-1034567	서울 서초 반포 ○○아파트 103-501	1/3 —	— —

나. 상속재산명세

⑨종류	⑩소 재 지	⑪수량(면적)	⑫단 가	⑬평가가액	⑭평가기준
부동산 (아파트)	서울 송파 잠실 ○○아파트 301-902	대지 82.5㎡ 건물 105㎡		2,000,000,000	시가
계				2,000,000,000	

※ 작성방법

1. 위 명세서는 상속인별 별지로 작성합니다.

2. ⑤란의 법정상속지분율은 $\dfrac{당해\ 상속인지분}{총상속지분}$ 으로 표시하여 기재합니다.

3. ⑥란에는 [별지 제9호 서식 부표 1]의 ⑩란 및 ㉓란의 금액 합계액에서 상속인이 아닌 수유자가 유증 등을 받은 재산가액과 동 서식의 ⑪·㉒ 및 ㉒란의 금액을 차감한 금액에 대하여 ⑤란의 법정상속지분을 곱하여 계산한 금액을 기재합니다.

4. ⑦란에는 당해 상속인이 협의분할에 의하여 취득한 재산가액(⑧란의 금액)을 총상속재산 가액으로 나눈 비율을 기재합니다.

5. ⑧란에는 상속인간의 협의분할서에 의하여 당해 상속인이 실제 취득한 금액을 기재하고 협의분할서를 첨부하여야 합니다.

6. ⑨란의 종류가 주식(출자지분을 포함한다)인 경우에는 당해 주식을 발행한 법인의 명칭 및 법인의 사업자등록번호를 각각 기재합니다.

7. ⑭란은 시가·기타로 구분하여 기재합니다.

▶▶ 채무 · 공과금 · 장례비용 및 상속공제명세서

[별지 제9호서식 부표 3]

<table>
<tr><th colspan="7">채무 · 공과금 · 장례비용 및 상속공제명세서</th></tr>
<tr><th rowspan="2">채

무</th><th rowspan="2">①종류</th><th rowspan="2">②발생
연월일</th><th colspan="3">채권자</th><th rowspan="2">⑥금액
(원)</th></tr>
<tr><th>③성명
(대표자)</th><th>④주민등록번호
(사업자등록번호)</th><th>⑤주소
(소재지)</th></tr>
<tr><td></td><td>주택담보대출</td><td>20XX.9.6</td><td>○○은행</td><td></td><td>서울 종로 을지로.1가</td><td>100,000,000</td></tr>
<tr><td></td><td colspan="2">계</td><td colspan="4"></td></tr>
<tr><th rowspan="3">공
과
금</th><th>⑦구 분</th><th>⑧연 도 별</th><th colspan="2">⑨기 분 별</th><th colspan="2">⑩금 액 (원)</th></tr>
<tr><td></td><td></td><td colspan="2"></td><td colspan="2"></td></tr>
<tr><td>계</td><td></td><td colspan="2"></td><td colspan="2"></td></tr>
<tr><th rowspan="4">장
례
비
용</th><th colspan="2">⑪지 급 처</th><th colspan="2">⑫지 급 내 역</th><th colspan="2">⑬금 액 (원)</th></tr>
<tr><td colspan="2">○○병원</td><td colspan="2">장례비용</td><td colspan="2">10,000,000</td></tr>
<tr><td colspan="2"></td><td colspan="2"></td><td colspan="2"></td></tr>
<tr><td colspan="2">계</td><td colspan="2"></td><td colspan="2">10,000,000</td></tr>
<tr><th rowspan="15">상
속
공
제</th><td rowspan="6">기초공제 및
기타인적공제</td><td colspan="4">소 계</td><td></td></tr>
<tr><td colspan="4">⑭기 초 공 제</td><td></td></tr>
<tr><td colspan="4">⑮자 녀 공 제</td><td></td></tr>
<tr><td colspan="4">⑯미 성 년 자 공 제</td><td></td></tr>
<tr><td colspan="4">⑰연 로 자 공 제</td><td></td></tr>
<tr><td colspan="4">⑱장 애 인 공 제</td><td></td></tr>
<tr><td>⑲</td><td colspan="4">일 괄 공 제</td><td>500,000,000</td></tr>
<tr><td rowspan="2">추가상속공제</td><td colspan="4">⑳가업상속공제</td><td></td></tr>
<tr><td colspan="4">㉑영농상속공제</td><td></td></tr>
<tr><td colspan="5">㉒배 우 자 상 속 공 제</td><td></td></tr>
<tr><td colspan="5">㉓금 융 재 산 상 속 공 제</td><td>100,000,000</td></tr>
<tr><td colspan="5">㉔재 해 손 실 공 제</td><td></td></tr>
<tr><td colspan="5">㉕동 거 주 택 상 속 공 제</td><td></td></tr>
<tr><td colspan="5">㉖공 제 적 용 한 도 액</td><td>1,890,000,000</td></tr>
<tr><td colspan="5">㉗평 가 수 수 료 합 계</td><td></td></tr>
<tr><td colspan="6">㉘상 속 공 제 금 액 합 계</td><td>600,000,000</td></tr>
</table>

구비서류 : 채무부담 및 공과금 · 장례비 · 평가수수료 지급 입증서류

※ 채무와 공과금은 상속개시당시의 현황에 따라 적습니다.

재산상속 · 증여와 관련해서 국세청은 어떻게 세원을 관리하나요

■ ■ ■ ■ ■ ■ ■   ■ ■ ■

09

상속 · 증여재산의 신고 · 납부 및 결정절차에 대해 알게 된 노지식 사장은 상속 · 증여세가 납세자의 신고내용과 상관없이 관할 세무서의 결정에 따라 최종적으로 확정된다는 사실에 놀랐다. 그렇다면 상속세나 증여세의 결정이 끝난 이후에는 누락신고한 부분에 대한 세금추징 가능성에 대해 안심해도 되는 것일까?

상속 · 증여세도 다른 세금과 마찬가지로 납세의무자인 상속인과 수증자가 스스로 신고 · 납부해야 하지만, 반드시 신고 · 납부한 대로 세금이 확정되는 것이 아니다. 그 이유는 상속 · 증여세가 대부분 부유층을 비롯한 여유계층이 내는 세금으로서 탈루가능성이 매우 높은 데다, 납세자가 상속 · 증여재산을 어떻게 평가하느냐에 따라 세금이 얼마든지 달라질 수 있기 때문이다.

따라서 납세의무자가 신고를 하더라도 신고는 단지 세무서로 하여금 상속 · 증여사실을 알게 해주는 세원포착의 단서를

Key Word_
국세청의 상속세 세원관리, 인별
재산과세자료의 수집 · 관리

☑ 결정

상속·증여세의 납세의무자가 신고한 내용을 토대로 국세청이 상속·증여세를 최종적으로 확정하는 것을 말한다. 상속·증여세는 납세자가 신고한 시점이 아니라 국세청의 결정시점에서 세금이 확정된다.

☑ 경정

국세청의 세금결정이 이루어진 이후에 탈루세액 및 오류, 착오가 발견되어 당초의 결정을 바로 잡는 것을 말한다.

☑ 관련 세법

상속세및증여세법 제80조 [자료의 제공]

① 국세청장은 상속세 및 증여세의 과세 및 징수업무를 위하여 법원행정처장에게 가족관계의 등록 등에 관한 법률 제9조에 따른 가족관계 등록사항에 관한 전산정보자료를 요청할 수 있다. 이 경우 요청을 받은 법원행정처장은 특별한 사유가 없으면 적극 협조하여야 한다.
② 행정자치부장관, 특별시장, 광역시장, 도지사 또는 특별자치도지사는 재산세 과세대상 토지·건축물 및 주택에 관한 자료를 대통령령으로 정하는 바에 따라 매년 국세청장에게 통보하여야 한다.

제공할 뿐이고 최종적인 세액결정은 세무서에서 내리게 된다.

또한 신고내용이 부실하여 신고내용을 토대로 과세표준과 세액을 결정하는 것이 불가능하거나, 세금결정이 내려진 이후에라도 과세표준과 세액에 탈루·오류가 있는 것이 발견된 경우에는 국세청이 직접 과세표준과 세액을 조사하여 결정 또는 경정하게 된다. 따라서 세무서의 결정이 내려졌다고 해서 그 이후에 발견된 탈루나 오류에 대해 추가과세가 불가능한 것은 절대 아니다.

뿐만 아니라 상속·증여세의 조사과정에서는 국세청의 모든 인프라가 총동원되는데, 관할 세무서에서 상속·증여세를 결정·경정하기 위해 조사하는 경우에는 국세청이 직접 나서서 관련된 사람들(피상속인·상속인·증여자·수증자)의 금융재산에 대한 과세자료를 일괄하여 조회한다.

현재 세법에서는 행정기관의 장이 사망신고나 매장 등의 신고를 받은 경우 이를 관할 세무서장에게 통보하도록 하여 기본적인 상속세 세원을 관리하고 있다. 특히 재산규모·소득수준 등을 감안하여 다음과 같은 자에 대해서는 상속세 또는 증여세의 부과·징수업무를 효율적으로 수행하기 위해 평소에 납세자가 제출하는 과세자료나 과세 또는 징수목적으로 수집한 부동산·금융재산 등의 재산자료를 개인별로 매년 전산관리하고 있다.

① 부동산 과다보유자로서 재산세를 일정금액 이상 납부한 자 및 그 배우자

② 부동산임대업에 따른 사업소득세를 일정금액 이상 납부한 자 및 그 배우자

③ 종합소득세(부동산임대업에 따른 사업소득세를 제외한다)를 일정금액 이상 납부한 자 및 그 배우자

④ 납부자본금 또는 자산규모가 일정금액 이상인 법인의 최대주주 및 그 배우자

⑤ 고액의 배우자상속공제를 받거나 증여에 의해 일정금액 이상의 재산을 취득한 자

⑥ 일정금액 이상의 재산을 상속받은 상속인

⑦ 일정금액 이상의 재산을 처분하거나 재산이 수용된 자로서 일정연령 이상인 자

⑧ 기타 상속세 또는 증여세를 포탈할 우려가 있다고 인정되는 자

나아가 일정금액 이상 고액상속의 경우에는 상속세 신고 이후에도 지속적으로 상속인들의 재산증가 여부를 모니터링해서 상속재산의 탈루 여부를 점검한다. 여기서 일정금액 이상이란 상속재산이 30억원 이상인 경우를 말한다.

이 경우에는 상속개시 후 5년 이내에 상속인이 보유한 부동산, 주식 등 금융재산, 서화·골동품, 기타유형재산 등의 가액이 상속개시 당시에 비해 현저히 증가했는지를 체크해서 상속세 신고 당시 결정된 과세표준과 세액에 탈루 또는 오류가 있는지의 여부를 따지게 된다. 물론 상속인이 그 증가한 재산에

☑ 관련 세법

상속세및증여세법 제85조 [납세자별 재산과세자료의 수집·관리]

① 국세청장은 재산규모, 소득수준 등을 고려하여 대통령령으로 정하는 자에 대해서는 상속세 또는 증여세의 부과·징수 업무를 효율적으로 수행하기 위하여 세법에 따른 납세자 등이 제출하는 과세자료나 과세 또는 징수의 목적으로 수집한 부동산·금융재산 등의 재산자료를 그 목적에 사용할 수 있도록 납세자별로 매년 전산조직에 의하여 관리하여야 한다.

상속세및증여세법 시행령 제87조 [인별 재산과세자료의 수집·관리대상]

① 법 제85조제1항에서 '대통령령이 정하는 자'란 다음 각호의 1에 해당하는 자를 말한다.
1. 부동산과다보유자로서 재산세를 일정금액 이상 납부한 자 및 그 배우자
2. 부동산임대에 대한 소득세를 일정금액 이상 납부한 자 및 그 배우자
3. 종합소득세(부동산임대에 대한 소득세를 제외한다)를 일정금액 이상 납부한 자 및 그 배우자
4. 납입자본금 또는 자산규모가 일정금액 이상인 법인의 최대주주 등 및 그 배우자
5. 기타 상속세 또는 증여세의 부과·징수업무를 수행하기 위하여 필요하다고 인정되는 자로서 기획재정부령이 정하는 자

상속세및증여세법 시행규칙 제23조 [인별 재산과세 자료의 수집·관리대상]

① 영 제87조제1항제5호에서 '기획재정부령이 정하는 자'라 함은 다음 각호의 1에 해당하는 자를 말한다.
1. 고액의 배우자상속공제를 받거나 증여에 의하여 일정금액 이상의 재산을 취득한 자
2. 일정금액 이상의 재산을 상속받은 상속인
3. 삭제
4. 일정금액 이상의 재산을 처분하거나 재산이 수용된 자로서 일정연령 이상인 자
5. 기타 상속세 또는 증여세를 포탈할 우려가 있다고 인정되는 자
② 영 제87조제1항제1호 내지 제5호의 규정에 의한 대상자의 선정·부동산과다보유 및 금액기준은 납세자 등이 제출한 과세자료나 과세 또는 징수목적으로 수집한 재산 및 소득자료 중 부동산보유현황·주식변동상황·소득세 및 법인세의 납부실적의 분석 등을 통하여 국세청장이 정하는 기준에 의한다.

☑ 증여추정배제기준금액

국세청에서 재산취득자의 연령(30세 미만, 30세 이상 또는 40세 이상)에 따라 증여여부를 따져 묻는 기준금액을 미리 정해 놓은 것을 말한다. 기준금액 이내의 재산취득시에는 증여추정을 배제하고 기준금액을 초과하는 경우로서 증여 혐의가 있는 경우에는 자금출처를 물은 다음 이를 입증하지 못하면 증여세를 과세한다.

대한 자금출처를 입증한 경우에는 전혀 문제가 없다.

따라서 일단 사후관리대상에서 제외되려면 상속재산이 30억원을 넘지 않는 것이 바람직하나, 그렇지 않다면 사후관리를 염두에 두고 5년간은 상속인들의 재산증가와 관련한 자금출처의 소명자료를 늘 확보해 두는 것이 안전하다. 자금출처의 입증책임은 항상 납세의무자에게 있기 때문이다.

한편 증여재산의 경우에는 10년마다 같은 사람으로부터 증여받은 재산을 합산하여 과세하고 있으며, 재산취득자금의 출처와 관련한 증여추정배제기준금액도 재산취득일 전 10년 이내에 취득한 금액의 합계액을 기준으로 하고 있다.

또한 상속개시일 전에 상속인에게 미리 증여한 재산은 상속개시일 전 10년 이내의 것을 모두 상속재산에 합산하고, 상속인이 아닌 사람에게 증여한 것은 5년 이내의 것을 합산하여 상속세를 과세하고 있다.

▶▶ 국세청의 상속세 세원관리 흐름

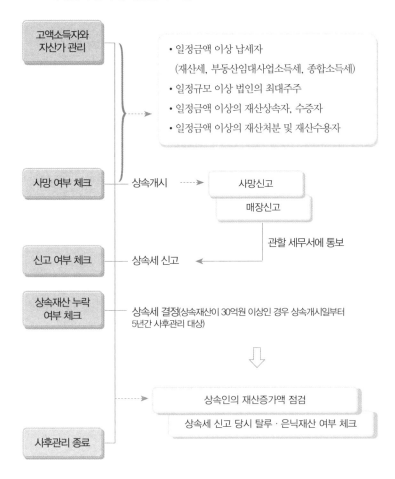

고액소득자와
자산가 관리

- 일정금액 이상 납세자
  (재산세, 부동산임대사업소득세, 종합소득세)
- 일정규모 이상 법인의 최대주주
- 일정금액 이상의 재산상속자, 수증자
- 일정금액 이상의 재산처분 및 재산수용자

사망 여부 체크 ─── 상속개시 ┈┈▶ 사망신고
                              매장신고
                                      관할 세무서에 통보

신고 여부 체크 ─── 상속세 신고 ◀───

상속재산 누락
여부 체크 ─── 상속세 결정(상속재산이 30억원 이상인 경우 상속개시일부터
              5년간 사후관리 대상)

사후관리 종료 ┈┈▶ 상속인의 재산증가액 점검
                  상속세 신고 당시 탈루 · 은닉재산 여부 체크

☑ 관련 세법

상속세및증여세법 제76조
[결정 · 경정]

⑤ 세무서장 등은 제4항을 적용할 때 제1항이나 제2항에 따라 결정된 상속재산의 가액이 30억원 이상인 경우로서 상속개시 후 대통령령으로 정하는 기간 이내에 상속인이 보유한 부동산, 주식, 그 밖에 대통령령으로 정하는 주요 재산의 가액이 상속개시 당시에 비하여 크게 증가한 경우에는 대통령령으로 정하는 바에 따라 그 결정한 과세표준과 세액에 탈루 또는 오류가 있는지를 조사하여야 한다. 다만, 상속인이 그 증가한 재산의 자금 출처를 대통령령으로 정하는 바에 따라 증명한 경우에는 그러하지 아니하다.

상속세및증여세법 시행령
제78조 [결정 · 경정]

② 법 제76조제5항 본문에서 '대통령령으로 정하는 기간'이란 상속개시일 부터 5년이 되는 날(이하 이 조에서 '조사기준일'이라 한다)까지의 기간을 말한다.
③ 법 제76조제5항 본문에서 '대통령령으로 정하는 주요 재산'이란 금융재산, 서화, 골동품, 그 밖에 유형재산 및 제59조에 따른 무체재산권 등을 말한다.
④ 법 제76조제5항의 규정에 의한 조사는 제3항의 규정에 의한 재산의 가액이 상속개시일부터 조사기준일까지의 경제 상황 등의 변동 등에 비추어 보아 정상적인 증가규모를 현저하게 초과하였다고 인정되는 경우로서 그 증가요인이 객관적으로 명백하지 아니한 경우에 한한다.

2장_ 상속·증여
핵심질문 Best 10

일반 납세자에게 상속세는 분명 부담이다. 하지만 시간과 비용을 들여가면 서라도 신고해야 하거나 심지어 상속세를 만들어서라도 납부하는 것이 유리한 경우가 있다. 즉, 상속받은 재산을 언젠가는 양도해야 하는데, 이때 양도소득 세 문제가 발생한다. 그리고 이때 상속으로 취득한 재산을 양도할 때 취득가액 은 사망한 고인이 취득한 예전의 거래가액으로 하는 것이 아니라 상속일 현재 상속세및증여세법에 따라 평가한 가액을 취득가액으로 한다.

여기서 상속세및증여세법에 따라 평가한 가액이란 상속개시 당시 해당 자 산의 시가를 말한다. 해당 자산과 동일하거나, 유사한 자산에 대해 상속개시일 전후 6개월 이내에 매매된 사례가액 등이 있거나, 2곳 이상의 감정평가법인으 로부터 감정받은 가액도 시가로 인정받는다. 시가가 없는 경우에는 세법이 정 한 보충적 평가방법(토지의 공시지가 또는 아파트 공시가격 등)으로 계산한 가액을 말한다.

따라서 상속인들은 상속이 개시되면 상속재산의 상속개시 당시 시가가 얼 마인지와 보충적 평가방법에 따른 가액이 얼마인지를 정확히 파악한 뒤 상속 세 신고 및 납부 여부를 결정하는 것이 바람직하다. 상속개시 당시 시가(거래 가·감정가)가 11억원인 사업용토지(상속 당시 공시지가는 6억원)를 상속받은 후 13억원에 매도하는 경우를 예로 들어보자.

납세자 A는 상속재산의 기준시가(6억원)가 공제액(10억원)보다 적으므로 상 속세 부담이 없는 것으로 보고 신고하지 않았다. 납세자 B는 시가가 11억원임 을 적극 신고에 반영해 970만원의 상속세를 납부했다. 일반적인 상식으로는 상속세를 내지 않은 A가 현명한 판단을 했다고 볼 수 있다. 그러나 상기 재산 을 훗날 13억원에 양도한다고 보면 양도소득세 부담이 발생한다. 결과적으로 B는 상식에 어긋나게 상속세를 일부러 납부해 어리석게 보였지만 양도소득세

▶▶ 상속세

항목		상속재산을 기준시가 6억원으로 결정받은 경우(A)	상속재산을 적극 시가반영해 11억원으로 결정받은 경우(B)
상속재산		6억원	11억원
상속공제	일괄공제	5억원	5억원
	배우자상속공제	5억원	5억원
상속세 과세표준		0	1억원
상속세액		0	970만원*

* (1억원 × 10%) × 97%(신고세액공제 3% 차감)

▶▶ 상속받은 재산을 양도할 때의 양도소득세

항목	상속재산을 기준시가 6억원으로 결정받은 경우(A)	상속재산을 적극 시가반영해 11억원으로 결정받은 경우(B)
양도가액	13억원	13억원
취득가액	6억원	11억원
양도차익	7억원	2억원
과세표준	6억 9,750만원	1억 9,750만원
세율	6~45%	6~45%
양도소득세액	2억 5,755만원	5,565만원

* 과세표준 계산시 장기보유특별공제는 고려하지 않았으며, 기본공제(250만원)만 차감했음

를 A보다 5분의 1 정도로 줄일 수 있었다.

　상속재산가액이 큰 경우에는 상속재산이 조금이라도 적게 평가되는 것이 당연히 유리하다. 그러나 위와 같이 상속재산의 시가가 상속공제액 부근인 5~15억원 가량 되는 경우, 그리고 시세와 공시지가의 가격 차이가 많은 토지를 상속받은 경우에는 상기와 같이 세부담을 사전에 비교·확인해 두는 것이 좋다. 이런 이유 때문에 감정평가사에게 토지를 시세보다 더 비싸게 감정해달라고 요청하는 경우가 현실에 존재하는 것이다.

(매경이코노미에서 발췌)

부채가 많아 상속을 포기해도 보험금을 받을 수 있나요

사업을 하는 노심초 씨(48세)는 혹시라도 사업이 망해 한순간에 모든 재산이 다 날아가지 않을까 걱정이다. 그래서 아내와 자녀를 보험금수익자로 하는 보험을 하나씩 들어주려고 한다. 그런데 사업을 하다보면 늘 빚이 있기 마련인데, 자신이 사망할 당시에 채무가 있을 경우에도 아내와 자녀가 보험금을 받을 수 있는지 궁금하다. 그리고 상속 당시 부채가 많을 경우 상속을 포기해도 보험금을 받을 수 있을까?

10

☑ 한정승인

상속포기는 피상속인의 채무가 상속재산보다 더 많다는 것이 확실한 경우에 취할 수 있는 방법이다. 그러나 상속재산과 상속채무 중 어느 것이 더 많은지 불분명할 때에는 한정승인을 하게 되는데, 한정승인이란 상속을 받기는 하되 채무에 대해서는 자기가 받은 상속재산 범위 내에서만 변제책임을 진다는 의사표시이다. 즉, 자신이 받은 상속재산을 초과하는 채무에 대해서는 변제책임이 없다는 것을 사전에 확실히 해두는 절차라고 보면 된다.

재산상속이 개시되면 피상속인의 재산은 물론 부채(채무)도 모두 상속인에게 이전된다. 그런데 상속채무가 상속재산보다 더 많다면 피상속인의 빚이 고스란히 상속인에게 승계 됨으로써 피상속인의 사망 후 상속인이 곤경에 빠지는 상황이 생길 수도 있다. 이런 점을 감안하여 민법에서는 한정승인과 상속포기라는 제도를 둠으로써 상속인이 원치 않을 경우에는 상속을 받지 않을 수 있게 하고 있다.

한정승인은 상속인이 물려받은 상속재산금액의 범위 내에서만 상속채무를 변제할 의무를 지는 것으로, 피상속인의 채무규모가 얼마나 되는지 알 수 없어 무조건 상속을 포기하기가 곤란한 상황에서 선택하는 방법이다.

　그러나 상속채무가 상속재산보다 더 많다는 것이 확실할 때는 아예 상속을 포기하는 것이 더 유리하다. 상속을 포기하면 상속재산에 대한 권리를 포기하는 대신 피상속인의 채무를 대신 갚지 않아도 된다.

　이 경우 피상속인의 사망에 따라 보험회사로부터 수령할 사망보험금이 있다면 상속포기와 함께 보험금에 대한 수령권도 없어지는 것일까? 또는 상속인들이 상속을 포기하지 않았을 때 피상속인의 채권자가 상속보험금에 대해 압류할 수 있을까?

　세법에서는 피상속인이 사망함에 따라 수령하는 보험금 중 피상속인이 보험계약자로서 납부한 보험금을 상속재산으로 보고, 이를 상속재산에 포함시켜 상속세를 과세하고 있다.

　그렇지만 사망보험금을 상속재산으로 간주하는 것은 사망한 피보험자(피상속인)가 보험료를 납부한 결과에 따라 상속인이 보험금을 받게 된 것이므로 이를 피상속인이 물려준 유산으로 보아 이에 대해 상속세를 과세하기 위한 것일 뿐, 사망보험금은 계약자(피상속인)가 아닌 보험금수익자의 고유재산이므로 피상속인의 채권자가 상속보험금에 대해 압류할 수는 없다(대법원 판례 2000다 31502).

　더불어 보험금수익자인 상속인이 상속을 포기하더라도 상속포기와는 아무 상관없이 수익자는 보험금을 지급받을 수 있다. 이 경우 보험금에 대해 압류를 하더라도 어차피 상속을 포기함으로써 피상속인의 채무를 승계받지 않은 상속인에게 채무이행

☑ 상속포기

피상속인의 상속재산 중 채무가 포함되어 있을 경우 채무는 상속인에 승계되는 것이므로 상속세를 계산할 때도 채무는 공제된다. 그러나 상속재산가액보다 채무가 더 많은 경우에는 상속인이 피상속인의 채무를 떠안아 오히려 더 불행해질 수 있으므로 이런 경우에는 아예 상속을 포기하여 부당한 채무를 떠안지 않을 수 있도록 하였다. 상속포기는 상속재산보다 채무가 더 많음을 안 날부터 3개월 이내에 가정법원에 신청하면 된다.

☑ 관련 세법

상속세및증여세법 제8조 [상속재산으로 보는 보험금]

① 피상속인의 사망으로 인하여 받는 생명보험 또는 손해보험의 보험금으로서 피상속인이 보험계약자인 보험계약에 의하여 받는 것은 상속재산으로 본다.
② 보험계약자가 피상속인이 아닌 경우에도 피상속인이 실질적으로 보험료를 납부하였을 때에는 피상속인을 보험계약자로 보아 제항을 적용한다.

Key Word_
한정승인, 상속포기, 상속채무, 보험금 압류, 상속포기와 보험금 수령

을 이유로 강제집행을 할 수는 없는 것이다.

그러나 보험금과 보험계약에 대한 압류는 별개인데, 만약 노
씨가 사망하지 않은 상태라면 노 씨가 계약자인 보험계약도 노 씨
소유의 금융자산이므로 노 씨의 채권자가 채무이행을 이유로 압
류할 수 있다. 이때 미리 계약자를 변경하는 것도 가능하지만 채
무면탈을 목적으로 재산권을 이전했을 경우에는 채권자로부터 민
법상 사해행위취소의 소를 제기당할 수도 있다. 그러므로 애초에
보험 가입시 계약자를 아예 배우자나 자녀 등 상속인 명의로 가입
하는 것이 가장 안전하다.

한편 상속이 개시되면 체납세금을 포함하여 피상속인이 내
야 할 세금의 납세의무도 상속인에게 승계되는데, 이 경우 납
세의무도 상속인의 상속재산을 한도로 한다. 즉, 상속재산을
초과해서는 납세의무가 성립되지 않는다. 다만 국세청 예규(서
면1팀-582, 2005.5.3)에 따르면 이때는 체납국세의 징수를 위해
상속인이 수령한 보험금에 대해 압류가 가능하다.

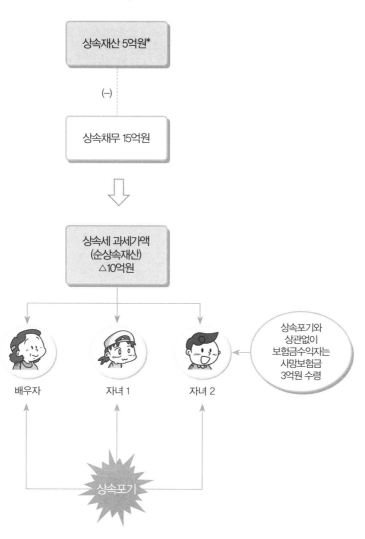

* 사망보험금 3억원 포함(계약자 : 피상속인, 피보험자 : 피상속인, 수익자 : 상속인)

11

보험금으로 상속·증여할 때는 계약자와
수익자를 어떻게 정하는 것이 좋은가요

■■■■■■■ㅣ ■ ■■■

보험계약 2건을 체결하고 기분좋게 사무실로 돌아온 전성기 PB가 계약서를
지점장에게 보여주자 "계약자와 수익자를 모두 다시 바꿔야 한다"고 말한
다. 그러고는 "보험계약서를 작성할 때 가장 신경써야 할 것이 계약자와 수
익자 지정"이라고 충고한다. 보험계약자와 수익자의 지정은 왜 중요하며 어
떻게 정하는 것이 가장 좋을까?

☑ 보험의 이해관계자

계약자	피보험자	수익자
보험료를 납부할 사람	보험사고의 대상이 되는 사람	보험사고나 만기시 보험금을 받을 사람

보험의 본래기능은 불확실한 장래를 보장받기 위한 것이
다. 재난과 사고, 사망, 실직, 노후생활 등 살면서 보장받아야
할 위험은 너무도 많다. 이런 위험을 보장받기 위해 보험에 가
입할 때는 계약자와 피보험자, 수익자를 정하게 된다. 계약자
란 보험 가입 후 보험료를 납부할 사람을 말하며, 수익자는 보
험사고나 만기시에 보험금을 받을 사람(보험금수령인)을 말한
다. 그리고 피보험자는 보험사고의 대상이 되는 사람을 말하는
것으로, 피보험자의 사고나 사망을 전제로 보험금이 지급된다.

이런 보험의 특성 때문에 다른 모든 금융상품은 일반적으로
가입자가 만기에 원리금이나 투자금을 돌려받지만, 사망보험금

은 주로 돌아가신 분의 유가족(상속인)이 받게 되고, 경우에 따라서는 상속인이 아닌 다른 사람을 수익자로 지정해서 보험금을 받게 할 수도 있다.

따라서 세법에서는 피보험자의 사망에 따른 상속인들의 보험금 수령에 대해서는 상속세를 과세하고, 보험료납부자와 보험금수령인이 다를 경우에는 증여세를 과세하고 있다. 현재 세법에서 보험금 수령과 관련해 상속세와 증여세를 과세하는 경우는 모두 3가지이다.

첫째, 계약자와 피보험자가 같은 사람일 경우 피보험자 사망에 따라 상속인들이 지급받는 보험금은 이를 상속재산에 포함시켜 상속세를 과세한다(도표의 상황①). 보험금이 비록 피상속인 사망 후 금융기관에서 지급되는 것이기는 하지만 돌아가신 분(피보험자)이 보험료를 납부한 것이므로 이를 돌아가신 분이 유가족들에게 남겨준 유산으로 보는 것이다.

여기서 계약자란 보험료납부자를 의미하는 것으로, 계약자와 피보험자가 다르다 하더라도 피보험자가 실제 보험료를 납부했다면 수령한 보험금은 상속재산으로 본다. 예를 들어 부인이 보험계약자라 하더라도 부인의 소득이 없고 실제 보험료 납부가 남편의 통장에서 이체됐다면 남편 사망시 사망보험금은 상속재산에 해당한다. 결국 상속보험금의 판단기준은 계약자 명의와는 상관없이 누가 실제로 보험료를 냈느냐인데, 돌아가신 분이 보험료를 냈다면 이를 모두 상속재산으로 본다. 다만, 보험계약기간 중 계약자가 변경되어 보험료의 일부만 피상속인

☑ 관련 세법

상속세및증여세법 제8조 [상속재산으로 보는 보험금]

① 피상속인의 사망으로 인하여 받는 생명보험 또는 손해보험의 보험금으로서 피상속인이 보험계약자인 보험계약에 의하여 받는 것은 상속재산으로 본다.
② 보험계약자가 피상속인이 아닌 경우에도 피상속인이 실질적으로 보험료를 납부하였을 때에는 피상속인을 보험계약자로 보아 제1항을 적용한다.

상속세및증여세법 시행령 제4조 [상속재산으로 보는 보험금]

① 법 제8조제1항에 따라 상속재산으로 보는 보험금의 가액은 다음 계산식에 따라 계산한 금액으로 한다.

$$\text{지급받은 보험금의 총합계액} \times \frac{\text{피상속인이 부담한 보험료의 금액}}{\text{해당 보험계약에 따라 피상속인의 사망시까지 불입된 보험료의 총합계액}}$$

Key Word_
계약자, 피보험자, 수익자,
보험료납부자, 보험금수령인

관련 세법

상속세및증여세법 제34조
[보험금의 증여]

① 생명보험이나 손해보험에서 보험사고(만기보험금 지급의 경우를 포함한다)가 발생한 경우 해당 보험사고가 발생한 날을 증여일로 하여 다음 각 호의 구분에 따른 금액을 보험금 수령인의 증여재산가액으로 한다.
1. 보험금 수령인과 보험료 납부자가 다른 경우(보험금 수령인이 아닌 자가 보험료의 일부를 납부한 경우를 포함한다) : 보험금 수령인이 아닌 자가 납부한 보험료 납부액에 대한 보험금 상당액
2. 보험계약 기간에 보험금 수령인이 재산을 증여받아 보험료를 납부한 경우 : 증여받은 재산으로 납부한 보험료 납부액에 대한 보험금 상당액에서 증여받은 재산으로 납부한 보험료 납부액을 뺀 가액
② 제1항은 제8조에 따라 보험금을 상속재산으로 보는 경우에는 적용하지 아니한다.

이 납부한 것이라면 전체보험료 중 피상속인이 납부한 보험료에 해당하는 보험금만 상속재산에 포함된다.

둘째, 보험료납부자와 보험금수령인이 다른 경우로서 이는 명백히 증여에 해당한다(도표의 상황① 및 상황②).

여기서 납부자란 보험료를 실제로 납부한 사람으로, 계약자일 수도 있고 계약자가 아닐 수도 있다. 보험금의 증여 여부를 판단하는 데 있어서의 기준은 보험증서상의 계약자가 아니라 보험료납부자라는 점이 중요하다. 계약자와 보험료납부자는 일치하는 것이 일반적이지만 경우에 따라서는 다를 수도 있기 때문이다. 예를 들어 소득이 없는 자녀를 계약자와 수익자로 정했더라도 이 경우 보험료납부자는 부모일 것이므로 자녀가 수령하는 보험금은 마찬가지로 증여재산에 해당되어 증여세를 내야 한다.

증여의 성립시기 또한 중요한 문제이다. 세법에서는 보험료납부자가 보험금수령인을 대신해서 보험료를 대신 내준 시점, 즉 보험료 납부시점에서 증여가 성립한 것으로 보지 않고 사고나 만기 등에 의해 수익자가 보험금을 수령하는 시점에서 증여가 성립한 것으로 본다. 이에 따라 증여세를 과세하는 증여재산가액도 대신 내준 보험료상당액이 아니라 수령보험금 전액이 된다. 예를 들어 부모가 소득이 없는 자녀를 계약자와 수익자로 하는 보험에 가입해서 3,000만원의 보험료를 내고 만기 또는 중도해약시 8,000만원의 보험금을 자녀가 수령했다면 8,000만원에 대해 증여세가 과세된다.

▶▶ 계약상황별 보험금에 대한 상속세와 증여세 과세 여부

* 계약자가 실제 보험료납부자인 경우임

상황	계약자(납부자)	피보험자	수익자	관련 세금
①	남편	남편	상속인	사망보험금 : 상속세
	부인	부인	상속인	
	남편	남편	자녀	만기보험금 : 증여세
	부인	부인	자녀	
②	부인	남편	자녀	사망보험금 : 증여세
	남편	부인	자녀	만기보험금 : 증여세
③	부인	남편	부인	세금 없음
	남편	부인	남편	
	자녀1	남편(부인)	자녀1	
	자녀2	남편(부인)	자녀2	

다르게

같게

보험금 제외

금융자산

상속 재산

부동산

　한편 증여보험금(계약자와 수익자가 다른 보험금)이 상속재산에 해당하는 경우에는 증여세 대신 상속세를 과세하게 된다.

　셋째, 계약자와 피보험자, 수익자가 모두 다른 보험은 보험금 수령시 항상 수익자에게 증여세가 과세된다(도표의 상황②).

피보험자의 사망이나 만기시점에서 수익자가 보험금을 받게 되는데, 그 보험료는 수익자가 아닌 다른 사람이 납부한 것이므로 이는 증여세의 과세대상이다.

세법의 이런 내용을 종합해보면 증여세 과세를 피하기 위해서는 계약자(보험료납부자)와 수익자(보험금수령인)를 가급적 일치시키는 것이 좋으며, 재산규모가 많아 상속세를 내야 할 정도라면 보험금이 상속재산에 합산되지 않도록 계약자와 피보험자를 서로 다른 사람으로 정하는 것이 가장 바람직하다(도표의 상황③).

또한 수익자를 반드시 지정하되, 계약자와 일치시켜 1인으로 정하는 것이 유리하다. 만약 소득이 있는 아내를 계약자로, 피보험자를 남편으로 정했다면 사망보험금은 상속재산에 포함되지 않겠지만 보험금수익자를 정하지 않았거나 상속인으로 정했다면 상속인인 자녀 몫의 보험금에 대해서는 증여세 과세를 피할 수 없기 때문이다. 즉, 피보험자가 가장(남편)이라면 계약자와 수익자를 각각 보험료 납부능력이 있는 부인과 자녀들로 해서 보험계약을 체결한다면 후일 발생할 보험금 수령액에 대해서는 아무런 세금도 과세되지 않는다.

미성년자를 계약자와 수익자로 할 경우 어떤 문제가 있나요

■■■■■■ ■ ■■

12

지점장의 권고에 따라 전성기 PB는 계약자와 수익자를 모두 자녀로 변경했다. 그런데 이번에는 팀장이 나서서 "계약자와 수익자를 미성년자녀로 했을 때 발생할 문제점을 모두 검토했느냐"며 묻는다. 미성년자를 계약자와 수익자로 할 경우에는 어떤 문제가 생길까?

보험금에 대한 상속·증여세 과세를 피하고 보험금 수령을 통해 자녀에게 안정적으로 재산을 이전하기 위해서는 반드시 계약자와 수익자를 자녀 명의로 해야 한다. 그런데 이때 문제가 되는 것은 계약자인 자녀의 보험료 납부능력이다.

보험료 납부능력이란 스스로 보험료를 납부할 수 있는 능력을 말하는 것으로, 계약자 명의로 발생한 과거 또는 현재의 소득을 통해 자신이 스스로 보험료를 낸 것으로 인정받을 수 있는 것을 말한다. 이때 과거 또는 현재의 소득에 대해서는 반드시 소득세 납부를 통해 그 근거가 확보돼 있어야 한다. 국세청에서는 소득세 납부나 원천징수를 하지 않은 것은 어떤 경우에

Key Word_
보험료 납부능력, 기타이익의
증여, 친권자, 친권상실선고

상속세및증여세법 제42조의3 [재산 취득 후 재산가치 증가에 따른 이익의 증여]

① 직업, 연령, 소득 및 재산상태로 보아 자력으로 해당 행위를 할 수 없다고 인정되는 자가 다음 각 호의 사유로 재산을 취득하고 그 재산을 취득한 날부터 5년 이내에 개발사업의 시행, 형질변경, 공유물 분할, 사업의 인가 · 허가 등 대통령령으로 정하는 사유(이하 이 조에서 '재산가치증가사유'라 한다)로 인하여 이익을 얻은 경우에는 그 이익에 상당하는 금액을 그 이익을 얻은 자의 증여재산가액으로 한다. 다만, 그 이익에 상당하는 금액이 대통령령으로 정하는 기준금액 미만인 경우는 제외한다.
1. 특수관계인으로부터 재산을 증여받은 경우
2. 특수관계인으로부터 기업의 경영 등에 관하여 공표되지 아니한 내부정보를 제공받아 그 정보와 관련된 재산을 유상으로 취득한 경우
3. 특수관계인으로부터 차입한 자금 또는 특수관계인의 재산을 담보로 차입한 자금으로 재산을 취득한 경우
② 제1항에 따른 이익은 재산가치증가사유 발생일 현재의 해당 재산가액, 취득가액(증여받은 재산의 경우에는 증여세 과세가액을 말한다), 통상적인 가치상승분, 재산취득자의 가치상승 기여분 등을 고려하여 대통령령으로 정하는 바에 따라 계산한 금액으로 한다. 이 경우 그 재산가치증가사유 발생일 전에 그 재산을 양도한 경우에는 그 양도한 날을 재산가치증

도 이를 자금출처로 인정하지 않기 때문이다. 예를 들어 아르바이트나 과외 등으로 번 돈에 대해 소득세 신고를 하지 않았다면 이는 소득원이나 자금출처로 인정받지 못한다. 간혹 영업현장에서 아무런 소득자료 없이 부모가 자녀 명의의 예금계좌를 만들어 주고 보험료를 이체시키는 경우가 있는데, 이는 세무당국으로부터 자녀에 의한 보험료 납부로 인정받기 어렵다.

만약 과거 또는 현재의 소득이 없다면 증여받은 재산으로도 보험료 납부능력을 인정받을 수 있는데, 이 경우에도 증여세 신고를 통해 증여사실에 대한 근거를 미리 확보해 두어야 한다. 단, 증여받은 돈으로 보험료를 낸 경우 5년 이내에 보험사고가 발생하여 수익자의 재산가치가 증여 당시보다 3억원 또는 30% 이상 증가하면 그 재산가치 증가분에 대해 2차적으로 증여세를 과세한다는 규정(기타이익의 증여)이 있다는 점도 알고 있어야 한다.

그리고 2가지 경우 모두 자녀가 보험료를 낸 것으로 인정받기 위해서는 자녀 명의의 계좌에서 보험료가 이체납부되어야 한다. 자녀에게 소득이 있다 하더라도 만약 보험료의 이체와 납부가 부모의 계좌에서 인출됐다면 보험료의 실제 납부자는 부모가 되기 때문이다.

한편 보험금수익자를 자녀로 정한 경우에는 자녀가 성년이 되지 않은 상태에서 보험사고 발생 등 보험금 지급사유가 발생했을 때 생길 수 있는 문제점도 미리 짚어야 한다. 이럴 경우 미성년자녀는 보험금을 수령할 권한이 없으므로 친권자가 그

▶▶ 자녀가 보험계약자와 수익자인 경우 검토사항

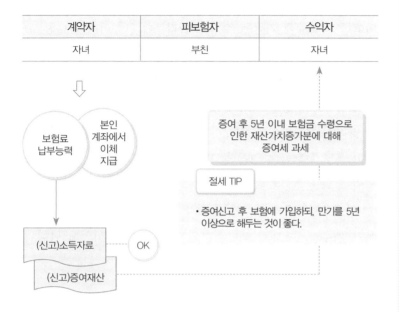

계약자	피보험자	수익자
자녀	부친	자녀

보험료 납부능력

본인 계좌에서 이체 지급

증여 후 5년 이내 보험금 수령으로 인한 재산가치증가분에 대해 증여세 과세

절세 TIP

· 증여신고 후 보험에 가입하되, 만기를 5년 이상으로 해두는 것이 좋다.

(신고)소득자료 — OK

(신고)증여재산

가사유 발생일로 본다.
③ 거짓이나 그 밖의 부정한 방법으로 증여세를 감소시킨 것으로 인정되는 경우에는 특수관계인이 아닌 자 간의 증여에 대해서도 제1항을 적용한다. 이 경우 제1항 중 기간에 관한 규정은 없는 것으로 본다.

상속세및증여세법 시행령 제32조의3 [재산 취득 후 재산가치 증가에 따른 이익의 계산방법 등]

① 법 제42조의3제1항 각 호 외의 부분 본문에서 '대통령령으로 정하는 사유'란 다음 각 호의 어느 하나에 해당하는 사유를 말한다.
1. 개발사업의 시행, 형질변경, 공유물 분할, 지하수개발·이용권 등의 인가·허가 및 그 밖에 사업의 인가·허가
2. 비상장주식의 자본시장과 금융투자업에 관한 법률 제283조에 따라 설립된 한국금융투자협회에의 등록
3. 그 밖에 제1호 및 제2호의 사유와 유사한 것으로서 재산가치를 증가시키는 사유
② 법 제42조의3제1항 각 호 외의 부분 단서에서 '대통령령으로 정하는 기준금액'이란 다음 각 호의 금액 중 적은 금액을 말한다.
1. 제3항제2호부터 제4호까지의 규정에 따른 금액의 합계액의 100분의 30에 상당하는 가액
2. 3억원

☑ 친권자

미성년자녀에 대해 부모가 갖는 권리를 친권이라고 하며, 친권을 행사할 수 있는 사람을 친권자라고 한다. 친권자는 미성

권리를 대신 행사하게 된다. 그런데 친권자인 부모가 생존해 있다면 아무 문제가 없지만 부모가 같이 사망했거나 부모가 이혼한 상태인 경우에는 매우 복잡한 문제가 생길 수 있다.

예를 들어 6년 전 바람난 남편과 이혼한 후 딸(14세)과 둘이 살고 있는 고독녀 씨가 자신의 사망 후를 대비해 종신보험(계약자와 피보험자는 고 씨이고, 수익자는 고 씨의 딸)에 가입했다. 그런데 만약 고 씨의 딸이 성년이 되기 전에 보험사고가 발생한다면 미성년자인 딸이 보험금을 받을 수 있을까?

이런 경우 자녀는 미성년자이므로 보험금을 수령할 수 없

다. 따라서 아빠에 대한 친권상실선고가 없는 이상 보험금은 이혼한 아빠에게 지급될 수밖에 없다. 이혼한 아빠가 다른 사람과 재혼해서 살고 있어도 마찬가지다. 보험금을 받아서 홀로 남은 자녀에게 돌려준다면 별 문제가 없겠으나 만약 그렇지 않다면 참으로 황당할 수밖에 없는 일이다.

따라서 보험계약의 체결시에는 이런 모든 가능성을 염두에 두고 훗날 보험금 수령을 둘러싸고 복잡한 갈등과 대립이 발생하지 않도록 철저하게 대비해야 한다. 특히 요즘은 이혼도 많고 이에 따른 재혼 등 가족관계가 예전처럼 단순하지 않은 경우가 매우 많은 데다 피보험자의 사망은 언제 어떻게 닥칠지 아무도 모르는 법이기 때문이다.

증여받은 돈으로 보험료를 납부하면 보험금 수령시 아무 문제가 없나요

■■■■■■■ ■■■■

13

법인사업체를 경영하는 육근만 사장(53세)은 자신의 큰아들 육중한(19세)을 수익자로 하는 보험에 가입하려고 한다. 그런데 보험에 가입하기 전에 미리 보험료를 증여하고 증여세 신고부터 해두라는 전성기 PB의 말을 듣고 현금 증여를 고려하고 있다. 이렇게 미리 증여받은 돈으로 보험료를 납부하면 10년 뒤 큰아들이 받게 될 보험금에 대해서는 아무런 세금도 내지 않는 것일까?

상속세및증여세법에 따르면 생명보험 또는 손해보험에 있어 보험금수령인(보험금수익자를 뜻함)과 보험료납부자가 다른 경우에는 만기 또는 보험사고가 발생했을 때 보험금상당액을 보험금수령인의 증여재산가액으로 본다.

이때 보험금이 상속재산에 포함된 경우에는 이를 증여재산으로 보지 않는다. 예를 들어 계약자와 피보험자가 육 사장이고 수익자가 자녀인 보험에서 육 사장의 사망으로 자녀에게 보험금이 지급된다면 이는 증여재산이 아니라 상속재산이 되는 것이다.

한편 납부한 보험료 중 일부를 보험금수령인이 납부했을 경

☑ 관련 세법

상속세및증여세법 제34조
[보험금의 증여]

① 생명보험이나 손해보험에서 보험사고(만기보험금 지급의 경우를 포함한다)가 발생한 경우 해당 보험사고가 발생한 날을 증여일로 하여 다음 각 호의 구분에 따른 금액을 보험금 수령인의 증여재산가액으로 한다.
1. 보험금 수령인과 보험료 납부자가 다른 경우(보험금 수령인이 아닌 자가 보험료의 일부를 납부한 경우를 포함한다) : 보험금 수령인이 아닌 자가 납부한 보험료 납부액에 대한 보험금 상당액
2. 보험계약 기간에 보험금 수

Key Word_
보험료증여에 대한 과세기준,
포괄주의과세, 우회증여, 간접증여

우에는 수령한 보험금에 납부보험료 총합계액 중 보험금수령인이 납부한 보험료가 차지하는 비율을 곱한 금액은 상속 또는 증여재산에서 제외된다.

예를 들어 전체 납부보험료 5,000만원 중 부모가 3,000만원의 보험료를 납부했고, 자녀가 소득이 생긴 다음부터는 계약자와 수익자를 자녀로 변경해서 자녀가 2,000만원의 보험료를 납부했다면 자녀의 보험금 수령액이 1억원일 경우 상속 또는 증여재산으로 보는 보험금은 60%(3,000만원 ÷ 5,000만원)에 해당하는 6,000만원이 된다.

그런데 보험금보다는 보험료가 훨씬 저렴하기 때문에 이왕 증여세를 낼 바에야 보험금보다는 보험료에 대해 증여세를 내는 것이 더 유리하다. 따라서 자녀가 미리 보험료상당액을 증여받아 이를 신고한 후, 자녀가 보험료를 내고 나서 보험금을 받는다면 증여세가 훨씬 줄어든다.

이런 이유로 국세청에서는 '보험료납부자와 보험금수령인이 같은 경우라고 할지라도 보험계약기간 안에 보험금수령인이 다른 사람으로부터 재산을 증여받아 보험료를 냈다면 보험금상당액에서 이미 낸 보험료납부액을 뺀 금액을 보험금수령인의 증여재산가액으로 본다'고 밝히고 있다. 이는 자녀가 부모로부터 보험료상당액을 증여받아 보험료를 냈다면 보험료증여 자체를 인정하지 않겠다는 취지이다.

나아가 미성년자나 전업주부 등 직업·연령·소득·재산상태로 보아 보험에 가입할 능력이 안 되는 사람이 증여로 재산

▶▶ 보험료증여에 대한 과세기준(계약자 및 수익자 : 자녀, 피보험자 : 부모)

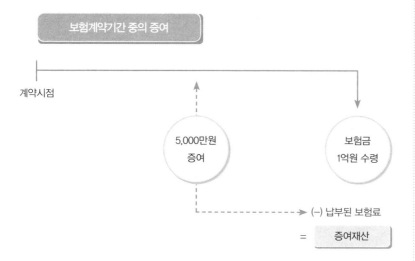

보험계약기간 중의 증여

계약시점

5,000만원
증여

보험금
1억원 수령

(−) 납부된 보험료
= 증여재산

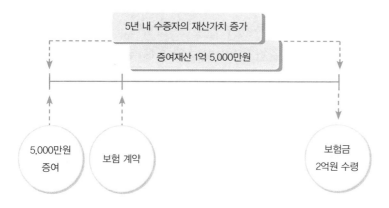

보험계약기간 전의 증여

5년 내 수증자의 재산가치 증가

증여재산 1억 5,000만원

5,000만원
증여

보험 계약

보험금
2억원 수령

☑ 관련 예규판례

보험금의 증여의제 적용방법

[질의]

자녀에게 현금을 증여하여 증여세를 신고·납부한 후, 자녀가 보험계약을 체결하고 증여받은 동 금전으로 보험료를 납부하여 보험사고 발생시 보험금을 수령한 경우 또는 유가증권을 증여받아 매각한 금전으로 보험료를 납부하고 보험금을 수령한 경우에 당초 증여받은 재산으로 납부한 보험료를 초과하는 보험금에 대한 증여세 추가 과세 여부

[회신]

2003.1.1. 이후 타인으로부터 증여받은 금전이나 금전 외 유가증권 등의 재산을 증여받고 이를 양도하여 마련한 금전 등으로 보험료를 납부하는 자가 보험사고 발생시 보험금을 수취하는 경우에는 상속세 및 증여세법 제34조 및 제42조 제1항의 규정에 의하여 보험금상당액에서 당해 보험료납부액을 차감한 가액을 당초 금전이나 유가증권 등을 증여한 자가 보험금수취인에게 증여한 것으로 보아 증여세를 과세하는 것이며, 이 경우 보험금상당액에서 차감하는 보험료납부액은 증여세가 과세되는 금전 등으로 납부한 것이 확인되는 보험료를 말하는 것이다(서일 46014-10682, 2003.5.28).

을 취득한 후, 5년 이내에 보험사고의 발생으로 인해 당초 증여받은 재산보다 일정기준(3억원 또는 30%) 이상의 재산가치가 증가하면 이를 증여재산으로 본다.

여기서 문제가 되는 것은 증여시점부터 5년이 지난 후에 보험사고가 발생한 경우이다. 이에 관한 질의에 대해 국세청의 예규판례(서4-615, 2005. 4. 22)에서는 '재산을 먼저 증여받은 후 보험계약을 체결하는 등 그 경제적인 실질이 보험계약기간 내의 증여와 유사한 경우에도 보험금수취인의 증여재산으로 본다'고만 밝히고 있을 뿐 아직까지 이에 관한 보다 구체적이고 명쾌한 해석은 없다.

현재 증여세는 포괄주의를 과세원칙으로 삼고 있다. 포괄주의과세란 증여세의 과세유형을 세법에 일일이 나열하지 않고 거래의 실질내용이 증여에 해당하면 모두 증여세를 과세하는 것을 뜻한다. 여기서 증여에 해당하는 경우란 그 행위 또는 거래의 명칭·형식·목적 등에 불구하고 유형·무형의 재산을 타인에게 직접 또는 간접적인 방법에 의해 무상으로 이전(현저히 저렴한 대가로 이전하는 경우를 포함한다)하는 것 또는 기여에 의해 타인의 재산가치를 증가시키는 것을 말한다.

또한 국세기본법에 따르면 제3자를 통한 간접적인 방법이나 2 이상의 행위 또는 거래를 거치는 방법에 의해 상속세 또는 증여세를 부당하게 감소시킨 것으로 인정되는 경우에는 그 경제적인 실질에 따라 당사자가 직접 거래한 것으로 보거나 연속된 하나의 행위 또는 거래로 보아 증여 여부를 판단한다. 그러나

▶▶ 우회증여와 간접증여도 하나의 증여로 본다

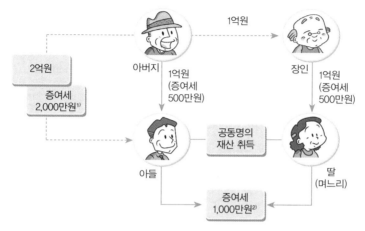

1) {(2억원 − 5,000만원) × 20%} − 1,000만원
2) {(1억원 − 5,000만원) × 10%} × 2명

☑ 관련 세법

상속세및증여세법 제2조 [정의]

6. '증여'란 그 행위 또는 거래의 명칭·형식·목적 등과 관계없이 직접 또는 간접적인 방법으로 타인에게 무상으로 유형·무형의 재산 또는 이익을 이전(移轉)(현저히 낮은 대가를 받고 이전하는 경우를 포함한다)하거나 타인의 재산가치를 증가시키는 것을 말한다. 다만, 유증과 사인증여는 제외한다.

국세기본법 제14조[실질과세]

③ 제3자를 통한 간접적인 방법이나 둘 이상의 행위 또는 거래를 거치는 방법으로 이 법 또는 세법의 혜택을 부당하게 받기 위한 것으로 인정되는 경우에는 그 경제적 실질내용에 따라 당사자가 직접 거래를 한 것으로 보거나 연속된 하나의 행위 또는 거래를 한 것으로 보아 이 법 또는 세법을 적용한다.

이런 우회증여나 간접증여를 찾아내기란 현실적으로 어렵다.

예를 들어 성년인 자녀에게 2억원을 증여할 경우 증여세 산출세액은 2,000만원이지만 1억원씩으로 나눠서 1억원은 장인을 통해 며느리가 증여받는 형식을 통한다면 증여세는 각각 500만원, 총 1,000만원으로 줄어든다.

한편 증여 등으로 재산을 취득한 후 재산가치 증가에 따른 이익의 증여와 관련해서는 상위법인 상속세및증여세법(제42조의 3)에 명백히 5년 이내란 기간이 명시돼 있는 데다, 상속세및증여세법 시행령(제24조)에는 타인의 기여에 의한 재산가치 증가의 경우 보험사고 발생일을 증여재산의 취득시기로 규정하고 있다. 이는 다른 금융상품과 달리 보험에 대해서만 사전증여를 인정하지 않는 것이므로 문제가 있다고 보는 것이 일반적인 시각이다.

이 경우 보험료의 사전증여시점과 보험금 수령시점의 시차에 관계없이 이를 전혀 인정하지 않고 포괄과세를 적용한다면 굳이 상위법에 5년 이내라는 기간을 못박을 이유가 없을 것이다. 게다가 포괄과세란 과세대상이 되는 증여유형을 포괄적으로 규정한다는 뜻으로 '재산을 미리 증여받은 후 보험 가입을 통해 재산가치가 증가한 경우 그 차액도 증여재산으로 본다'고 규정한 것은 증여유형을 이미 포괄적으로 규정한 것으로 봐야 한다. 그리고 이때 과세되는 기타이익의 범위를 5년 이내의 재산가치 증가분으로 제한한 것이므로 5년 이후의 재산가치 증가분은 과세대상에서 제외된다는 뜻으로 봐야 한다. 그렇지 않다면 굳이 5년이라는 기간을 세법에 구체적으로 정해둘 이유가 없기 때문이다.

따라서 현재 영업현장에서는 보험료의 사전증여 후 5년이 지나고 나서 보험금을 수령하는 것은 증여세 과세문제가 없는 것으로 인식하고 있다. 나아가 확률적으로도 보험 가입 후 5년 내에 보험사고가 발생하여 보험금을 지급받게 될 가능성은 매우 낮으므로 실무적 적용에는 별 무리가 없는 것으로 생각된다.

다만 상속세및증여세법(제42조의3)에 따르면 재산취득 후 재산가치 증가에 따른 이익에 대한 증여세 과세는 특수관계인으로부터 이미 받은 증여재산을 통해 5년 이내에 재산가치가 증가한 경우에 한해 증여세를 과세하지만, 거짓이나 부정한 방법으로 증여세를 감소시킨 것으로 인정되는 경우에는 특수관계인이 아닌 자 간의 증여에 대해서도 적용하며, 이 경우에는 5년이라는 기간에 상관없이 증여세를 과세한다고 규정하고 있다는 점에 유의해야 한다.

이와 같은 사전증여 후 보험금 수령에 대한 과세문제를 피하기 위해 부모소유의 임대수익형부동산을 먼저 증여받은 후 보험계약을 하고 여기서 나오는 임대료로 보험료를 납부하는 방법을 쓰기도 한다. 이 경우 부동산도 기타이익의 증여세가 과세되는 증여재산에 해당하지만 증여재산가액이 워낙 크기 때문에 보험금 수령을 하더라도 당초의 증여재산을 초과해서 재산 가치가 늘어날 가능성은 매우 낮다.

14

보험금 지급명세서에는 어떤 내용이 포함되나요

육근만 사장(53세)은 큰아들 육중한(19세)이 10년 후 결혼할 때쯤 되면 자신처럼 사업을 시키고 싶어한다. 그래서 창업자금을 미리 마련해줄 목적으로 아들을 수익자로 하는 변액보험에 가입해서 10년 후 아들의 사업자금으로 사용하게 하고 싶다. 그런데 이렇게 하면 만기보험금에 대해 증여세가 과세된다는 은행 PB의 말을 듣고 고민에 빠졌다. 이 경우 만기 전에 계약자를 아들 명의로 바꾼 다음 아들이 이를 인출해서 쓰면 아무 문제가 없다고들 하는데, 과연 그럴까?

세법에서는 보험료납부자와 보험금수익자(보험금수령인)가 다를 경우 수익자가 보험금을 수령할 때 증여세를 과세한다. 특별한 소득이 없는 자녀를 수익자로 정한 만기보험금이 대부분 이에 해당한다. 이 경우 자녀가 수령하는 만기보험금에 대한 증여세 과세를 피하기 위해 만기 전에 계약자를 자녀로 변경해두기도 한다.

그러나 증여세 과세는 계약자 명의와는 상관없이 보험금수익자가 실제로 보험료를 납부했는지 여부를 가지고 따지는 것이다. 비록 계약자를 자녀로 변경했다고 하더라도 보험료 납부 기간 중에 자녀가 보험료를 납부할 만한 실제 소득이 없었다면 보험료는 부모에 의해 납부된 것이므로 만기보험금에 대해 증여세가 과세되기는 마찬가지다.

이런 결과를 예상하고 계약자를 자녀 명의로 변경한 다음, 만기가 되기 전에 자녀가 미리 보험금을 인출하는 경우도 있다. 이는 엄밀히 말하면 보험금을 인출하는 것이 아니라 보험료를 인출하는 것인데, 결국 이 경우에도 실제로는 부모가 낸 보험료를 자녀가 인출해서 사용하는 셈이다.

예전에는 중도인출은 보험금의 지급이 아닌 데다 중도인출 및 해약환급금이 계약자에게 지급된다는 이유로 지급명세서를 작성하지 않았고, 따라서 증여세 과세도 이루어지지 않았다.

그러나 지금은 보험금의 지급(사고나 만기, 중도해지 모두 포함)은 물론, 심지어 보험료의 인출과 계약자 등 명의변경까지도 모두 국세청에 제출되는 보험금지급명세서(또는 명의변경명세서)에 포함되므로 여지없이 증여세가 과세될 수밖에 없다.

현재 세법에서는 상속세와 증여세를 과세하기 위한 세원포착을 위해 생명보험·손해보험의 보험금(해약환급금 및 중도인출금 포함)을 지급하는 경우 국세청에 지급명세서를 제출하도록 하고 있다.

이 경우 지급명세서에는 지급자별로 보험의 종류·지급보험금액·보험금지급사유·보험계약일·보험사고발생일(중도해지일)·보험금수취인·보험계약자 및 명의변경일자 등 보험금(해약환급금 및 중도인출금 포함) 지급내용을 확인할 수 있는 사항을 모두 기재해서 지급일이 속하는 분기종료일의 다음달 말일까지

✓ 관련 예규판례

생명보험 등의 중도인출금 및 해약환급금의 증여시기 및 증여재산가액 산정방법

[질의]
만기 또는 보험사고에 의하여 보험금을 수령한다면, 그 시점에서 아버지(본인)가 납부한 보험료에 대한 보험금을 자녀의 증여재산으로 보아 증여세를 과세하면 되나, 계약자·피보험자·수익자를 자녀로 변경하고 자녀가 보험료를 납부하던 중 중도인출하거나 중도해지하여 해약환급금을 자녀가 수령한 경우 증여세 과세 여부 및 증여재산가액 산정방법에 대하여 질의함

[회신]
귀 질의의 생명보험 또는 손해보험에 있어서 보험사고(만기보험금 지급의 경우를 포함)가 발생하기 전에 중도인출 또는 해약하는 경우로서 보험료납부자와 중도인출금 또는 해약환급금의 수취인이 다른 경우에는 상속세및증여세법 제2조에 따라 중도인출 또는 해약시 증여세가 과세되는 것이며, 이때 납부한 보험료 중 일부를 중도인출금 또는 해약환급금의 수취인이 납부하였을 경우 증여재산가액은 같은 법 제34조제3항에 따라 계산할 수 있는 것입니다(재산세과-824, 2009.4. 29).

타익신탁

재산운용을 신탁(금융기관에 맡기는 것)하되 신탁에서 발생하는 수익을 다른 사람이 갖도록 정하는 것을 말한다. 타익신탁의 경우에는 신탁의 원본소유자가 수익자에게 신탁이익을 증여한 것으로 보므로 수익자는 증여세를 내야 한다.

증여재산공제금액

증여재산에서 공제되는 금액으로 배우자가 증여받은 재산에 대해서는 6억원을. 직계존비속이 증여받은 재산에 대해서 5,000만원단. 증여받은 자가 미성년자인 경우에는 2,000만원을. 기타친족인 경우에는 1,000만원을 공제한다. 증여재산에서 증여재산공제를 빼면 증여세 과세표준이 산출된다.

상속공제액

상속재산에서 차감되는 상속공제액을 감안할 때 상속인이 배우자와 자녀(또는 직계존속)인 경우는 상속세 과세가액(상속재산에서 채무 등을 뺀 것)이 10억원. 자녀(또는 직계존속)만인 경우는 5억원. 배우자만인 경우는 32억원을 초과해야 상속세가 과세된다.

계약자와 납부자

계약자는 보험증서상 보험가입의 명의자를 의미하며, 납부자는 계약기간 동안 보험료를 실제 납부한 사람을 뜻한다. 일반적으로는 계약자와 납부자가 일치하지만 계약자가 소득 등 보험료 납부능력이 없다면 실제 납부자는 계약자와 다를 수도 있다.

본점 소재지를 관할하는 세무서장에게 제출해야 한다. 다만, 보험금수취인(보험금수익자)과 보험료납부자가 같고 보험금 지급누계액이 1,000만원 미만인 경우에는 제출하지 않아도 된다.

이외에도 국내에서 주식·출자지분·공채·사채·채권 및 특정시설물을 이용할 수 있는 권리 등의 명의개서 또는 변경을 취급하는 자는 명의개서 또는 변경명세를 관할 세무서장에게 제출해야 하며, 신탁업무를 취급하는 금융기관의 경우 수탁재산 중 위탁자와 수익자가 다른 신탁(이를 타익신탁이라고 한다)의 명세를 관할 세무서장에게 제출해야 한다.

그러므로 자녀를 수익자로 하는 보험을 가입할 때는 만기나 사고에 의해 보험금이 지급될 때 증여세나 상속세가 과세된다는 점을 보험 가입 전에 충분히 고려해야 한다. 일단 부모에 의해 대신 납부된 부분은 과세를 피할 수 없기 때문이다. 물론 증여에 해당할 경우 보험금이 증여재산공제금액을 초과하지 않거나, 상속에 해당할 경우 보험금을 포함한 상속세 과세가액이 상속공제액 이내라면 미리 고민할 필요가 없을 것이다.

하지만 그렇지 않을 경우에는 자녀에게 미리 현금 등을 증여한 다음, 보험에 가입하거나 자녀에게 소득이 생기는 시점에서 계약자와 납부자를 자녀 명의로 변경해두는 것이 바람직하다.

[별지 제19호서식]

▶▶ 보험(해약환급)금 지급명세서

보 험 (해약환급) 금 지 급 명 세 서

(년 월 ~ 월 지급분)

①일련번호	②보험의 종류	③보험증서번호	④지급보험금액	⑤지급사유 및 유형	⑥보험지급사유발생일	⑦보험계약일	⑧보험사고발생일(중도해지일)	⑨보험금수취인 ⑩성명	⑪주민등록번호	⑫관계	⑬보험계약자(보험료불입자가) ⑭성명	⑮주민등록번호	⑯명의변경일자

「상속세 및 증여세법」 제82조제1항 및 같은 법 시행령 제84조제1항에 따라 보험(해약환급)금 지급명세서를 위와 같이 확인하여 제출합니다.

년 월 일

제출자 상호(법인명)
사업자등록번호
소재지
성명(대표)

(서명 또는 인)

세무서장 귀하

1. 이 보험(해약환급)금 지급명세서에는 모든 생명보험 또는 손해보험 지급내용을 적습니다. 다만, 보험금 수취인과 보험료 불입자가 같은 경우로서 보험(해약환급)금 지급금 누계액이 1,000만원 미만인 경우에는 적지 아니합니다.
2. ⑤란에는 연금·정기금·일시금으로 구분하여 적습니다.
3. ⑥란에는 사망, 만기지급, 중도해약, 기타로 적습니다.
4. ⑨란에는 중도해약으로 인한 보험금 지급인 경우에는 해약환급금 수령인을 적습니다.
5. ⑬란에는 사망으로 인한 보험금 지급의 경우에는 보험계약자, 기타 보험사고로 인한 보험금 지급의 경우에는 보험료불입자의 인적사항을 적습니다.
6. ⑯란에는 보험(해약환급)금 지급시 명의변경된 경우 최종 명의변경일자를 적습니다.

☑ 관련 세법

상속세및증여세법 제82조
[지급명세서 등의 제출]

① 국내에서 다음 각 호의 어느 하나에 해당하는 자는 대통령령으로 정하는 바에 따라 지급명세서 또는 명의변경 내용을 관할 세무서장에게 제출하여야 한다.

1. 제8조와 제34조에 규정된 생명보험이나 손해보험의 보험금(해약환급금 및 중도인출금을 포함한다)을 지급하거나 명의변경을 취급하는 자

2. 제10조에 규정된 퇴직금, 퇴직수당, 공로금 또는 그 밖에 이와 유사한 금액(연금은 제외한다)을 지급하는 자

상속인이 아닌 사람에게 재산을 상속해줄 방법은 없나요

■ ■ ■ ■ ■ ■ ■

15

부인과의 관계가 썩 좋지 않은 권태기 씨(55세)에게는 5년 전부터 만나오던 여친 정다운 씨(43세)가 있다. 그런데 자식들 때문에 현재의 부인과 이혼하고 싶은 생각은 없지만 정 씨가 법적인 배우자가 아니기 때문에 자신이 죽더라도 재산에 대한 상속권이 전혀 없다는 점이 늘 마음에 걸린다. 대신 권 씨는 자신을 피보험자로 하고 정 씨를 보험금수익자로 하는 종신보험(2억 원)을 가입해주기로 했다. 이런 경우 권 씨가 사망하면 정 씨는 아무 문제없이 보험금을 받을 수 있을까?

피상속인이 사망하면 모든 재산은 상속인에게 이전되는 것이 원칙이다. 이 경우 재산상속의 권한은 반드시 법적으로 상속인의 지위에 있는 사람만이 가질 수 있다. 이에 반해 증여는 증여자와 수증자의 의지에 따른 증여계약에 의해 누구에게라도 할 수 있다.

증여계약도 생전에 하는 증여가 있는 반면, 증여자의 사망 시에 증여의 효력이 발생하는 유증과 사인(死因)증여가 있다. 유증이나 사인증여 모두 자신의 사후에 재산의 일부나 전부를 상속인 이외의 자에게 이전할 수 있는 수단이다. 자신의 사망 시에 '전 재산을 공익재단에 기부한다'든지 '재산의 얼마는 누구에게 준다'라는 식으로 각각 유언장 또는 증여계약서를 만들어 두면 된다. 물론 유증과 사인증여를 통해 상속인의 법정지분이 침해됐다면 이에 대한 유류분청구는 가능하다. 따라서 사후에 생길 수 있는 법적분쟁을 방지하기 위해서는 상속인의 동의를 미리 받아 두거나 최소한 상속재산 중 유류분(배우자와 직계비속의 경우 법정지분의 1/2)은 상속인에게 상속하는 것이 무난하다.

유언에 의한 증여, 즉 유증은 단독행위로서 민법에서는 이를 상속으로 본다. 그렇지만 피상속인의 재산은 유언에 따라 상속인이 아닌 수유자(유증받은 사람)에게 이전되며, 상속인은 유증자인 피상속인을 대신해서 유증의무자가 된다.

한편 사인증여란 사망을 원인으로 하는 민법상의 증여로서, 증여계약을 체결하되 증여자의 사망시에 증여의 효력이 발생하는 것을 말한다. 세법에서는 유증이나 사인증여 모두 증여자의 사망에 의해 증여의 효력이 발생하는 것이므로, 유증 및 사인증여재산도 모두 상속재산에 포함시켜 상속세를 과세하고 있다.

사례에서처럼 권 씨가 상속권이 없는 제3자 정 씨를 보험금의 수익자로 정하고 보험료를 대신 내준 것은 명백히 증여에 해당한다. 그러나 계약자와 피보험자가 권 씨인 종신보험금은 세법상 상속재산에 포함되는 데다, 피보험자 사망시 금융재산의 일괄조회를 통해 보험금수익자가 누구인지를 상속인들이 알게 될 수밖에 없다. 이 경우 보험금수익자인 정 씨의 보험금수령권은 보장되지만 보험금에 대한 상속인들의 유류분청구도 가능하다.

Key Word_
유증, 사인증여, 유류분청구,
수유자, 유증의무자

☑ 관련 세법
상속세및증여세법 제24조
[공제 적용의 한도]

상속재산에서 공제할 금액은 상속세 과세가액에서 다음 각 호의 어느 하나에 해당하는 가액을 뺀 금액을 한도로 한다(단, 3은 상속세 과세가액이 5억원을 초과하는 경우에만 적용함).
1. 선순위인 상속인이 아닌 자에게 유증 등을 한 재산의 가액
2. 선순위인 상속인의 상속포기로 그다음 순위의 상속인이 상속받은 재산의 가액
3. 상속세 과세가액에 가산한 증여재산가액(증여재산공제를 받은 경우에는 증여재산가액에서 그 공제받은 금액을 뺀 가액을 말한다)

그러므로 만약 정 씨에게 소득이 있다면 보험료의 사실상 납부는 권 씨가 하되, 계약자와 수익자를 모두 정 씨로 해두는 것이 이런 복잡한 법률관계를 피할 수 있는 방법이 될 것이다.

또한 상속인이 아닌 사람에게 유증이나 사인증여형식을 통해 상속할 때는 그에 따른 불이익도 미리 따져봐야 한다. 세법에서는 유증과 사인증여한 재산도 모두 상속재산에 포함시켜 상속세를 과세한다. 그러나 배우자상속공제와 상속공제 적용의 한도를 계산할 때는 유증이나 사인증여한 재산을 모두 차감하기 때문에 그만큼 상속공제를 받지 못한다.

예를 들어 상속인이 배우자와 두 자녀이고 상속개시일 현재 상속재산이 25억원(유증재산 포함)인데, 제3자에게 유증한 재산이 12억원이고 상속인에게 5년 전에 사전증여한 재산이 10억원(과세표준 기준)이라고 가정하자. 이 경우 배우자상속공제는 9.8억원((25억원-12억원+10억원)×1.5/3.5)으로 일괄공제(5억원)와 금융재산상속공제(2억원)를 포함한 상속공제 총액은 16.8억원이지만 상속공제한도가 13억원(35억원-12억원-10억원)이므로 13억원만 공제받게 되어 상속세 과세표준은 22억원(35억원-13억원)이 된다. 유증재산이 없을 경우의 과세표준 13억원((상속재산(35억원)-상속공제액(22억원))과 비교하면 9억원이 늘어난 셈이다.

외국국적을 가진 사람도 상속 · 증여세를 똑같이 내나요

■ ■ ■ ■ ■ ■ ■ ■   ■ ■

16

여유재산이 비교적 많은 주고파 씨(65세)는 더 늦기 전에 자녀(1남 2녀)들에게 재산의 일부를 미리 증여하고 싶어한다. 그런데 장녀는 미국유학 중 현지에서 만난 미국인과 결혼해서 현재 미국에서 살고 있다. 외국국적을 가진 큰딸도 증여를 받으면 우리나라의 세법에 따라 세금을 내야 하는 것일까?

요즘은 경제의 글로벌화에 따라 외국인이라도 우리나라 국적을 가진 사람들이 많고, 거꾸로 우리나라 사람이 외국국적을 가진 경우도 많다.

상속세및증여세법에서는 납세의무자를 거주자와 비거주자로 구분하여 세금부과의 기준을 각각 달리 하고 있는데, 여기서 거주자와 비거주자의 구분은 국적과는 아무런 상관이 없다.

거주자란 우리나라에 주소를 두고 있거나 183일 이상 거소를 두고 있는 사람을 말하며, 그렇지 않은 사람을 비거주자라고 한다. 단, 내국인으로서 해외이주법에 의해 해외이주신고를 하고 출국한 사람은 국내에 주소가 없는 것으로 보아 비거주자

Key Word_
거주자, 비거주자, 증여재산공제,
신고세액공제, 기초공제

☑ 증여재산공제

증여재산에서 공제되는 금액으로 배우자가 증여받은 재산에 대해서는 6억원을, 직계존비속이 증여받은 재산에 대해서 5,000만원(단, 증여받은 자가 미성년자인 경우에는 2,000만원)을, 기타친족인 경우에는 1,000만원을 공제한다. 증여재산에서 증여재산공제를 빼면 증여세 과세표준이 산출된다.

로 본다.

증여세는 재산을 증여받은 수증자를 중심으로 과세하는 세금이며, 상속세는 재산을 물려준 피상속인을 중심으로 과세하는 세금이므로 각각 수증자와 피상속인의 주소지를 기준으로 거주자 여부를 판정한다.

증여받은 수증자가 거주자인 경우에는 증여받은 재산이 국내에 있건 해외에 있건 가리지 않고 증여받은 모든 재산에 대해 증여세를 내야 한다. 그러나 수증자가 비거주자인 경우에는 증여받은 재산 중 국내에 있는 재산 및 해외금융재산에 대해서만 증여세 납세의무가 있다. 그렇다고 해서 금융재산이 아닌 해외재산을 비거주자에게 증여할 경우 증여세가 면제되는 것은 아니다. 거주자가 비거주자에게 국외에 있는 부동산 등 비금융재산을 증여하는 경우에는 국제조세조정에관한법률 제21조의 규정에 의해 증여자가 수증자를 대신해서 증여세를 납부할 의무를 지기 때문이다.

이 경우 수증자가 해당 나라에서 증여세를 납부했다면 증여자에게 증여세를 부과하지 않는다. 그러나 수증자가 증여자와 특수관계인인 경우에는 비록 수증자가 해당 나라에서 증여세를 냈다 하더라도 국내에서 다시 증여자에게 증여세를 과세하며 외국에서 납부한 증여세는 산출세액에서 공제하게 된다.

그런데 증여재산에서 일정금액을 공제해주는 증여재산공제는 거주자에게만 적용되며, 비거주자는 증여세 계산시 증여재산공제를 받을 수 없다.

▶▶ 거주자와 비거주자에 대한 과세상의 차이

구분	피상속인(수증자)	
	거주자	비거주자
상속(증여)세 과세대상 재산	국내·국외재산	국내 재산 및 해외금융재산(국외예금·적금* 등)
상속공제	기초 공제 외에 배우자상속공제, 일괄공제 등 모두 적용	기초 공제(2억원)만 적용
증여재산공제	적용	적용 안 됨

* 거주자의 해외금융재산 또는 총자산 중 국내소재자산을 50% 이상 보유한 외국법인의 주식을 포함하며 수증자가 비거주자인 경우 증여자(거주자)는 수증자(비거주자)와 연대납세의무가 있다.

* (1억 5,000만원 × 20%) − 1,000만원 = 2,000만원
2,000만원 − 60만원(신고세액공제) = 1,940만원

☑ 관련 세법

국제조세조정에 관한 법률 제21조 [국외증여에 대한 증여세 과세특례]

① 거주자가 비거주자에게 국외에 있는 재산을 증여(증여자의 사망으로 인하여 효력이 발생하는 증여는 제외한다)하는 경우 그 증여자는 이 법에 따라 증여세를 납부할 의무가 있다. 다만, 수증자가 증여자의 국세기본법 제2조제20호에 따른 특수관계인이 아닌 경우로서 해당 재산에 대하여 외국의 법령에 따라 증여세(실질적으로 이와 같은 성질을 가지는 조세를 포함한다)가 부과되는 경우(세액을 면제받는 경우를 포함한다)에는 증여세 납부의무를 면제한다.

국제조세조정에 관한 법률 시행령 제38조 [국외증여 재산의 시가산정 등]

① 법 제21조제2항 본문에 따라 증여재산의 시가를 산정하는 경우 다음 각 호의 어느 하나에 해당하는 가액이 확인될 때에는 그 가액을 해당 증여재산의 시가로 한다.
1. 증여재산의 증여일 전후 6개월 이내에 이루어진 실제 매매가액
2. 증여재산의 증여일 전후 6개월 이내에 공신력 있는 감정기관이 평가한 감정가액
3. 증여재산의 증여일 전후 6개월 이내에 수용 등을 통하여 확정된 증여재산의 보상가액

예를 들어 주 씨가 3자녀에게 각각 2억원의 재산을 증여했다고 가정하면 큰딸을 제외한 나머지 두 자녀는 5,000만원의 증여재산공제를 차감한 1억 5,000만원에 대해 각자 1,940만원(신고세액공제 3% 차감)의 증여세를 내야 하지만, 큰딸은 2억원에 대해 2,910만원(신고세액공제 3% 차감)의 증여세를 내야 한다.

거주자와 비거주자에 대한 과세상의 차이는 상속의 경우에도 마찬가지다. 피상속인이 거주자인 경우에는 국내 및 국외에 있는 모든 상속재산(유증재산 및 사인증여재산을 모두 포함한다)에 대해 상속세가 과세된다. 하지만 피상속인이 비거주자인 경우에는 국내에 있는 상속재산에 대해서만 납세의무가 성립한다.

상속재산에서 공제하는 상속공제금액도 비거주자의 경우에는 기초공제(2억원)만 공제받을 수 있을 뿐, 다른 공제(배우자상속공제 · 일괄공제 · 금융재산상속공제 · 공과금 · 채무 · 장례비 등)는 모두 받을 수 없다. 따라서 과세대상인 재산의 범위와 관련해서는 수증자 또는 피상속인이 비거주자인 경우가 유리하지만 상속(증여)공제에 대해서는 비거주자인 경우가 더 불리하다. 그러므로 필요에 따라 이를 전환한 다음 상속 · 증여를 실행하는 것이 바람직하다.

상속 · 증여를 받으면 반드시 신고해야 하나요

17

소심한 씨(48세)는 1년 전 부친이 사망함에 따라 재산을 상속받았다. 상속재산은 모두 8억원(상가)이며 상속인은 자신을 포함해서 어머니와 두 형제이다. 소 씨는 재산을 상속받으면 6개월 안에 상속세를 신고해야 한다는 말을 듣고는 상속 당시 상속세를 신고하지 않아 불이익을 당하지 않을까 걱정하고 있다. 상속과 증여는 반드시 신고해야 하는 것일까?

재산을 상속받거나 증여받은 사람이 상속세와 증여세를 신고 · 납부하지 않으면 산출세액의 20%(부당하게 신고하지 않거나 과소신고한 경우에는 40%)를 가산세로 내야 한다. 따라서 산출세액이 없다면 가산세도 어차피 부과되지는 않는다.

그런데 세법에서는 상속재산과 증여재산 전액에 대해 상속세와 증여세를 과세하는 것이 아니라 각각 일정금액을 공제한 후의 과세표준에 세율을 곱해 세금을 계산한다. 따라서 과세가액이 상속공제금액에 미달한다면 과세표준이 마이너스(−)로 나와 산출세액도 계산되지 않는다. 이런 경우라면 굳이 신고를 안 하더라도 납세자(상속인)가 입게 될 불이익은 사실상 없는

☑ **상속세 계산구조**

상속재산
(−) 공과금 · 채무 · 장례비
상속세 과세가액
(−) 상속공제액
상속세 과세표준
(×) 세율
산출세액
(−) 증여세액공제
(−) 신고세액공제(3%)
납부세액

☑ **증여세 계산구조**

증여재산
(−) 증여재산공제액
증여세 과세표준
(×) 세율
산출세액
(−) 기납부증여세
(−) 신고세액공제(3%)
납부세액

Key Word_
가산세, 취득세, 상속세 신고의 효과, 감정평가수수료

셈이다.

현재 상속의 경우는 상속인이 배우자와 자녀인 경우 상속재
산에서 기본적으로 10억원을 공제하며, 배우자가 없어 자녀만
상속을 받는 경우에는 5억원을 공제한다. 증여의 경우에도 수
증자를 기준으로 배우자는 6억원, 자녀는 성년인 경우 5,000
만원, 미성년인 경우 2,000만원을 각각 공제받을 수 있다.

결국 소 씨처럼 피상속인의 유산총액이 10억원에 미달해서
산출세액이 나오지 않는 경우라면 애써 상속세를 신고할 필요
가 없다. 또한 상속에 따른 재산이전에 대한 등기·등록은 이
를 이행하지 않았다고 해서 별도의 과태료 등이 부과되지는
않는다.

그러나 상속인 명의로 이전하지 않을 경우 매매나 담보제공
등 권리행사에 제약이 따르게 된다. 이 경우 부동산이나 유가
증권처럼 등기·등록을 필요로 하는 재산의 경우 관련 재산을
상속인이 이전받기 위해서는 취득세를 반드시 납부해야 한다.

상속에 의한 취득시에는 상속개시일의 말일부터 6개월, 증
여에 의한 취득시에는 증여일부터 60일 이내에 취득세를 자진
신고하고 납부해야 한다. 만약 기한 내에 취득세를 신고·납부
하지 않으면 20%의 신고불성실가산세가 추가되며, 지연납부에
따른 납부불성실가산세가 연리 9.125%로 부과된다. 게다가 취
득세를 신고·납부하지 않은 상태에서 취득 후 2년 내에 해당
자산을 매각하는 경우에는 신고불성실가산세가 무려 80%에 이
른다.

이처럼 상속세 과세가액(상속재산 – 채무 등)이 상속공제액보다 적은 경우에는 굳이 신고할 필요가 없지만 상황에 따라서는 상속세 신고를 해두는 것이 나중을 위해 도움이 될 때도 있다.

예를 들어 소득이 없는 상속인이 재산(특히 금융자산)을 상속받은 다음 그 재산을 처분하거나 활용하여 다른 재산을 취득할 경우 재산취득자금의 출처조사를 받게 되는데, 이 경우 세법에서는 신고한 상속·증여재산만을 그 취득자금으로 인정해주고 있다. 따라서 자금출처를 제시해야 하는 상황에서는 미리 상속신고를 통해 재산을 물려받았음을 확실히 해두는 것이 좋다.

또는 상속받은 부동산을 팔 때를 대비해서 상속신고를 통해 그 부동산가액을 가급적 높게 확정해두면 나중에 매각할 때 양도소득세를 줄일 수도 있다. 이 경우 상속부동산에 대해 부동산소재지 관할 시·군·구청에 납부하는 취득세는 상속개시일 현재 지방세법상 시가표준액(공시지가나 주택공시가격, 기준시가 등을 의미함)을 기준으로 납부하는 것이므로 피상속인의 주소지 관할 세무서에 신고하는 상속세 신고서상의 금액과는 무관하다.

특히 상속재산가액이 10억원 미만이어서 상속세가 나오지 않을 경우에는 일반적으로 신고를 생략하는 경우가 많다. 그러나 나중에 상속재산 중 부동산을 양도할 때 양도소득세를 절세하려면 귀찮아도 신고를 해두는 것이 좋다.

예를 들어 소 씨의 경우 상속 당시 시가 8억원(기준시가는 5억원)짜리 상가를 상속받은 후 10억원에 판다고 가정하자. 만약 상속 당시 감정평가법인 2곳에서 시가대로 감정평가를 받아 상

Key Word_
재증여의 합산

☑ 감정평가를 받아
　 상속세를 신고

2곳 이상(기준시가 10억원 이하
인 부동산은 한 곳)의 감정평가
법인으로부터 상속재산가액을
평가받아 신고하는 것을 말한
다. 이 경우 감정평가법인이 감
정한 가격의 평균치를 적용하
는데, 해당 감정가액이 상속세
법상 평가액과 시가의 90%에
해당하는 가액 중 적은 금액에
미달하는 경우에는 이를 인정
하지 않고 세무서장이 다른 감
정기관에 의뢰하여 감정받은
가액에 의한다. 감정가액에 따
른 평가액이 인정되면 해당 감
정평가수수료는 500만원까지
과세가액에서 공제된다.

☑ 양도소득세 계산구조

　　　　양도가액
(−) 취득가액 등
　　　　양도차익
(−) 장기보유특별공제
　　　　양도소득
(−) 기본공제(250만원)
　　　　과세표준
(×) 세율
　　　　산출세액

☑ 양도소득세율

과세표준	세율	누진공제액
1,200만원 이하	6%	−
1,200~4,600만원	15%	108만원
4,600~8,800만원	24%	522만원
8,800~1억 5,000만원	35%	1,490만원
1억 5,000~3억원	38%	1,940만원
3억원~5억원	40%	2,540만원
5억원~10억원	42%	3,540만원
10억원 초과	45%	6,540만원

*과세표준이 5,000만원일 경우 산출세액
　(5,000만원 × 24%) − 522만원
　= 678만원

▶▶ 상속세 신고의 효과

구분		신고 안 한 경우	신고한 경우
1	상속재산 신고가액	5억원	8억원
	상속공제액	10억원	10억원
	상속세 과세표준	△5억원	△2억원
	상속세	0	0
2	양도가액	10억원	10억원
	취득가액	5억원	8억원
	양도차익	5억원	2억원
	기본공제	250만원	250만원
	과세표준*	4억 9,750만원	1억 9,750만원
	양도소득세	1억 7,360만원	5,565만원
3	다른 재산 취득	10억원	10억원

＊ 장기보유특별공제는
　 고려하지 않았음

취득자금
출처

미입증금액
5억원에 대해
증여세 과세

80% 이상
입증 → OK

속세를 신고했다면 이 금액을 취득가액으로 인정받아 양도차익
이 2억원(10억원−8억원)인 반면, 상속세를 신고하지 않거나 기
준시가로 신고했다면 양도차익은 무려 5억원(10억원−5억원)이
나 된다. 이 경우 적용되는 양도소득세율은 각각 38%와 40%
이므로 두 경우의 세금차이는 1억 1,795만원이나 된다.

증여의 경우도 마찬가지다. 특히 증여는 별다른 소득이 없는 배우자나 자녀를 대상으로 이루어지는 경우가 많기 때문에 비록 증여재산가액이 증여재산공제금액에 미달한다 할지라도 훗날 자금출처조사에 대비하고 매각에 따른 양도소득세를 줄이기 위해서는 적극적으로 신고를 해두는 것이 바람직하다. 증여로 인한 소유권이전은 증여계약서를 검인받아 이전하게 된다. 이 경우 공시가격에 맞추어 적게 신고하거나 증여재산가액이 증여재산공제액 미만이어서 아예 증여세 신고를 하지 않았다면 증여 당시의 시가가 드러나지 않게 되므로 훗날 증여재산을 양도할 때 절세효과를 얻을 수 없다. 따라서 실제 시세대로 증여신고를 해두는 것이 나중을 위해 좋다. 다만 증여신고를 하면 10년 내에 같은 사람에게 반복증여한 금액이 합산되어 과세된다는 점도 아울러 고려돼야 한다.

예를 들어 현금이나 금융자산처럼 증여세 과세가 현실적으로 어려운 자산을 증여받았을 때 굳이 증여세를 신고하면 이후 10년 이내 동일인에 대한 재증여의 합산을 위해 국세청에서는 이를 수증자별로 관리하게 된다.

결국 납부할 상속·증여세가 없는 경우 및 현금이나 금융자산을 증여받은 경우 증여세 신고 여부는 신고를 통한 향후 자금출처의 확보에 따른 이익과 신고에 따른 세금부담액의 크기를 비교해서 결정할 문제이다.

☑ 재증여의 합산

증여를 한 후 같은 사람에게 10년 이내에 다시 증여를 한 경우에는 이전의 증여금액과 재증여한 금액을 합산하여 증여세를 계산한다. 이때 합산은 수증자별로 하는 것이므로 증여자와 수증자(증여받은 사람)가 같은 사람일 때만 합산된다. 단, 증여자가 부모일 경우 부모는 같은 사람으로 본다.

상속받은 부동산을 어떻게 처리하는 것이 좋은가요

18

은행원인 유상속 씨(42세)는 경기도 분당에 주택을 소유하고 있다. 그런데 이번에 부친이 돌아가셔서 부친 소유의 주택 1채를 자신의 명의로 상속등기 했다. 졸지에 2주택자가 된 유 씨는 앞으로 둘 중 어떤 주택을 보유하고 양도해야 할지 고민이다. 유 씨처럼 상속·증여받은 부동산을 팔 때는 양도소득세가 어떻게 달라지는 것일까?

☑ **1세대 1주택**

1세대란 동일한 주소지에서 생계를 같이 하는 가족단위를 말한다. 1세대가 1채의 주택을 가지고 있다가 양도하는 경우에는 양도소득세를 내지 않는데, 연령이 30세 이상인 경우와 30세 미만이더라도 소득이 있으면 배우자가 없어도 1세대로 인정된다.

상속이나 증여받은 부동산도 언젠가는 팔게 된다. 이 경우 양도소득세가 과세되는데 상속이나 증여를 통해 취득한 부동산은 양도차익의 계산이나 보유기간 계산 및 세율 적용에 있어 일반부동산과는 다른 점이 많다. 따라서 이런 내용들을 잘 알고 있어야 팔 때 양도소득세를 줄일수 있다.

양도한 주택이 양도일 현재 1세대 1주택으로서 2년 이상 보유(조정대상지역 내의 주택은 보유기간 중 2년 이상 거주해야 함)한 주택이라면 양도소득세가 비과세된다(단, 고가주택은 비과세 적용이 안 된다).

그러나 상속받은 주택을 양도하는 경우에는 특례를 두고 있다. 먼저 무주택자인 자녀세대가 1주택자인 부모세대를 동거봉양하다가 해당 주택을 상속받은 경우에는 2년 이상 보유(조정대상 지역은 2년 이상 거주)요건(피상속인의 보유기간을 모두 합산할 수 있다)만 갖추었다면 당장 팔더라도 비과세받을 수 있다.

만약 유 씨의 경우처럼 상속주택과 일반주택(자신의 주택)을 각각 1채씩 가지고 있다면 일반주택을 팔 때에는 상속주택은 없는 것으로 본다. 상속주택은 자신의 의지와 상관없이 취득하게 된 것이기 때문이다. 따라서 일반주택이 양도소득세 비과세 요건(2년 이상 보유 또는 거주요건)을 갖추었다면 양도소득세는 없는 셈이다. 이 경우 공동상속주택은 상속인 중 상속지분이 가장 많은 사람의 상속주택으로 보며, 상속주택이 2채 이상일 경우에는 피상속인이 가장 오래 소유한 주택만 상속주택으로 간주한다.

한편 유 씨가 상속주택을 팔 경우에는 일반주택을 소유하고 있으므로 2주택자로서 양도소득세를 내야 한다.

이 경우 상속이나 증여로 취득한 부동산은 그 취득시기가 각각 상속개시일 또는 증여일이 되는 것이므로 취득가액은 상속개시일 또는 증여일 현재의 평가액으로 하고, 장기보유특별공제금액을 계산하기 위한 보유기간도 각각 상속인과 수증자가 보유한 기간만으로 따지게 된다. 즉, 피상속인과 증여자가 보유한 기간은 제외된다. 단, 상속부동산의 양도소득세 세율 적용을 위한 보유기간은 피상속인의 취득일부터 계산한다.

☑ 고가주택

양도일 현재 양도가액이 9억원을 초과하는 주택을 말하며, 고가주택은 1세대 1주택이라도 양도소득세를 내야 한다. 그러나 양도차익에 9억원을 초과하는 양도가액의 비율(예를 들어 양도가액이 12억원이면 3/12)을 곱한 만큼만 과세하는 데다, 10년 이상 보유와 거주시 장기보유특별공제율이 양도차익의 80%에 이르기 때문에 실질적으로는 양도소득세가 많지 않다.

☑ 상속개시일 또는 증여일 현재의 평가액

상속세와 증여세를 신고할 때 취득한 재산의 평가액으로 신고한 금액을 말한다. 이는 상속세와 증여세의 과세가액(과세표준)이지만 훗날 상속인과 수증자가 상속·증여재산을 양도할 때는 취득가액이 된다. 따라서 상속·증여세의 부담액이 크지 않다면 가급적 높게 평가해두는 것이 나중에 양도소득세를 줄이는 방법이다.

Key Word_
1세대 1주택, 고가주택, 상속주택,
상속·증여자산의 양도세 계산기준

보유기간	공제율
3년 이상	양도차익의 6%(24%)
4년 이상	〃 8%(32%)
5년 이상	〃 10%(40%)
6년 이상	〃 12%(48%)
7년 이상	〃 14%(56%)
8년 이상	〃 16%(64%)
9년 이상	〃 18%(72%)
10년 이상	〃 20%(80%)
11년 이상	〃 22%
12년 이상	〃 24%
13년 이상	〃 26%
14년 이상	〃 28%
15년 이상	〃 30%

* ( ) 안은 1세대 1주택에 적용되는 최대 공제율이며 보유기간과 거주기간 각각 1년마다 4%씩 공제되는데, 보유기간에 따른 최대공제율 40%와 거주기간에 따른 최대공제율 40%를 각각 계산해서 더하면 된다. 예를 들어, 6년 보유하고 6년 거주했다면 24%+24%=48%를 양도차익에서 공제받으며, 8년 보유하고 3년 거주했다면 32%+12%=44%를 양도차익에서 공제받을 수 있다(미등기자산 및 조정대상지역 내의 1세대 2주택에는 장기보유특별공제가 적용되지 않음).

☑ 양도소득세 세율 적용을 위한 보유기간

보유기간이 2년 미만일 경우 단일세율(1년 미만은 50%(주택 및 조합원 입주권 및 분양권은 70%), 2년 미만은 40%(주택 및 조합원 입주권 및 분양권은 60%))을 적용하게 되는데, 상속취득의 경우는 피상속인의 취득일부터 보유기간을 따지고, 증여취득의 경우는 증여일부터 따진다.

▶▶ 상속 · 증여자산의 양도소득세 계산기준

구분	상속받은 자산	증여받은 자산
① 양도가액	실제 양도가액	실제 양도가액
② 취득가액	상속개시일 현재의 세법상 평가액	증여일 현재의 세법상 평가액
③ 장기보유특별공제 대상기간	상속개시일부터 양도할 때까지 보유기간	증여일부터 양도할 때까지 보유기간
④ 양도세율 적용시 보유기간	피상속인이 최초로 취득한 날부터 양도할 때까지 보유기간	증여일부터 양도일까지 보유기간
⑤ 세법상 취득일	상속개시일	증여받은 날

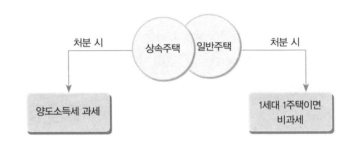

명의신탁재산에 대한 국세부과의 제척기간은 몇 년인가요

19

가진 재산이 많아 늘 상속세를 고민하던 어리숙 씨(67세)는 조카로부터 재산의 일부를 자신에게 명의신탁해주면 훗날 상속이 마무리되고 상속세 부과 제척기간이 지나면 이를 어 씨의 자녀들에게 되돌려주겠다는 제안을 해왔다. 이렇게 다른 사람 명의로 해두었다가 세금부과의 제척기간이 지나고 나서 상속인 명의로 전환하면 상속세를 내지 않아도 되는 것일까?

국세부과의 제척기간이란 국가가 국세를 부과할 수 있는 기간을 말한다. 국세는 조세채권자인 국가와 납세자인 국민간의 채권 · 채무관계이므로 그 권리관계를 조속히 확정짓기 위해 일정기간이 지나면 납세의무자가 설령 내지 않은 세금이 있다고 하더라도 더 이상 부과할 수 없게 한 것이 제척기간이다. 국세기본법에는 국세부과의 제척기간을 다음과 같이 정하고 있다.

① 납세자가 사기, 기타 부정한 행위로써 국세를 포탈하거나 환급 · 공제받는 경우에는 해당 국세를 부과할 수 있는 날부터 10년간

☑ 국세를 부과할 수 있는 날

상속 · 증여세처럼 과세표준과 세액을 신고해야 하는 국세는 법정신고기한(상속세는 상속개시일이 속한 달의 말일부터 6개월, 증여는 증여일이 속한 달의 말일부터 3개월)의 다음날을 뜻한다.

① 국세는 다음 각 호에 규정된 기간이 끝난 날 후에는 부과할 수 없다.
4. 상속세·증여세는 제1호, 제1호의2, 제2호 및 제3호에도 불구하고 부과할 수 있는 날부터 10년간. 다만, 다음 각 목의 어느 하나에 해당하는 경우에는 부과할 수 있는 날부터 15년간으로 한다.
가. 납세자가 부정행위로 상속세·증여세를 포탈하거나 환급·공제받은 경우
나. 상속세 및 증여세법 제67조 및 제68조에 따른 신고서를 제출하지 아니한 경우
다. 상속세 및 증여세법 제67조 및 제68조에 따라 신고서를 제출한 자가 대통령령으로 정하는 거짓 신고 또는 누락신고를 한 경우(그 거짓신고 또는 누락신고를 한 부분만 해당한다)
4의2. 부담부증여에 따라 증여세와 함께 소득세법 제88조제1항 후단에 따른 소득세가 과세되는 경우 그 소득세는 제4호에 따라 증여세에 대하여 정한 기간
④ 납세자가 부정행위로 상속세·증여세를 포탈하는 경우로서 다음 각 호의 어느 하나에 해당하는 경우에는 제1항제4호에도 불구하고 해당 재산의 상속 또는 증여가 있음을 안 날부터 1년 이내에 상속세 및 증여세를 부과할 수 있다. 다만, 상속인이나 증여자 및 수증자가 사망한 경우와 포탈세액 산출의 기준이 되는 재산가액(다음 각 호의 어느 하나에 해당하는 재산의 가액을 합친 것을 말한다)이 50억원 이하인 경우에는

② 납세자가 법정신고기한 내에 과세표준신고서를 제출하지 않은 경우에는 해당 국세를 부과할 수 있는 날부터 7년간

③ ①과 ②에 해당하지 않는 경우에는 해당 국세를 부과할 수 있는 날부터 5년간

④ 상속·증여세는 ①~③까지의 규정에도 불구하고 이를 부과할 수 있는 날부터 10년간. 다만, 납세자가 사기, 기타 부정한 행위로써 상속·증여세를 포탈하거나 환급·공제받는 경우와 상속세및증여세법에 따른 신고서를 제출하지 않은 경우, 그리고 상속·증여세 신고서를 제출한 경우로서 허위신고 또는 누락신고를 한 경우에는 이를 부과할 수 있는 날부터 15년간으로 한다.

따라서 일반적으로 상속·증여세를 신고하지 않거나 누락하여 신고한 경우 세금부과의 제척기간은 신고기한부터 15년간, 즉 상속세는 상속개시일부터 15년 6개월, 증여세는 증여일부터 15년 3개월이다.

그러나 납세자가 사기, 기타 부정한 행위로 상속·증여세를 포탈하는 경우로서 다음의 하나에 해당하는 경우에는 해당 재산의 상속 또는 증여가 있음을 안 날부터 1년 이내에 상속세 및 증여세를 부과할 수 있다. 다만, 상속인이나 증여자 및 수증자가 사망한 경우와 다음 항목에 해당하는 포탈세액 산출의 기준이 되는 재산가액이 50억원 이하인 경우에는 그렇지 않다.

① 제3자의 명의로 되어 있는 피상속인 또는 증여자의 재산

을 상속인 또는 수증자가 보유하고 있거나 그 자의 명의
로 실명전환을 한 경우

② 계약에 따라 피상속인이 취득할 재산이 계약이행기간에
상속이 개시됨으로써 등기·등록 또는 명의개서가 이루
어지지 않아 상속인이 취득한 경우

③ 국외에 있는 재산이나 등기·등록 또는 명의개서가 필요
하지 않은 유가증권·서화·골동품 등 상속 또는 증여재
산을 상속인 또는 수증자가 취득한 경우

④ 증여자의 금융자산을 명의자인 수증자가 보유하고 있거
나 사용·수익한 경우 및 비거주자인 피상속인의 국내재
산을 상속받는 경우

이와 같은 경우는 그 세원을 포착하기가 대단히 어렵기 때
문에 부과제척기간을 연장한 것인데, 국세청이 상속·증여사
실을 알게 된 날부터 1년이 지나기 전에는 언제라도 이를 부과
할 수 있다는 뜻으로, 세금부과의 제척기간이 사실상 없는 것
과 마찬가지라고 보면 된다. 다만, 해당 재산가액이 50억원을
초과하면서 상속인과 증여자 또는 수증자가 생존해 있는 경우
에만 적용되므로 이에 해당하지 않는다면 부과제척기간은 15
년이 된다.

3장_상속설계를 위한 체크포인트

미리 보는 상속 · 증여설계 Tip

상속, 줄거면 빨리 줘라

수십~수백억원대의 재산을 보유한 사람들은 사실 재산을 폭발적으로 불리는 데는 큰 관심이 없다. 기본적으로 재산규모가 일정수준을 넘어서기 시작하면 그 이후부터는 삶의 질이 그다지 크게 차이가 나지 않기 때문이다. 통상 그 기준이 되는 금액을 총자산 기준 50억원 정도로 보는데, 재산규모가 이 수준을 넘어서게 되면 그 이후부터는 재산을 '불리기'보다 '지키기'에 더 관심이 가기 마련이다. 때문에 주식이나 부동산 투자보다는 세테크 등으로 관심의 초점이 옮겨간다.

연령대를 기준으로 보면 30~40대에는 공격적인 투자에 집중하다가 50대에 접어들면서부터는 지키는 쪽으로 투자의 방향을 트는 '큰 손'들이 많다. 그렇다면 60대가 넘어서면 어떻게 될까? 이때부터는 자신이 평생 모은 부(富)를 다음 세대로 안전하게 이전시키는 상속에 관심을 보이기 시작한다.

사실 대한민국 부자들의 경우 자신이 죽기 직전까지 자식들에게 상속내용 등에 대해 일절 언급하기를 꺼려하는 편이어서 지금까지는 상속과정이 별다른 준비 없이 주먹구구식으로 이루어지는 편이었다. 이런 경우 부모를 떠나보낸 자식들이 재산을 물려받을 때 엄청난 스트레스를 받기도 한다.

70대에 막 접어든 나이에 영하 10도의 추운 날씨에 운동을 하다가 심근경색으로 사망한 한 고객이 있었다. 이 고객은 평소 '너무 이른 나이에 재산을 자식에게 물려주면 늘그막에 자식들에게 홀대를 받는다'는 사고를 갖고 있던 사람이어서 상속을 전혀 준비하지 않다가 변을 당했다. 문제는 이 고객이 사망한 후 남은 가족들이 내야 할 상속세가 전체 자산의 절반인 100억원에 달했던 것이다. 이 고객의 경우 자산 포트폴리오가 금융자산 절반, 부동산 절반 이런 식으로 구성돼 있었는데 부동산의 경우 현금화가 쉽지 않았다. 또 향후 상승가능성이 점쳐져 부동산으로 물납하기도 어려웠다. 때문에 금융자산 거의 대부분을 세금으로 물고 지금은 가족들이 '덩치'가 큰 부동산 하나를 공동으로 소유하는 형태로 보유하고 있다.

이처럼 부동산 하나를 공동으로 소유하고 있다 보니 당장 현금화하기도 쉽지 않고, 더구나 부모 재산의 절반이 갑자기 사라져버리는 바람에 이 가족은 심리적으로 상당히 위축돼 있는 상황이다. 자신의 재산을 자식들에게 일찍 물려주는 게 터부시돼 있는 한국의 상속문화상 이런 사례는 우리 주변에서 손쉽게 찾아볼 수 있다. 그나마 요즘은 상속에 대한 한국 부자들의 마인드도 상당히 개방적으로 변화하는 모습을 보이고 있어 다행스럽다.

50대에 중견기업을 운영하고 있는 A고객의 경우 50대 초반에 이미 수백억원에 달하는 재산의 상당액을 증여세로 내고 배우자와 자녀에게 증여했다. 수개월 동안 준비하고 검토해 이루어진 작업이었기 때문에 증여세 납부금액도 최소화할 수 있었다. 재산증여 이후에 A씨가 자산을 운용하는 방식도 독특하다. 포트폴리오를 가족 단위별로 나눠서 본인 앞으로 되어 있는 자산은 보수적으로, 자식 앞으로 된 자산은 공격적으로 운용하는 식이다. 자녀 명의로 된 자산만 놓고 보면 매우 비정상적인 포트폴리오 구성이 될 수도 있지만, 가족 전체로 살펴보면 정상적인 구성이 되는 셈이다.

이런 사례에서 알 수 있듯이 상속준비는 빨리 시작할수록 좋다.

(한국경제신문에서 발췌)

상속재산의 바람직한 구성비율은 어떤 것인가요

중소기업을 경영하는 고지식 씨(68세)의 상속설계를 위해 보유재산 현황을 어렵게 얻어낸 전성기 PB는 보유재산이 대부분 부동산으로 구성돼 있다는 사실에 놀랐다. 총재산 85억원 중 부동산이 70억원(82%)이고 금융자산이 15억원(18%)으로 구성돼 있었다. 게다가 금융자산 중 절반은 본인이 경영하는 비상장회사의 주식이다. 만약 현재의 재산구성상태에서 상속이 개시된다면 어떤 문제가 있을까?

20

우리나라에서 상속세를 낼 정도면 상당한 자산가임에는 틀림없다. 비록 세법상의 면세점은 10억원(상속인이 배우자와 자녀인 경우임)이지만 사전증여와 재산처분을 통해, 그리고 현금증여를 통해 상속인들에게 미리 재산을 이전할 수 있는 방법이 많기 때문에 실제로는 재산규모가 20억원 내외라 하더라도 상속세를 내는 경우가 흔치 않다.

그러나 고 씨처럼 보유재산의 규모가 많은 거액자산가들은 사전증여와 재산처분 및 현금증여에 한계가 있기 때문에 상속세 납부가 불가피하다. 이 경우 가장 큰 문제는 상속재산의 대부분이 부동산으로 구성돼 있다는 점이다. 국세청 통계를 보더라도 상속재산 중 부동산이 차지하는 비중은 65.2%로서 금융자산 비중 28.7%의 2배를 넘는다.

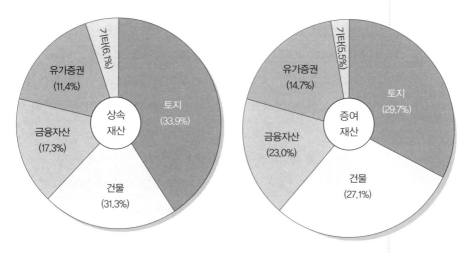

＊ 자료 : 국세통계연보, 국세청, 2019

    부동산을 통한 재산상속은 상속재산 평가시 실제 시가보다 낮은 기준시가 등으로 평가되기 때문에 100% 그대로 평가되는 금융자산에 비해 유리한 측면이 있는 게 사실이다. 게다가 대부분의 부동산은 임대보증금 및 금융기관 채무를 수반하게 되므로 채무공제를 통해 상속세 과세표준을 줄이는 효과도 얻을 수 있다. 이런 점을 감안하여 세법에서는 상속재산에 포함된 금융자산에 대해서는 20%의 공제를 해준다. 다만 공제한도가 2억원이기 때문에 금융자산가액 10억원까지만 공제혜택을 받을 수 있다. 이는 금융자산도 10억원까지는 부동산에 비해 상속 · 증여재산을 평가하는 과정에서 불이익이 없다는 뜻이기도 하다.

그런데 부동산의 이러한 장점에도 불구하고 부동산은 소유권에 관한 등기를 요하는 자산이어서 세원노출이 100%라는 것이 결정적인 단점이다. 게다가 고 씨처럼 부동산 위주로 재산이 구성돼 있을 경우 상속이 개시되면 상속인들이 당장 현금으로 내야 할 상속세의 납부재원을 마련하기가 어려운 문제가 발생한다.

고 씨의 경우 현재 상태에서 상속이 개시된다면 약 18억원의 상속세를 내야 하는데, 비상장주식은 세법상 물납이 불가능하기 때문에 상속인들의 세금 납부를 위한 실질적인 유동성은 7~8억원에 불과하다.

상속세를 내야 하는 상속인들이 이런 상황에 직면하면 대부분 상속받은 부동산을 처분할 수밖에 없는데, 이때 잘못하면 상속재산이 처분가액(시가)으로 다시 평가되어 상속세 부담이 늘어날 수도 있다. 또 세금을 내기 위해 상속부동산을 급매로 헐값에 팔아도 손해를 보기는 마찬가지다. 상속세의 경우 상속인이 원할 경우 물납을 하거나 연부연납을 할 수도 있다. 그러나 물납은 상속재산이 공매처분되면서 제값을 받기 어렵고 연부연납은 별도의 이자(연부연납가산금)를 내야 하는 점이 걸림돌이다.

자신의 사망시기를 정확히 예측한다는 것은 불가능하지만 나이가 들수록 보유재산을 조정하는 노력이 필요하다. 즉, 상속에 대비해 서서히 증여를 실행해 나가거나 증여세가 부담된다면 보유자산을 처분해서 현금을 확보한 다음 이를 순차적으

▶▶ 상속재산 중 부동산의 장·단점

장점

• 상속재산 평가시 실제 시세보다 낮게 평가되어 상속세 과세표준이 낮아진다.
• 상속부동산에 담보된 채무공제를 통해 상속세 과세표준을 낮출 수 있다.

단점

• 등기되는 자산이므로 세원노출 가능성이 100%이다.
• 상속인이 이전받기 위해서는 부대비용(취득세 등)이 소요된다.
• 부동산 비중이 과다할 경우 상속인들이 납부할 상속세 납부재원이 모자라게 된다.
• 상속세 납부재원을 마련하기 위해 상속부동산을 매각할 경우 손실을 피하기 어렵다.

로 상속인에게 이전할 것을 고려해야 한다.

물론 이 경우 재산이전에 대한 의지와 함께 이를 실행하려는 의지가 무엇보다 중요하다. 미리 상속하겠다는 의지는 절세효과보다 우선한다. 절세 목적에서 사전증여가 유리하다는 점을 알고 있다 하더라도 증여자의 증여의지가 없다면 아무 소용이 없기 때문이다.

또한 사전증여시에는 항상 증여세와 양도소득세를 비교해서 결정해야 한다. 증여세가 양도소득세보다 많다면 차라리 팔아서 현금성자산을 증여하는 게 더 유리하기 때문이다.

고령화가 진행됨에 따라 보유재산 구성을 재조정(리밸런싱)하는 것은 자신의 은퇴설계와도 관련된다. 일반적으로 은퇴시점을 기준으로 부동산과 금융자산의 비중이 5:5가 되는 것이 가장 바람직하다. 고 씨의 경우도 머지 않아 은퇴한다고 가정하면 현재의 부동산 비중을 점차 줄여나가는 게 본인의 은퇴자금 확보와 자녀들의 상속세 절감차원에서도 바람직하다.

상속세의 계산구조는 어떻게 되나요

전성기 PB의 고객 중 거액자산가인 최고만 씨(56세)가 자신의 재산 120억 원이 상속되면 상속세가 얼마나 될지 알아봐 달라고 요청해왔다. 상속설계를 수립하기 위해서는 우선 상속세의 계산구조부터 알아야 할 것 같은데, 상속세는 어떤 과정을 거쳐 계산되는 것일까?

효과적인 상속설계의 수립을 위해서는 무엇보다도 상속세 계산흐름과 구조에 대한 이해가 선행돼야 한다. 상속세 계산흐름을 통해 상속세를 미리 예측하고, 상속세 계산구조를 통해 절세포인트를 찾아내야 하기 때문이다.

상속세는 다음과 같은 절차와 단계를 거쳐 계산하게 된다.

1. 상속재산의 계산

상속세는 피상속인이 사망 당시 남긴 재산(유산)에 대해 과세되는 세금이다. 따라서 사망 당시 피상속인 명의의 모든 재산, 즉 상속재산가액이 얼마인지를 먼저 파악해야 한다. 이때

Key Word_
상속세 계산구조, 사전증여재산,
추정상속재산, 공과금, 채무

상속재산의 평가기준이 매우 중요하다. 상속재산을 어떻게 평가하느냐에 따라 과세표준이 달라지고 이에 따라 적용되는 세율도 달라지기 때문이다. 또한 사망 당시 고인의 명의로 되어 있지 않은 재산 중에서도 다음과 같은 것은 모두 상속재산에 합산된다.

① 피상속인이 보험계약자이거나 보험료를 납부한 사망보험금
② 퇴직금·퇴직수당·공로금·연금 또는 이와 유사한 것으로서, 피상속인에게 지급될 것이 피상속인의 사망으로 인해 상속인에게 지급되는 것. 단, 국민연금 등의 유족연금은 제외된다.

2 상속세 과세가액의 계산

상속재산에 사망 전 일정기간 이내에 미리 증여한 재산 및 추정상속재산을 더하고 피상속인이 내야 할 공과금·채무·장례비를 차감하면 상속세 과세가액이 산정된다. 추정상속재산이란 피상속인이 사망 직전에 처분하거나 빌린 채무 중 일정액이 넘는 재산의 행방이 묘연할 때 이를 모두 상속인에게 몰래 사전증여한 것으로 간주하여 상속재산에 합산(단, 재산처분액(채무부담액)의 20%와 2억원 중 적은 금액을 차감하여 합산)하는 것을 말한다.

(1) 상속재산에 가산하는 사전증여재산

① 사망 전 10년 이내에 상속인에게 미리 증여한 재산
② 사망 전 5년 이내에 상속인이 아닌 사람에게 미리 증여한 재산

▶▶ 상속세 계산흐름

상속재산 ◀ - - - 본래의 상속재산

사망보험금*

퇴직금 등

(+)

사전증여재산*

추정상속재산

* 피상속인이 계약자이거나 보험료를 납부한 사망보험금

* 상속인 : 사망 전 10년 이내 증여재산
비상속인 : 사망 전 5년 이내 증여재산

(−)

공과금

채무

장례비용

⇩

상속세 과세가액

(−)

방법 1	방법 2
기초 공제(2억원) 기타인적공제	일괄공제(5억원)

상속공제액 ◀ - - -

배우자상속공제
금융재산상속공제
가업상속공제
동거주택상속공제

⇩

상속세 과세표준

(×) 세율 ◀ - - -

과세표준	세율	누진공제액
1억원 이하	10%	0
1억원 초과 5억원 이하	20%	1,000만원
5억원 초과 10억원 이하	30%	6,000만원
10억원 초과 30억원 이하	40%	1억 6,000만원
30억원 초과	50%	4억 6,000만원

상속세 산출세액

(−)

세액공제

⇩

자진납부세액

Key Word_
장례비용, 배우자상속공제,
일괄공제, 금융재산상속공제

☑ 재산종류별

① 현금·예금 및 유가증권 ② 부동산 및 부동산에 관한 권리 ③ 기타재산을 뜻한다. 3가지 유형의 재산종류별로 재산처분액이 상속개시 전 1년(2년) 이내에 2억원(5억원)을 초과하고 그 용처가 불분명할 경우 재산처분액의 20%와 2억원 중 적은 금액을 차감한 나머지 금액을 상속재산에 합산한다.

☑ 관련 세법

상속세및증여세법 제15조 [상속개시일 전 처분재산 등의 상속추정 등]

① 피상속인이 재산을 처분하였거나 채무를 부담한 경우로서 다음 각 호의 어느 하나에 해당하는 경우에는 이를 상속받은 것으로 추정하여 제13조에 따른 상속세 과세가액에 산입한다.
1. 피상속인이 재산을 처분하여 받은 금액이나 피상속인의 재산에서 인출한 금액이 상속개시일 전 1년 이내에 재산 종류별로 계산하여 2억원 이상인 경우와 상속개시일 전 2년 이내에 재산 종류별로 계산하여 5억원 이상인 경우로서 대통령령으로 정하는 바에 따라 용도가 객관적으로 명백하지 아니한 경우
2. 피상속인이 부담한 채무를 합친 금액이 상속개시일 전 1년 이내인 경우와 상속개시일 전 2년 이내에 5억원 이상인 경우로서 대통령령으로 정하는 바에 따라 용도가 객관적으로 명백하지 아니한 경우

(2) 상속재산에 가산하는 추정상속재산

① 피상속인이 재산을 처분하거나 피상속인의 재산에서 인출한 금액이 상속개시일 전 1년 이내에 재산종류별로 계산하여 2억원 이상인 경우와 상속개시일 전 2년 이내에 재산종류별로 계산하여 5억원 이상인 경우로서 용도가 객관적으로 명백하지 않은 경우

② 피상속인이 부담한 채무의 합계액이 상속개시일 전 1년 이내에 2억원 이상인 경우와 상속개시일 전 2년 이내에 5억원 이상인 경우로서 용도가 객관적으로 명백하지 않은 경우

(3) 상속재산에서 차감하는 공과금·채무·장례비용

① 공과금은 상속개시일 현재 피상속인이 납부할 의무가 있는 것으로서 상속인에게 승계된 조세·공공요금 기타 이와 유사한 것으로, 상속개시일 이후 상속인의 귀책사유로 납부 또는 납부할 가산세·가산금·체납처분비·벌금·과료·과태료 등은 포함되지 않는다.

② 채무는 상속개시 당시 피상속인의 채무로서, 상속인이 실제로 부담하는 사실이 다음의 하나에 의해 입증되는 것을 말한다.

• 국가·지방자치단체 및 금융기관에 대한 채무는 해당 기관에 대한 채무임을 확인할 수 있는 서류

• 위 이외의 자에 대한 채무는 채무부담계약서, 채권자확인

서, 담보설정 및 이자지급에 관한 증빙 등에 의해 그 사실을 확인할 수 있는 서류

③ 장례비용은 다음 금액을 합한 금액으로 한다.

• 피상속인의 사망일부터 장례일까지 장례에 직접 소요된 금액(봉안시설의 사용에 소요된 금액을 제외하며, 500만원 미만인 경우에는 500만원으로 하되, 그 금액이 1,000만원을 초과하는 경우에는 1,000만원으로 한다)

• 봉안시설의 사용에 소요된 금액(500만원을 한도로 한다)

3. 상속세 과세표준의 계산

상속세 과세가액에서 기초공제와 배우자상속공제, 일괄공제, 금융재산상속공제 등 상속공제액과 상속재산의 감정평가수수료를 차감하면 과세표준이 계산된다. 단, 과세표준이 50만원 미만인 경우에는 상속세를 부과하지 않는다.

(1) 기초공제

거주자 또는 비거주자의 사망으로 상속이 개시되는 경우에는 상속세 과세가액에서 2억원을 공제한다.

(2) 배우자상속공제

다음의 두 금액 중 적은 금액을 공제한다. 이때 최소 5억원을 공제하되, 최대 30억원을 한도로 한다.

① 배우자가 실제 상속받은 재산

☑ **관련 세법**

상속세및증여세법 시행령 제11조 [상속세 과세가액에 산입되는 재산 또는 채무의 범위]

④ 제2항의 규정을 적용함에 있어서 동항 각호의 규정에 의하여 입증되지 아니한 금액이 다음 각호의 1의 금액 중 적은 금액에 미달하는 경우에는 용도가 객관적으로 명백하지 아니한 것으로 추정하지 아니하며, 그 금액 이상인 경우에는 다음 각호의 1에 해당하는 금액 중 적은 금액을 차감한 금액을 용도가 객관적으로 명백하지 아니한 것으로 추정한다.

1. 피상속인이 재산을 처분하여 받은 금액이나 피상속인의 재산에서 인출한 금전 등 또는 채무를 부담하고 받은 금액의 100분의 20에 상당하는 금액
2. 2억원

⑤ 법 제15조제1항제1호에서 '재산종류별'이라 함은 다음 각호의 구분에 의한 것을 말한다.

1. 현금·예금 및 유가증권
2. 부동산 및 부동산에 관한 권리
3. 삭제
4. 제1호 및 제2호 외의 기타재산

☑ **상속재산의 감정평가 수수료**

상속세를 신고·납부하기 위해 상속재산을 평가하는 데 소요되는 수수료(상속세 납부 목적용)로서, 상속재산이 감정평가액으로 평가된 경우에 한해 부동산은 500만원, 비상장주식은 1,000만원, 서화 및 골동품은 500만원까지 과세가액에서 공제된다.

기초공제(2억원)와 배우자상속
공제 외에 상속재산에서 공제
되는 인적공제액으로서 공제금
액은 다음과 같다.
- 자녀 1인당 5,000만원
- 상속인 및 동거가족(배우자는
  제외) 중 미성년자는 1,000만원
  ×(19세-나이)
- 상속인 및 동거가족(배우자
  는 제외) 중 65세 이상인 자
  는 5,000만원
- 상속인 및 동거가족 중 장애
  인은 1,000만원×(상속개시
  일 현재 장애인의 성별·연
  령별 기대여명-나이)
한편 상속인은 기초공제와 기
타인적공제를 각각 합산해서
공제받을 수도 있고 이를 묶어
서 한꺼번에 일괄공제(5억원)받
을 수도 있다.

② 배우자의 민법상 법정상속지분(공동상속인 중 상속을 포기
   한 자가 있는 경우에는 그 자가 포기하지 않은 경우의 배우자의
   법정상속분)에서 상속재산에 가산한 증여재산 중 배우자
   에게 증여한 재산에 대한 과세표준(증여재산가액 - 증여재
   산공제(6억원))을 차감한 금액

(3) 일괄공제

거주자의 사망으로 인해 상속이 개시되는 경우에 상속인 또
는 수유자는 기초공제와 기타인적공제의 합계액과 5억원 중 큰
금액을 공제할 수 있는데, 이 경우 5억원을 일괄공제라고 한다.

따라서 기초공제와 기타인적공제의 합계액이 5억원보다 적
을 때는 일괄공제를 받는 것이 유리하다. 다만, 피상속인의 배
우자가 단독으로 상속받는 경우에는 일괄공제를 적용받을 수
없다.

(4) 금융재산상속공제

상속개시일 현재 상속재산가액 중 순금융재산가액(금융재산
의 가액에서 금융채무를 차감한 가액이며, 최대주주가 보유하고 있는
주식과 상속세 과세표준 신고기한까지 신고하지 않은 타인 명의의 금
융재산은 포함되지 않는다)이 있는 경우에는 다음 금액을 상속세
과세가액에서 공제한다. 단, 공제한도는 2억원이다.
   ① 순금융재산의 가액이 2,000만원 이하인 경우 : 해당 순
      금융재산의 가액

② 순금융재산의 가액이 2,000만원을 초과하는 경우 : 해당
　순금융재산의 가액의 20%와 2,000만원 중 큰 금액

(5) 가업상속공제

가업(대통령령으로 정하는 중소기업(상속개시 직전 3개년의 평균
매출액이 3,000억원 미만)으로서 피상속인이 10년 이상 계속하여 경
영한 기업을 말한다)을 상속받은 경우에는 가업상속재산가액의
전액을 공제한다(공제한도는 200억원, 단 피상속인이 20년 이상 계
속하여 경영한 경우에는 300억원, 30년 이상 계속하여 경영한 경우에
는 500억원을 한도로 한다).

(6) 동거주택상속공제

거주자의 사망으로 인해 상속이 개시되는 경우로서 피상속
인과 상속인이 상속개시일부터 소급하여 10년 이상 계속하여
동거한 주택(상속개시일 현재 1세대 1주택으로서 무주택자인 상속인
이 상속받은 주택)일 경우에는 주택가액(상속주택가액 – 해당 자산
에 담보된 채무)의 100%에 상당하는 금액을 상속세 과세가액에
서 공제한다. 다만, 6억원을 한도로 한다.

(7) 상속공제 적용의 한도

상속공제액은 상속세 과세가액에서 다음에 해당하는 가액을
차감한 잔액을 한도로 한다.
① 상속인이 아닌 자에게 유증 및 사인증여한 재산가액

② 상속인의 상속포기로 그다음 순위의 상속인이 상속받은 재산의 가액

③ 상속세 과세가액에 가산한 사전증여재산가액(증여 당시 증여재산공제를 받은 경우에는 증여재산가액에서 이를 차감한 가액을 말하며, 상속세 과세가액이 5억원을 초과하는 경우에만 적용한다.)

4. 산출세액의 계산

과세표준에 세율을 곱하면 산출세액이 계산된다.

5. 납부세액의 계산

산출세액에서 다음과 같은 세액공제를 차감하면 납부세액이 계산된다.

(1) 증여세액공제

상속재산에 가산한 사전증여재산에 대한 증여세액(증여 당시의 해당 증여재산에 대한 증여세 산출세액을 말한다)을 상속세 산출세액에서 공제한다. 이 경우 공제할 증여세액은 상속세 산출세액에 상속재산(상속재산에 가산하는 증여재산을 포함한다)의 과세표준에 대해 가산한 증여재산의 과세표준이 차지하는 비율을 곱해 계산한 금액을 한도로 한다.

(2) 단기재상속에 대한 세액공제

상속개시 후 10년 이내에 상속인 또는 수유자의 사망으로 다시 상속이 개시되는 경우에는 전의 상속세가 부과된 상속재산 중 재상속분에 대한 전의 상속세 상당액을 상속세 산출세액에서 공제한다.

(3) 신고세액공제

상속세 과세표준을 신고기한 내에 자진신고한 경우에는 상속세 산출세액(세대생략상속분에 대한 할증세액을 포함)에서 공제 또는 감면되는 세액을 차감한 금액의 3%를 공제한다.

☑ 관련 세법

상속세및증여세법 제30조 [단기재상속에 대한 세액공제]

① 상속개시 후 10년 이내에 상속인이나 수유자의 사망으로 다시 상속이 개시되는 경우에는 전의 상속세가 부과된 상속재산(상속재산에 가산하는 증여재산 중 상속인이나 수유자가 받은 증여재산을 포함) 중 재상속되는 상속재산에 대한 전의 상속세 상당액을 상속세 산출세액에서 공제한다.
② 제1항에 따라 공제되는 세액은 제1호에 따라 계산한 금액에 제2호의 공제율을 곱하여 계산한 금액으로 한다.

1. 전의 상속세 산출세액 ×

$$재상속분의 재산가액 \times \dfrac{전의 상속세 과세가액}{전의 상속재산가액}$$

전의 상속세 과세가액

2. 공제율

재상속기간	공제율
1년 이내	100분의 100
2년 이내	100분의 90
3년 이내	100분의 80
4년 이내	100분의 70
5년 이내	100분의 60
6년 이내	100분의 50
7년 이내	100분의 40
8년 이내	100분의 30
9년 이내	100분의 20
10년 이내	100분의 10

상속세의 실질부담액은 어느 정도인가요

22

상속재산이 100억원에 이르는 고객의 상속설계를 고민하던 전성기 PB는 적용될 세율이 최고 50%에 이른다는 사실에 경악했다. 하지만 다행히도 과세표준 계산단계에서 상당히 많은 금액의 공제가 가능하다는 점에 안도했다. 각종 공제금액을 차감한 상속세 실효세율은 어느 정도일까?

상속세와 증여세의 세율은 과세표준의 크기에 따라 최저 10%에서 최고 50%까지 적용된다. 과세표준이 1억원 이하인 경우에는 10%의 세율이 적용되므로 세금부담이 그리 크지 않지만, 상속은 증여와는 달리 상속재산의 규모가 비교적 거액인 경우가 많아 낮은 세율이 적용되기 어렵다.

재산규모와 함께 적용세율에 영향을 미치는 것은 상속공제액의 크기인데, 상속세 과세표준 계산시 적용될 상속공제액 중 가장 큰 것은 배우자상속공제이다.

배우자상속공제는 최소 5억원에서 최대 30억원 범위 내에서 배우자가 실제로 상속받은 재산과 세법상 배우자상속공제

한도액 중 적은 금액을 공제받는다. 예를 들어 상속재산이 100억원이고 상속인이 배우자와 두 자녀라면 배우자의 법정지분(1.5/3.5)은 42.8억원이므로 어차피 공제한도 30억원에 걸리게 된다. 참고로 상속인이 배우자와 두 자녀이고 상속재산이 70억원이라면 배우자의 법정지분이 정확히 30억원이므로 상속재산이 70억원을 초과할 경우에는 배우자상속공제의 최대가능금액이 무조건 30억원이라고 보면 된다.

상속재산 100억원에서 배우자상속공제 30억원과 일괄공제 5억원 및 금융재산상속공제 2억원(최대금액)을 모두 차감하면 과세표준은 63억원이 되고, 이에 대한 상속세는 26억 9,000만원이 나온다. 신고세액공제(3%)를 차감하더라도 26억 930만원의 상속세를 납부하게 되는데, 이렇게 되면 상속재산총액(100억원)을 기준으로는 약 26%의 세금을 내게 되는 셈이다.

만약 상속재산이 150억원과 200억원이라면 실효세율은 더욱 높아지게 된다. 상속세 과세가액은 커지지만 상속공제금액이 더 이상 늘지 않고 고정되기 때문이다. 이 경우 각각 약 50억원과 74억원의 상속세를 납부해야 하므로 실효세율은 각각 33.5%와 37.3%로 높아지게 된다.

게다가 배우자가 상속받은 재산이 훗날 배우자의 사망에 따라 자녀에게 상속되는 단계에서 다시 상속세가 과세된다는 점을 감안하면 실효세율은 더욱 높아질 수밖에 없다.

만약 상속재산 200억원 중 배우자상속분이 법정지분인 85억 7,000만원이라고 가정해보자. 이에 대해 10년 후 재상속이 발생했

☑ **세법상 배우자상속공제 한도액**

상속재산(상속개시 전 10년 이내에 상속인에게 증여한 재산을 합산하되, 상속인이 아닌 자에게 유증한 재산은 제외)에서 공과금·채무를 차감한 금액에 민법상의 법정지분율을 곱한 금액에서 10년 이내에 배우자에게 사전증여한 재산의 과세표준을 차감한 금액을 말한다.

= (상속재산+10년 이내 상속인에게 증여한 재산−공과금·채무)×배우자 법정지분−배우자에 대한 사전증여재산에 대한 증여세 과세표준

☑ **실효세율**

각종 상속공제 등을 모두 차감하여 계산된 과세표준에 세율을 곱해 나온 산출세액을 상속재산으로 나눈 것을 말한다. 상속세율 10~50%는 과세표준에 적용되는 세율로서 이를 명목세율이라고 하는데, 상속공제를 차감하기 전의 상속재산에 대한 실효세율은 이보다 낮다.

▶▶ 상속세의 실효세율

(단위 : 억원)

구분	상속재산 규모				
	50	70	100	150	200
상속재산(과세가액)	50	70	100	150	200
상속공제액					
• 배우자상속공제	21	30	30	30	30
• 일괄공제	5	5	5	5	5
• 금융재산상속공제	2	2	2	2	2
과세표준	22	33	63	113	163
산출세액	7.2	11.9	26.9	51.9	76.9
납부세액[1]	7.0	11.5	26.0	50.3	74.6
실효세율[2]	14%	16.4%	26%	33.5%	37.3%

＊ 상속인은 배우자와 두 자녀이고, 배우자는 법정지분만큼 상속받는 것으로 가정함
1) 신고세액공제(3%) 차감 후 세액임
2) 납부세액 ÷ 상속재산(과세가액)

다면 약 33억 7,000만원의 상속세가 추가로 발생하게 된다. 이때 상속세 실효세율이 39.3%에 이르는 등 세 부담이 커진 이유는 배우자가 없어 배우자상속공제를 못받기 때문이다. 따라서 앞서 남편 사망시 납부한 상속세 74억 6,000만원과 합하면 모두 108억 3,000만원의 상속세가 납부된 셈이므로 결국 전 재산의 50% 이상을 상속세로 내게 되는 셈이다.

이처럼 상속세의 실효세율은 상속재산이 많으면 많을수록 높아지므로 상속재산이 많은 사람일수록 상속세를 줄이기 위한 기본전략을 미리 철저하게 수립해 놓아야 한다. 또한 사례에서

▶▶ 상속세의 실효세율(배우자상속분에 대한 상속세 포함시)

(단위 : 억원)

구분		상속재산 규모				
		50	70	100	150	200
남편의 상속세	과세가액(A)	50	70	100	150	200
	납부세액(B)	7.0	11.5	26.0	50.3	74.6
배우자의 상속세*	과세가액	21.4	30	42.8	64.3	85.7
	상속공제액					
	• 일괄공제	5	5	5	5	5
	• 금융재산상속공제	2	2	2	2	2
	과세표준	14.4	23	35.8	57.3	78.7
	산출세액	4.2	7.6	13.3	24	34.8
	납부세액(C)	4.0	7.4	12.9	23.3	33.7
상속세 총액(B+C)		11.0	18.9	38.9	73.6	108.3
실효세율{(B+C)÷A}		22%	27%	38.9%	49%	54.1%

＊ 단기재상속공제는 고려하지 않았음

보듯이 배우자에 대한 재산이전은 훗날 재상속시 세금과세의 문제가 있다는 점을 감안하면 상속을 통한 재산이전은 가급적 자녀에게 하는 것이 유리하다는 점을 알 수 있다. 즉, 배우자에게는 배우자상속공제를 받을 수 있는 최대금액(법정지분액과 30억원 중 적은 금액)만을 상속하고 나머지는 자녀에게 상속하는 것이 후일 언제 발생할지 모르는 재상속에 대비하는 방법이다.

☑ 단기재상속공제

한 번 상속세가 과세된 재산에 대해 단기간(10년) 이내에 다시 상속이 개시된 경우 전의 상속세 산출세액의 일정비율만큼을 공제해주는 것을 말한다. 공제율은 매 1년마다 10%씩 감액되는데, 예를 들어 아버지가 사망하여(상속재산 30억원, 과세가액 24억원) 상속세(산출세액 2억원)를 내고 어머니가 5년 후 사망하여 아버지로부터 받은 재산의 일부(10억원)를 다시 자녀에게 상속하는 경우라면 단기재상속공제는 다음과 같이 계산된다.

$$2억원 \times \frac{10억원 \times \frac{24억원}{30억원}}{24억원} \times 50\%$$

≒ 3,333만원

상속세 절세를 위한 기본전략은 어떻게 짜야 하나요

23

부동산임대사업자인 임대만 씨(55세)는 모든 재산을 자신의 명의로 직접 관리하고 있다. 그의 부인 전세자 씨(51세)는 평생 전업주부로 살아왔기 때문에 그동안 재테크나 자산관리는 전적으로 남편의 몫이었다. 그런데 늘어나는 재산 때문에 이젠 상속세가 큰 고민거리다. 재산증여는 미리미리 해야 한다는데, 지금껏 재산증여를 한 번도 하지 않은 임 씨가 상속세를 줄이는 최선의 방법은 무엇일까?

상속세를 줄이기 위한 전략은 상속재산을 최소화하는 방법과 각종 상속공제액을 최대화하는 방법 등 크게 2가지 방향에서 접근할 수 있다. 상속재산을 최소화하는 방법에는 상속이 개시되기 전에 사전증여를 통해 상속인에게 재산을 미리 상속하는 방법과 재산을 미리 처분해서 상속재산을 줄이는 방법이 있을 수 있다.

여기서 재산을 미리 처분하는 전략에는 상속인에게 재산을 처분하는 방법이 있을 수 있고, 상속인이 아닌 제3자에게 재산을 처분해서 그 처분대금을 상속인에게 사전증여하는 방법이 있다.

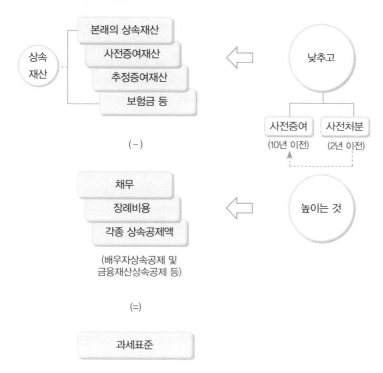

전자의 경우에는 매매당사자가 특수관계인이므로 그 거래가격이 지나치게 낮을 경우 세무상으로 문제가 발생할 수 있기 때문에 이를 미리 짚어봐야 한다. 상속세및증여세법에서는 특수관계인에게 자산을 매각할 때 시가보다 낮은 금액으로 양도해서 매수자가 실질적으로 증여받은 것과 동일한 효과를 얻을 경우 매수자에게 증여세를 과세한다. 저가양도시 증여로 간주하는 경우는 시가와 대가(거래가를 의미함)의 차액이 시가의

☑ 양도소득세 계산구조

양도가액
(－) 취득가액 등
양도차익
(－) 장기보유특별공제
양도소득
(－) 기본공제(250만원)
과세표준
(×) 세율
산출세액

30% 이상이거나 3억원 이상일 경우인데, 이때에는 매수자가 매도자로부터 차액에 상당하는 만큼을 증여받은 것으로 본다. 다만 이때 증여재산으로 간주하는 금액은 시가와 대가의 차액 전액이 아니라 시가와 대가의 차액에서 시가의 30%와 3억원 중 적은 금액을 차감한 것이다.

예를 들어 임 씨가 자신의 임대물건(상가) 중 하나(시가 3억 원)를 성년인 자녀에게 1억 5,000만원에 양도했다면 시가와 대 가의 차액 1억 5,000만원이 시가의 30%인 9,000만원보다 많 으므로 증여에 해당한다. 이 경우 증여재산은 차액 1억 5,000 만원에서 9,000만원을 차감한 6,000만원이 되는데, 여기서 증 여재산공제(자녀공제) 5,000만원을 차감하면 과세표준은 1,000 만원이 되어 증여세 산출세액은 100만원에 불과하다.

물론 재산양도에 따라 양도소득세를 내야 하지만 양도소득 세는 양도차익(양도가액－취득가액 등 필요경비)에 대해 납부하는 세금인 데다, 세율도 증여세보다는 낮다. 만약 건물의 취득가액 이 1억 3,000만원이었다면 양도차익은 2,000만원에 불과하다.

특히 부동산시장이 침체되어 가격이 하락하는 상황에서는 이런 식의 사전양도를 통한 재산이전이 비용적인 측면에서 상 속에 비해 훨씬 유리하다. 다만 매수자인 상속인의 부동산 매 수대금에 대한 지불능력(소득)이 확보돼 있어야 하는데, 그렇지 못할 경우에는 임대수익형부동산을 먼저 증여해서 임대료를 계 속 받게 한 다음, 일정기간이 지난 후 모여진 임대수익으로 다 른 부동산을 매수하게 하는 것도 하나의 방법이다. 즉, 임 씨의

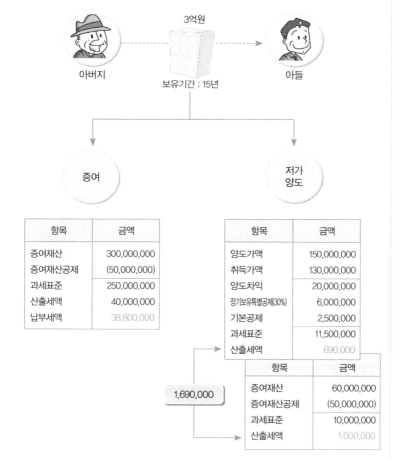

▶▶ 사전증여와 저가양도를 통한 재산처분전략의 비교

3억원

아버지

보유기간 : 15년

아들

증여

저가
양도

항목	금액
증여재산	300,000,000
증여재산공제	(50,000,000)
과세표준	250,000,000
산출세액	40,000,000
납부세액	38,800,000

항목	금액
양도가액	150,000,000
취득가액	130,000,000
양도차익	20,000,000
장기보유특별공제(30%)	6,000,000
기본공제	2,500,000
과세표준	11,500,000
산출세액	690,000

항목	금액
증여재산	60,000,000
증여재산공제	(50,000,000)
과세표준	10,000,000
산출세액	1,000,000

1,690,000

☑ 장기보유특별공제

보유기간	공제율
3년 이상	양도차익의 6%(24%)
4년 이상	〃 8%(32%)
5년 이상	〃 10%(40%)
6년 이상	〃 12%(48%)
7년 이상	〃 14%(56%)
8년 이상	〃 16%(64%)
9년 이상	〃 18%(72%)
10년 이상	〃 20%(80%)
11년 이상	〃 22%
12년 이상	〃 24%
13년 이상	〃 26%
14년 이상	〃 28%
15년 이상	〃 30%

* ( ) 안은 1세대 1주택에 적용되는 최대 공제율이며 보유기간과 거주기간 각각 1년마다 4%씩 공제되는데, 보유기간에 따른 최대공제율 40%와 거주기간에 따른 최대공제율 40%를 각각 계산해서 더하면 된다. 예를 들어, 6년 보유하고 6년 거주했다면 24%+24%=48%를 양도차익에서 공제받으며, 8년 보유하고 3년 거주했다면 32%+12%=44%를 양도차익에서 공제받을 수 있다(미등기자산 및 조정대상지역 내의 1세대 2주택에는 장기보유특별공제가 적용되지 않음).

☑ 양도소득세율

과세표준	세율	누진공제액
1,200만원 이하	6%	–
1,200~4,600만원	15%	108만원
4,600~8,800만원	24%	522만원
8,800~1억 5,000만원	35%	1,490만원
1억 5,000~3억원	38%	1,940만원
3억원~5억원	40%	2,540만원
5억원~10억원	42%	3,540만원
10억원 초과	45%	6,540만원

*과세표준이 5,000만원일 경우 산출세액
(5,000만원 × 24%) − 522만원
= 678만원

자녀가 소득원이 없다면 월세가 100만원인 상가(시가는 2억원)를 먼저 증여한다. 이때 내게 될 증여세는 1,940만원이다. 그리고 10년 후 매월 모여진 임대료로 매수자금이 확보되면 앞의 부동산을 저가로 매수해서 이전받더라도 자금출처를 입증하는 데 아무런 문제가 없다.

▶▶ 임대만 씨의 상속세 절세전략의 틀

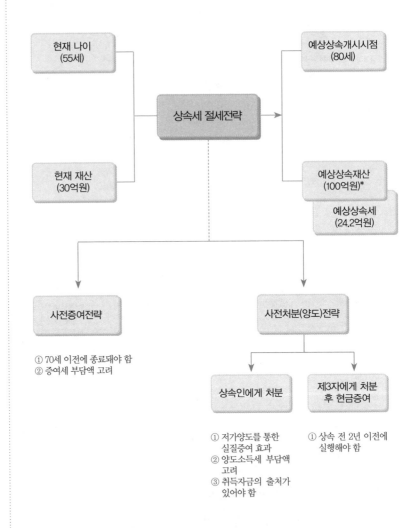

① 70세 이전에 종료돼야 함
② 증여세 부담액 고려

① 저가양도를 통한
　실질증여 효과
② 양도소득세 부담액
　고려
③ 취득자금의 출처가
　있어야 함

① 상속 전 2년 이전에
　실행해야 함

* 현재의 재산이 매년 5%씩 증가하는 것으로 가정함

한편 소득세법에서는 특수관계인과의 양도거래시 부당행위로 보는 판단기준을 시가와 대가의 차액이 5% 이하인 경우로 규정하고 있어 상속세및증여세법보다 더 엄격하다는 점도 알고 있어야 한다. 만약 위의 거래가 부당행위로 판정되면 양도차익은 1억 7,000만원(3억원 - 1억 3,000만원)이 된다. 그러나 이는 양도소득세에만 영향을 미치는 것일 뿐 증여세에는 영향이 없다. 이 경우 양도소득세는 2,587만원이 된다.

따라서 임 씨의 경우는 시가대로 양도하더라도 증여보다 양도를 하는 것이 더 유리하다는 것을 알 수 있다. 또한 저가에 양도한 것이 증여의제로 판정되면 국세청으로부터 양도가액의 적정성에 대해 검증받고 이를 토대로 부당행위로 부인당할 가능성이 있기 때문에 시가의 70%보다 높은 금액으로 양도하는 것이 안전하다.

한편 제3자에게 처분해서 그 처분대금을 상속인에게 이전하는 방법은 주로 현금이나 금융자산을 통한 이전이 될 수밖에 없다. 그런데 이 방식은 세원파악이 쉽지 않다는 점이 과세당국의 어려움이다. 임 씨가 임대부동산을 팔아 생긴 돈을 자녀들에게 나눠준다면 이를 파악하기가 사실상 불가능하기 때문이다. 특히 세법에서는 상속개시 전 2년 이내의 재산처분액에 대해서만 그 사용처를 추적하기 때문에 그 기간에만 해당하지 않으면 큰 문제는 없을 것이다.

상속공제액을 최대화하는 방법에는 채무를 끼워서 상속하는 방법이 가장 보편적이다. 피상속인의 채무는 상속재산에서 전액 공제되기 때문이다. 특히 임 씨처럼 부동산임대사업을 하는 등 부동산 비중이 높은 사람들은 임대보증금이나 은행대출금 등 채무 비중이 높을 수밖에 없다. 즉, 상속부동산에 관련된 채무금액은 전액 공제되는데 비해 해당 채무를 통해 취득한 상속부동산은 실제 시가보다 낮게 평가되므로 채무공제를 통해 과세표준이 줄어드는 효과를 얻을 수 있다.

예를 들어 상속재산이 예금 등 금융자산만 20억원인 사람이 금융자산 10억원에 은행대출금 20억원과 임대보증금 5억원을 끼고 35억원의 부동산을 취득한 후 이를 상속했다면 부동산의 기준시가가 시세의 80%라고 가정할 경우 상속재산평가액은 36억원이 된다. 그러나 채무가액 25억원을 차감하면 과세가액은 11억원으로 줄어들게 되는데 이는 종전의 과세가액 18억원(20억원-2억원(금융재산상속공제))보다 7억원이나 감소한 것이다.

▶▶ 상속채무의 절세효과

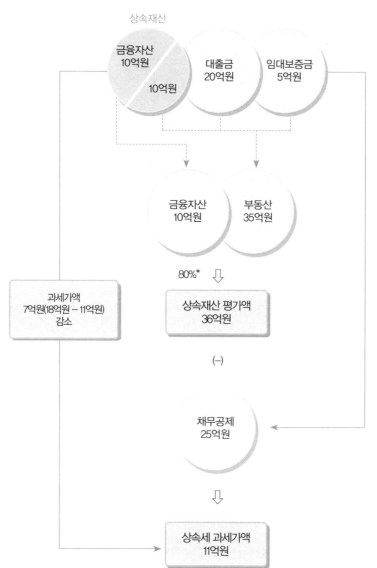

상속재산

금융자산
10억원

10억원

대출금
20억원

임대보증금
5억원

금융자산
10억원

부동산
35억원

80%*

상속재산 평가액
36억원

과세가액
7억원(18억원 – 11억원)
감소

(−)

채무공제
25억원

상속세 과세가액
11억원

* 부동산의 시가 대비 기준시가의 비율을 80%로 가정하고, 금융자산은 금융재산상속공제 20%를 차감한
것임

상속세를 줄이기 위해 미리 증여할 때는 무엇을 주의해야 하나요

24

전성기 PB의 설명을 들은 임대만 씨는 사전증여를 실행에 옮기기로 결심하고 구체적인 증여전략을 짜줄 것을 전성기 PB에게 요청해 왔다. 이처럼 상속세를 줄이기 위해 사전증여를 할 때는 무엇을 주의해야 할까?

☑ **세법에서 정한 몇 가지 경우**

개발사업의 시행, 형질 변경, 공유물 분할, 사업의 인허가, 주식의 상장이나 합병, 생명보험 또는 손해보험의 보험사고 발생으로 인해 증여받은 사람의 재산가치가 증여 당시보다 일정 기준금액 이상으로 증가한 경우에는 재산가치 증기에 따른 이익을 증여재산으로 본다.

증여가 상속에 비해 유리한 점은 증여받은 수증자별 · 증여건별로 과세되기 때문에 보다 낮은 세율이 적용된다는 점과 상속이 개시되기 전에 여러 번에 걸쳐 분산증여가 얼마든지 가능하다는 점이다.

또한 시간이 지날수록 재산가치는 커지기 마련인데 일단 증여세를 신고 · 납부하고 나면 세법에서 정한 몇 가지 경우를 제외하고는 그 이후의 재산가치 증가분에 대해서는 더 이상 증여세가 과세되지 않는다는 것이 장점이다.

단, 낮은 세율 적용에 따른 증여의 메리트(장점)는 적용세율이 20%를 초과하면 별 효과가 없으므로 가급적 1회 증여재산이 과세표준 기준으로 10%의 세율을 적용받는 1억원을 넘지 않는 것이 바람직하다. 설령 증여할 재산이 많다고 하더라도 최대 5억원을 넘지 않는 것이 좋다. 5억원이 넘어가면 30%의 세율이 적용되어 저율과세의 장점이 사라지기 때문이다.

결국 증여를 통한 장점을 최대한 누리려면 가급적 여러 사람(상속인)에게, 여러 번에 걸쳐, 일찍 증여하되 가급적 자산가치가 낮을 때 증여해야 한다. 비록 단순한 것처럼 보이지만 이 원칙을 지키지 않으면 자칫 증여가 오히려 불리할 수도 있다.

또한 사전증여와 분산증여를 통한 상속세 회피행위를 막기 위해 세법에서는 이 3가지 증여세 절세법에 대해 여러 가지 규제를 하고 있으므로 이것도 미리 알고 있어야 한다.

첫째, 증여는 훗날 재산상속을 받을 상속인 모두(여러 사람)에게 골고루 나누어 증여하는 것이 좋다. 하나의 재산이라도 상속인 공동의 명의로 증여하면 수증자 각자 증여재산공제를 받을 수 있는 데다, 과세표준 또한 분산되어 더 낮은 세율을 적용받기 때문에 절세효과를 더욱 극대화할 수 있다.

예를 들어 시가 6억원의 부동산을 한 자녀에게만 증여할 경우에는 증여세가 1억 185만원이지만, 성년인 3자녀에게 공동으로 증여등기를 하면 각자 낼 증여세는 1,940만원, 총증여세는 5,820만원으로 4,365만원이나 줄어든다.

둘째, 여러 번에 걸쳐 증여할수록 유리하지만, 세법에서는 동일인에게 10년 내에 재증여된 경우에는 앞의 증여재산과 이

✓ 재증여의 합산과세

증여를 한 후 같은 사람에게 10년 이내에 다시 증여를 한 경우에는 이전의 증여금액과 재증여한 금액을 합산하여 증여세를 계산한다. 이때 합산은 수증자별로 하는 것이므로 증여자와 수증자(증여받은 사람)가 같은 사람일 때만 합산된다. 단, 증여자가 부모일 경우 부모는 같은 사람으로 본다.

✓ 관련 세법

상속세및증여세법 제47조 [증여세 과세가액]

② 해당 증여일 전 10년 이내에 동일인(증여자가 직계존속인 경우에는 그 직계존속의 배우자를 포함한다)으로부터 받은 증여재산가액을 합친 금액이 1천만원 이상인 경우에는 그 가액을 증여세 과세가액에 가산한다. 다만, 합산배제증여재산의 경우에는 그러하지 아니하다.

기본통칙 47-0…2 [증여세 합산과세방법]

법 제47조제2항의 규정에 의하여 재차증여재산의 합산과세시 증여재산의 가액은 각 증여일 현재의 재산가액에 의한다.

상속세및증여세법 제58조 [납부세액공제]

① 제47조제2항에 따라 증여세 과세가액에 가산한 증여재산의 가액(둘 이상의 증여가 있을 때에는 그 가액을 합친 금액을 말한다)에 대하여 납부하였거나 납부할 증여세액(증여 당시의 해당 증여재산에 대한 증여세 산출세액을 말한다)은 증여세 산출세액에서 공제한다. 다만, 증여세 과세가액에 가산하는 증여재산에 대하여 국세

번의 재증여재산을 합산하여 과세하고 있다. 따라서 재증여의 합산과세에 따라 높은 세율을 적용받지 않으려면 증여 후 10년이 지난 다음에 다시 증여해야 한다. 이 경우 재증여의 합산과세는 증여자와 수증자가 모두 같은 사람(단, 증여자가 직계존속인 경우 그 배우자는 같은 사람으로 본다)인 경우에만 적용한다.

예를 들어 7년 전 아버지로부터 7,000만원을 증여받고 194만원의 증여세를 납부한 성년자녀가 이번에 다시 어머니로부터 1억원을 증여받았다면, 재증여재산의 합산에 따라 이번에 증여받은 재산을 1억 7,000만원으로 본다. 따라서 신고 · 납부할 증여세는 1,358만원으로 계산되는데 이미 194만원의 증여세를 납부했으므로 이번에는 1,164만원의 증여세를 내게 된다. 2건의 증여를 증여자를 달리 하거나, 10년 이후에 재증여를 해서 별개의 증여로 인정된다면 이번에 내야 할 증여세는 485만원임에도 불구하고 합산과세에 따라 증여세가 679만원이나 증가한 셈이다. 따라서 굳이 10년 이내에 재증여가 필요하다면 증여자를 달리 하는 것이 좋다.

셋째, 일찍 증여해야 한다는 것은 증여를 통해 재산이전을 미리 확정시켜두는 것으로서 서둘러 일찍 증여할수록 재증여할 수 있는 기간이 새로 만들어지고, 증여 이후 재산가치 상승이나 추가로 벌어들인 수익에 대한 과세를 피할 수 있기 때문이다. 아직 나이 어린 자녀에게 자녀 명의의 펀드를 가입해주거나, 향후 가치상승이 예상되는 재개발지역의 빌라나 단독주택, 임대수익형부동산 등을 증여하는 것은 모두 이런 이유 때문이다.

기본법 제26조의2 제4항 또는 제5항에 따른 기간(부과제척기간)의 만료로 인하여 증여세가 부과되지 아니하는 경우에는 그러하지 아니하다.

▶▶ 단독증여와 공동증여의 차이

항목	단독증여 (수증자 : 1인)	공동증여			
		자녀 1	자녀 2	자녀 3	계
증여재산	6억원	2억원	2억원	2억원	6억원
증여재산공제	5,000만원	5,000만원	5,000만원	5,000만원	1억 5,000만원
과세표준	5억 5,000만원	1억 5,000만원	1억 5,000만원	1억 5,000만원	-
산출세액	1억 500만원	2,000만원	2,000만원	2,000만원	6,000만원
납부세액	1억 185만원	1,940만원	1,940만원	1,940만원	5,820만원

4,365만원 절세효과

▶▶ 재증여의 합산과세시 불이익

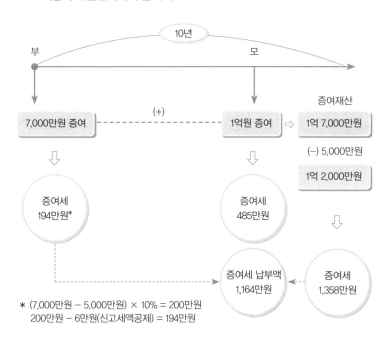

* (7,000만원 − 5,000만원) × 10% = 200만원
  200만원 − 6만원(신고세액공제) = 194만원

Key Word_
단독증여와 공동증여의 차이,
사전증여의 원칙

가급적 일찍, 향후 시세가 올라갈만한 저평가된 재산을 증여하거나 일정한 수익이 꾸준히 발생하는 수익형자산을 증여하면 절세효과를 더욱 극대화할 수 있다. 즉, '계란보다는 계란을 낳을 수 있는 닭을 주는 것이 더 좋다'는 뜻이다.

서둘러 일찍 증여해야 하는 또 다른 이유는 상속개시 전 10년 이내에 상속인에게 증여한 재산은 세법상 이를 증여재산으로 보지 않고 상속재산으로 보아 상속재산에 다시 합산하기 때문이다. 피상속인이 상속개시 전에 급히 서둘러 상속인에게 증여한 것은 합산과세되는 상속세를 회피하기 위한 의도적인 행위로 보기 때문이다.

다만 합산과세되는 증여재산가액을 평가할 때는 증여 당시의 금액으로 평가하기 때문에 증여 이후의 가치상승분에 대한 절세효과는 그대로 남는다. 또한 이는 상속세를 계산할 때만 상속재산으로 보는 것이므로 당초에 증여받은 사람의 재산권은 그대로 인정된다.

예를 들어 9년 전 재산의 일부(증여 당시 시가가 10억원인 토지로서 현 시가는 15억원임)를 상속인들에게 미리 증여한 사람이 사망 후 20억원의 상속재산을 남겼다면, 상속재산은 모두 30억원으로 평가된다.

한편 상속인이 상속세 절세 목적으로 피상속인(세법상 특수관계인임)으로부터 미리 증여받은 부동산을 양도할 때는 반드시 증여받은 시점부터 5년이 지난 다음에 해야 한다. 만약 5년이 지나기 전에 양도한다면 양도가액에서 공제할 취득가액을 증여

▶▶ 상속세 절세를 위한 사전증여의 원칙

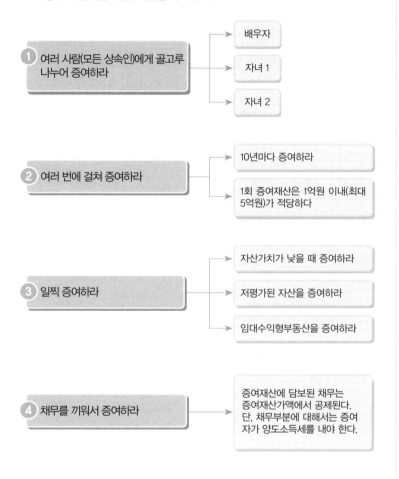

1 여러 사람(모든 상속인)에게 골고루 나누어 증여하라
→ 배우자
→ 자녀 1
→ 자녀 2

2 여러 번에 걸쳐 증여하라
→ 10년마다 증여하라
→ 1회 증여재산은 1억원 이내(최대 5억원)가 적당하다

3 일찍 증여하라
→ 자산가치가 낮을 때 증여하라
→ 저평가된 자산을 증여하라
→ 임대수익형부동산을 증여하라

4 채무를 끼워서 증여하라
→ 증여재산에 담보된 채무는 증여재산가액에서 공제된다. 단, 채무부분에 대해서는 증여자가 양도소득세를 내야 한다.

당시의 가액이 아닌 증여자의 당초 취득가액으로 하기 때문에 그만큼 양도차익이 커지게 된다.

이렇게 수증자의 양도를 전제로 증여한 것이라면 증여세 신고시 감정평가서를 첨부하여 아예 증여재산가액을 높게 신고하는 것도 향후 양도소득세를 줄일 수 있는 방법이다. 물론 줄어드는 양도소득세가 증여세 과세표준 증가에 따라 늘어나는 증여세보다 커야 할 것이다.

상속 전에 주의해야 할 사항은 무엇인가요

25

폐암 진단을 받고 병원에 입원한 50억대 재산가인 황당한 씨(81세)는 자신의 운명이 다해가고 있음을 직감하고는 가지고 있던 예금 중 10억원을 인출하여 1억원을 병원비로 남겨두고, 나머지 9억원을 3자녀에게 3억원씩 나누어 주었다. 1년 뒤 황 씨는 사망했고 유가족들은 재산상속절차를 마치고 상속세를 신고했다. 그런데 세무서에서는 인출된 예금의 사용처가 불분명하다며 추가로 상속세를 고지했다. 상속재산이 아닌 데도 상속세가 과세되는 것은 무슨 이유 때문일까?

상속세는 부과과세방식으로 세금을 확정하는 것이므로 납세의무자인 상속인들이 상속세를 신고·납부했다 하더라도 그대로 세금이 확정되는 것이 아니다. 즉, 최종적인 세금의 확정권한은 국세청이 갖고 있는데, 이는 그만큼 상속재산의 누락과 탈루 가능성이 높기 때문이다.

상속세 신고서가 접수되면 국세청에서는 일단 신고내용에 대한 검증절차에 착수하게 된다. 가장 중요하게 보는 것은 상속재산의 누락과 은닉, 평가의 정확성, 나아가서는 사전증여 여부이다. 이때 보험계약자가 피상속인이었다면 사망보험금의

☑ **부과과세방식**

납세자가 신고한 내용을 토대로 국세청에서 세금을 결정하여 고지하는 과세방식을 말한다. 이에 반해 신고납부방식이란 납세자가 신고한 그대로 세금이 확정되는 것으로서 국세청의 세금결정 절차가 아예 없는 것이다. 대부분의 국세는 신고납부방식이지만, 상속·증여세는 부과과세방식으로 국세청이 세금을 확정한다.

Key Word_
부과과세방식, 추정상속재산, 재산처분액, 채무부담액, 가지급금

포함 여부도 체크하게 된다.

사전증여가 절세 목적상 상속보다 유리하다는 점을 자산가들도 다 알지만 이를 실행하기 어려운 것은 언제 상속이 개시될지 모르기 때문이다. 자신이 앞으로도 계속 오래 살 것이라고 생각하면 증여 등 재산이전을 미리 단행하기가 결코 쉽지 않다. 그러다보니 많은 사람들이 상속개시시점에 임박해서 급히 서둘러 재산증여를 하게 된다. 이 경우 대부분은 증여세를 내지 않기 위해 재산을 처분한 후 현금으로 증여하게 되는데, 잘못하면 이런 것들이 모두 상속재산으로 추정당할 수 있다.

세법에서는 피상속인이 재산을 처분하여 받은 대가나 피상속인의 재산에서 인출한 금액 또는 부담한 채무의 합계액이 상속개시일 전 1년 이내에 재산종류별로 계산하여 2억원 이상인 경우와 상속개시일 전 2년 이내에 재산종류별로 계산하여 5억원 이상인 경우로서, 용도가 객관적으로 명백하지 않은 경우에는 이를 모두 몰래 상속인들에게 나눠준 것으로 추정하여 상속재산에 합산하고 있다.

이 경우 용도불분명금액이 모두 추정상속재산으로 합산되는 것은 아니며, 재산처분액 또는 채무부담액의 20%와 2억원 중 적은 금액을 차감한 금액을 합산한다. 예를 들어 황 씨의 경우처럼 상속개시 1년 전에 인출한 예금 10억원 중 9억원의 용도가 불분명할 경우 9억원에서 2억원을 차감한 7억원만을 상속재산에 합산하게 된다. 그러나 2억원에 대해서도 국세청이 상속인에게 사전상속된 사실을 확인하면 상속재산에 합산한다.

▶▶ 상속개시 전 2년 이내에는 일정기준 이상의 재산처분액과
　　채무부담액에 대한 증빙을 확보해 두어야 한다

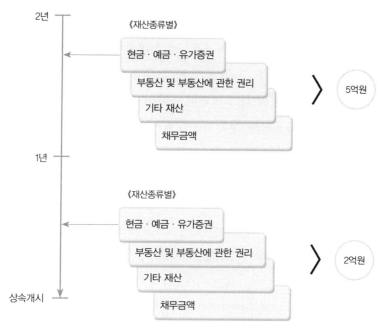

* 추정상속재산 = 2년(1년) 이내 재산처분액 또는 채무부담액
　　　　　　　　　(−) 용도가 입증된 금액

　　　　　　　　　(−) { ① 재산처분(인출)액 또는 채무부담액 × 20% } 중 적은 금액
　　　　　　　　　　　 { ② 2억원 }

　　즉, '재산처분액 또는 채무부담액의 20%'와 2억원 중 적은
금액에 대해서는 구체적인 용처를 밝히지 않아도 과세상 불이
익이 없다는 뜻이지, 그 금액이 무조건 상속세 과세대상에서

✓ 가지급금

회사가 대표이사나 임직원 등 특수관계인에게 업무와 관계없이 회사자금을 제공한 것을 말한다. 가지급금에 대해서는 회사가 이를 회수할 때까지 세무상 인정이자를 계산하여 법인의 소득금액에 합산하여 법인세를 과세하고, 동시에 해당 임직원에게 상여처분해서 근로소득세를 부과한다.

✓ 가수금

회사가 대표이사나 임직원 등 특수관계인으로부터 업무와 관계없이 제공받은 자금을 말한다.

제외된다는 뜻은 아니다. 다만 이 금액이 상속인들에게 사전상속되었는지에 대한 입증책임은 국세청에 있다.

그러므로 상속개시시점에 임박해서는 가급적 재산처분과 예금 인출 및 채무부담을 하지 않는 것이 바람직하며, 굳이 해야 한다면 상속인들에게 구체적인 사용처를 밝혀두는 것이 좋다. 왜냐하면 피상속인의 사망 직전에 이루어진 재산처분과 채무부담액에 대한 사용처를 상속인들이 일일이 파악하기가 어려운 데다, 구체적인 사용처를 밝히지 못하면 무조건 상속재산으로 보기 때문이다.

이와 비슷한 내용으로 중소기업의 대표자들은 회사와의 자금거래가 빈번한데, 회사로부터 가지급금을 가져가거나 반대로 회사의 자금사정이 어려워 대표이사가 개인자금을 빌려줬다가 (회사에서는 이를 가수금이라고 한다) 다시 돌려받은 경우 반드시 이의 사용처를 밝혀두어야 한다. 이 역시 사용처가 불분명한 상태에서 만약 상속이 개시됐다면 모두 상속인에게 나눠준 것으로 추정하기 때문이다.

예를 들어 중소기업 사장 고단해 씨(56세)가 갑작스런 교통사고로 사망했는데, 회사 장부에 사망 전 회사로부터 10억원을 가져간 사실이 나타나 있고, 이의 구체적인 사용처가 드러나지 않았다면 이를 모두 상속재산에 합산하게 된다.

또한 황당한 씨처럼 병원비가 비교적 거액인 경우라면 상속개시일 현재 채무에 해당하는 병원비를 사망한 다음에 지급하는 것도 상속세 과세표준을 줄이는 방법이 된다.

상속개시 전에 피상속인이 빌린 채무의 공제와 관련해서는 금융기관 채무는 별 문제가 없지만 사인(私人)간의 채무에 대해서는 채권·채무계약서나 이자지급에 관한 증빙을 미리 마련해 두어야 이를 상속재산에서 공제받을 수 있다.

또한 임대용부동산 등을 상속할 때는 임대(전세)보증금도 채무로서 공제가 가능하므로 상속에 임박해서는 월세보다는 가급적 되돌려줄 임대(전세)보증금이 많은 것이 유리하다. 단, 임대수입에 대해서는 부가가치세와 종합소득세가 과세되므로 관련 세금을 신고할 때의 내용과 반드시 일치해야 한다.

한편 당장의 상속세 부담을 최소화하기 위해서는 배우자상속공제를 최대한 받는 것이 유리하다. 따라서 배우자에게는 법정상속분까지는 상속하는 것이 좋다. 그러나 법정상속분을 초과하는 상속은 어차피 배우자상속공제의 대상이 아니므로 절세효과가 없다. 게다가 나중에 발생할 2차 상속을 염두에 둔다면 배우자가 상속을 많이 받는 것이 마냥 좋은 것은 아니다.

이렇게 재산상속을 앞두고는 미리 챙기고 유의해야 할 사항이 적지 않음을 알 수 있는데, 이런 것들은 사실 죽음을 앞둔 피상속인이 챙기기보다는 상속인들이 나서서 챙기지 않으면 안 된다. 왜냐하면 상속세는 비록 물려받은 상속재산 중 일부를 세금으로 내는 것이지만 결국은 상속인들이 부담해야 하는 것이고, 상속설계 또한 피상속인 사망시 상속인들이 직면할 법률적인 문제점과 세무상의 문제점을 사전에 대비하기 위한 것이기 때문이다.

다만 아직까지는 피상속인의 생존 중에 상속문제를 미리 거론하는 것 자체가 우리나라 정서에 맞지 않는다는 점이 가장 큰 걸림돌이다. 그러나 최근에는 웰빙(well-being) 못지 않게 웰다잉(well-dying)의 중요성도 많이 강조되고 있으므로 이에 대한 인식도 점점 바뀌어가고 있어 향후에는 상속·증여설계 수요도 점점 커질 것으로 예상된다.

상속 후에 주의해야 할 사항은 무엇인가요

■■■■■■■ ■■■

26

상속 전 증여받은 돈에 대해 상속세를 추징당한 황당한 씨의 유가족들은 상속 후에도 몇 가지 더 조심해야 할 게 있다는 담당 세무사의 말을 듣고 긴장했다. 상속세 신고를 마친 후에는 무엇을 더 조심해야 하는 것일까?

상속세 신고를 마친 후에도 마음을 놓아서는 안 된다. 상속세 신고를 했다고 해서 상속세 금액이 그대로 확정(결정)되는 것이 아니기 때문이다. 신고를 하고 나면 세무서에서는 납세자가 신고한 내용과 세무서에서 수집한 부동산 취득·양도자료, 금융재산 조회자료, 신고할 때 공제받은 채무 등이 정당한지 등을 조사해 상속세를 결정한다.

그러므로 상속세 신고서와 관련 증빙서류는 상속세가 결정될 때까지 잘 보관해야 한다. 상속세 결정기한은 신고기한부터 9개월이며, 경우에 따라서는 더 늦어질 수도 있다.

게다가 상속세가 결정되고 신고누락 및 부당공제 부분에 대

Key Word_
상속세 결정기한, 자금출처조사에
대한 대비책

한 세금까지 추징당했다 하더라도 모든 게 다 끝난 것은 아니다.

상속세를 결정할 때 채무로 공제받은 금액은 사후관리를 하게 된다. 그 후 채무가 변제되면 상속인이 스스로의 힘으로 변제했는지 여부에 대해 자금출처를 조사하고 만약 채무변제자금을 증여받은 사실이 확인되거나 당초 신고한 채무가 가공채무로 확인되는 경우에는 증여세 또는 상속세를 추가로 부과한다.

그러므로 소득이 없거나 미성년자인 상속인이 전세보증금이나 은행채무 등이 포함된 부동산을 상속받은 경우에는 전세(임대)보증금을 반환하거나 채무를 상환할 때 자금출처조사에 대한 대비책을 세워 놓아야 한다. 세무서에서 사후관리하고 있다는 사실을 잊고 잘못 처리했다가는 거액의 증여세를 물 수도 있다.

또한 재산상속을 받으면 상속인들이 서둘러 상속재산을 처분하는 경우가 많은데, 아무리 빨라도 상속개시 후 9개월, 즉 상속세 결정이 내려지기 전에는 처분하지 않는 것이 좋다. 잘못하면 상속재산이 처분가액으로 다시 평가되어 상속세가 늘어날 수 있기 때문이다. 또 상속받은 재산을 담보로 돈을 빌리는 것도 자제하는 것이 좋다. 이 경우에도 담보자산 가치의 평가과정에서 당초 신고한 가액보다 높게 평가될 수 있기 때문이다.

한편 상속받은 재산의 양도와 관련해서는 세율 적용과 장기보유특별공제 계산시 보유기간계산법이 각각 다르다. 일반적인 부동산은 보유기간이 1년 미만이면 50%(주택 및 조합원 입주권 및 분양권은 70%), 2년 미만이면 40%(주택 및 조합원 입주권 및 분

▶▶ 상속 후에 주의해야 할 사항

예를 들어, 6년 보유하고 6년 거주했다면 24%+24%=48%를 양도차익에서 공제받으며, 8년 보유하고 3년 거주했다면 32%+12%=44%를 양도차익에서 공제받을 수 있다(미등기자산 및 조정대상지역 내의 1세대 2주택에는 장기보유특별공제가 적용되지 않음).

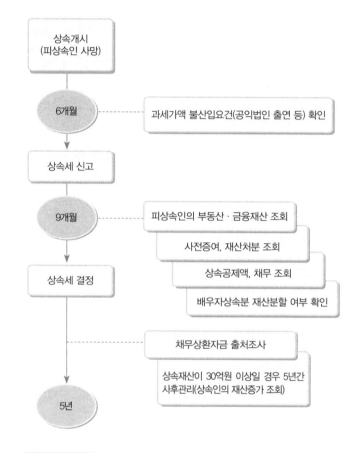

상속개시
(피상속인 사망)

6개월 ----- 과세가액 불산입요건(공익법인 출연 등) 확인

상속세 신고

9개월 ----- 피상속인의 부동산·금융재산 조회

사전증여, 재산처분 조회

상속공제액, 채무 조회

상속세 결정

배우자상속분 재산분할 여부 확인

채무상환자금 출처조사

상속재산이 30억원 이상일 경우 5년간
사후관리(상속인의 재산증가 조회)

5년

상속설계 포인트

① 상속세 신고 후 9개월 이내에는 상속재산 처분과 담보제공을 자제하라.
② 상속세 신고 후 9개월 이내에 배우자상속재산을 배우자에게 이전(등기·등록)하고
   신고하라.
③ 상속세 결정 후 채무 상환시에는 자금출처조사에 대비하라.
④ 상속재산이 30억원 이상일 경우에는 5년간 조심하라.
⑤ 낼 세금이 없어도 신고는 해 두어라.

Key Word_
상속 후에 주의해야 할 사항,
협의분할, 과세가액 불산입, 장례비

✓ 협의분할

상속재산의 분할을 쉽게 하기
위해 상속인들이 합의에 의해
상속지분을 재조정하는 것을
말한다. 세법에서는 협의분할의
효력을 상속개시 당시로 소급
하여 인정하므로 협의분할에
따라 특정상속인의 상속분이
늘어난다고 해도 이를 증여로
보지 않는다. 그러나 상속등기
가 이루진 후에 협의분할을 해
서 상속분에 변동이 생기면 증
여로 간주한다.

✓ 과세가액 불산입

사회복지, 문화 및 공익의 증진
을 목적으로 하는 공익법인 등
에 출연한 재산은 상속세 과세
가액에 산입하지 않는다. 그러
나 공익과 선행을 앞세워 변칙
적인 상속세 탈세수단으로 악
용되는 사례를 방지하기 위해
세법에서는 일정한 요건과 규
제조항을 두고 있으며, 해당 요
건을 위배했을 경우에는 상속
세를 추징한다.

양권은 60%)의 단일세율을 적용받지만, 상속받은 부동산은 피
상속인이 취득한 시점부터 보유기간을 따지는 것이므로 단기양
도로 중과세되는 일은 거의 없다. 그러나 장기보유특별공제를
적용함에 있어서는 상속개시일부터 보유기간을 계산하므로 상
속인이 보유한 기간에 대해서만 장기보유특별공제를 받을 수
있다.

예를 들어 피상속인이 20년 전에 샀던 토지를 상속받은 지 1
년만에 파는 경우 양도소득세 계산시 세율은 총보유기간이 2년
이상이므로 기본세율(6~45%)을 적용받지만 상속인이 보유한
기간은 3년 미만이므로 장기보유특별공제는 받을 수 없다.

배우자상속과 관련해서는 늦어도 상속세 과세표준 신고기한
의 다음날부터 9월이 되는 날, 즉 상속세 결정기한까지 상속재
산을 분할(등기·등록·명의개서 등을 요하는 경우에는 그 절차까지
마쳐야 함)하여 배우자의 상속재산을 신고해야 배우자상속공제
를 받을 수 있다.

특히 상속재산의 협의분할은 상속등기를 마치기 전에 해야
만 증여세 과세를 피할 수 있다. 상속등기를 마친 후 이루어진
협의분할은 별개의 증여로 보기 때문이다. 또한 상속재산을 종
교·자선·학술 등 공익법인에 출연할 때는 상속세 신고기한
내에 출연해야 과세가액에 불산입된다.

또한 상속재산가액이 30억원 이상인 경우에는 국세청에서
상속개시 후 5년간 사후관리를 통해 상속인이 보유한 재산가액
이 상속개시 당시에 비해 현저히 증가했는지를 체크한다는 점

도 염두에 두어야 한다.

그리고 상속재산에서 공제되는 장례비 중 500만원을 초과하는 금액에 대해서는 관련 증빙이 있어야 공제가 가능하므로 이를 챙겨두어야 한다. 이 경우 장례비에는 시신의 발굴 및 안치에 직접 소요되는 비용과 묘지구입비(공원묘지 사용료를 포함한다)·비석·상석 등 장례에 직접 소요된 제반비용을 포함하며, 피상속인의 사망일부터 장례일까지 장례에 직접 소요된 금액(봉안시설의 사용에 소요된 금액을 제외하며, 그 금액이 500만원 미만인 경우에는 500만원으로 하되 1,000만원이 넘는 경우에는 1,000만원을 한도로 한다)과 봉안시설의 사용에 소요된 금액(500만원을 한도로 한다)이 공제가능하다.

한편 상속세를 납부할 돈이 없거나 모자라는 경우에는 물납과 연부연납을 활용하면 되는데, 세금납부는 미루더라도 일단 신고는 먼저 해두는 것이 유리하다. 신고세액공제(3%)는 실제 세금납부와 상관없이 신고만 해도 받을 수 있기 때문이다.

☑ 물납

상속재산 중 부동산과 유가증권의 가액(비상장주식 등 제외)이 전체 상속재산의 1/2을 초과하고, 상속세의 납부세액이 2,000만원을 초과하는 경우 상속세를 현금 대신 상속받은 부동산이나 유가증권으로 내는 것을 말한다. 물납을 하려면 상속세 신고기한까지 이를 신청해야 한다.

☑ 연부연납

내야 할 상속세가 많은 경우 (2,000만원 초과시) 매년 나누어 내는 것을 말한다. 세액의 절반을 신고기한 경과 후 2개월 이내에 내는 분납과는 달리 연부연납에 따른 가산금(이자성격)을 부담해야 하며, 납세담보도 제공해야 한다.

☑ 관련 세법

상속세및증여세법 제19조
[배우자상속공제]

② 제1항에 따른 배우자 상속공
제는 제67조에 따른 상속세과
세표준신고기한의 다음날부터
9개월이 되는 날(이하 이 조에
서 '배우자상속재산분할기한'이
라 한다)까지 배우자의 상속재
산을 분할(등기ㆍ등록ㆍ명의개
서 등이 필요한 경우에는 그 등
기ㆍ등록ㆍ명의개서 등이 된
것에 한정한다. 이하 이 조에서
같다)한 경우에 적용한다. 이 경
우 상속인은 상속재산의 분할
사실을 배우자상속재산분할기
한까지 납세지 관할 세무서장
에게 신고하여야 한다.

③ 제2항에도 불구하고 대통령
령으로 정하는 부득이한 사유
로 배우자상속재산분할기한까
지 배우자의 상속재산을 분할
할 수 없는 경우로서 배우자상
속재산분할기한(부득이한 사유
가 소의 제기나 심판청구로 인
한 경우에는 소송 또는 심판청
구가 종료된 날)의 다음날부터
6개월이 되는 날(배우자상속재
산분할기한의 다음날부터 6개
월을 경과하여 제76조에 따른
과세표준과 세액의 결정이 있
는 경우에는 그 결정일을 말한
다)까지 상속재산을 분할하여
신고하는 경우에는 배우자상속
재산분할기한 이내에 분할한
것으로 본다. 다만, 상속인이 그
부득이한 사유를 배우자상속재
산분할기한까지 납세지 관할
세무서장에게 신고하는 경우에
한정한다.

▶▶ 상속ㆍ증여세의 납부방법 비교

구분	요건	절세 포인트
연부연납	• 상속ㆍ증여세 납부세액이 2,000만원을 초과하는 경우 5년간 분할납부 • 세무서에 납세담보제공, 세무서장 허가를 받아야 함 • 가산금 부담(연 1.8%)	• 시중 대출금리가 연부연납 가산이 자율보다 높을 경우에 활용 • 허가받은 후 선납 가능
분납	• 상속ㆍ증여세 납부세액이 1,000만원을 초과하는 경우 세액 일부를 납부기한이 지난 후 2개월 이내에 분납 가능 • 2,000만원 이하인 경우 1,000만원 초과금액을 분납 • 2,000만원 초과인 경우 세액의 50% 이하 금액을 분납	• 연부연납과 중복신청 불가 • 가산금 없음
물납	• 상속재산 중 부동산과 유가증권 가액이 상속재산가액의 1/2을 초과하고 • 상속세 납부세액이 2,000만원을 초과할 경우 • 세무서장의 허가를 받아야 함	• 부동산은 향후 가격 하락이 예상될 때 • 주식은 향후 주가 하락이 예상될 때 • 채권은 향후 금리 상승이 예상될 때

배우자에게 얼마의 재산을 상속하는 것이 가장 유리한가요

■ ■ ■ ■ ■ ■   ■   ■

27

개인병원을 운영하는 어덕해 원장(60세)은 얼마 전 다녀온 죽음예비학교에서 생전에 미리 재산분배를 해두는 것이 좋다는 말을 듣고는 유언장을 작성해 공증해 두기로 했다. 그런데 배우자에게 상속하면 나중에 다시 상속세를 내야 한다는 말을 듣고는 고민에 빠졌다. 상속세 절세를 위해서는 배우자상속분을 얼마로 하는 게 좋을까?

피상속인이 남편일 경우 상속재산이 비록 남편 명의로 돼있다고 하더라도 이는 배우자와의 공동노력에 의해 만들어진 재산이다. 따라서 세법에서는 상속세 과세표준 계산단계에서 배우자상속공제 명목으로 상당한 금액을 공제해줌으로써 배우자 몫의 상속재산에 대해서는 사실상 상속세가 과세되지 않도록 하고 있다.

이때 배우자상속공제는 배우자가 상속받아 상속세 결정기한(상속세 신고기한부터 9개월)까지 등기·등록 등을 통해 사실상 이전받은 재산과 법정상속분 중 적은 금액을 공제한다. 즉, 배우자가 아무리 많은 금액을 상속받더라도 민법상의 법정지분을

☑ 관련 세법

상속세및증여세법 제19조 [배우자상속공제]

① 거주자의 사망으로 상속이 개시되어 배우자가 실제 상속받은 금액의 경우 다음 각 호의 금액 중 작은 금액을 한도로 상속세 과세가액에서 공제한다.

1. 다음 계산식에 따라 계산한 한도금액

[한도금액 = (A−B+C)×D−E]

A : 대통령령으로 정하는 상속재산의 가액

B : 상속재산 중 상속인이 아닌 수유자가 유증 등을 받은 재산의 가액

C : 제13조제1항제1호에 따른 재산가액

Key Word_
배우자상속공제, 단기재상속공제, 배우자상속공제전략

초과해서는 배우자상속공제를 받을 수 없다.

게다가 그 금액이 30억원을 초과할 경우에는 공제한도가 30억원으로 제한된다. 반면에 배우자가 실제로 상속받은 재산이 법정지분에 미달한다면 실제 상속받은 재산만큼만 배우자상속공제를 받을 수 있다.

따라서 배우자상속공제를 받을 수 있는 최대한도까지는 배우자가 상속을 받는 것이 유리하다. 예를 들어 상속재산(공과금과 채무를 차감한 금액임)이 35억원이고 상속인이 배우자와 두 자녀일 때 배우자에게 10억원의 재산을 상속한 경우에는 배우자 몫의 상속재산 10억원과 법정지분 15억원(35억원×1.5/3.5) 중 적은 금액인 10억원을 공제받지만, 15억원을 상속할 경우에는 15억원 전액을 공제받을 수 있다. 물론 배우자의 실제 상속분이 25억원이라고 해도 배우자상속공제는 15억원으로 제한된다.

그렇지만 이 경우 후일 발생하게 될 2차 상속에 대한 상속세를 반드시 고려해야 한다. 2차 상속이란 배우자가 사망했을 때 남은 재산이 자녀에게 마저 상속되는 것을 뜻한다. 이때는 배우자상속공제를 받을 수 없기 때문에 일괄공제금액(5억원)을 제외한 나머지 금액에 대해 모두 상속세가 과세된다. 물론 세법에서는 이중과세를 조정하기 위해 단기재상속공제제도를 두고 있지만 10년 이내에 사망해야만 공제혜택을 받을 수 있기 때문에 남자와 여자의 평균수명차이(6년)와 부부의 나이차이(3~4년)를 고려하면 사실상 실효성은 거의 없는 편이다.

만약 상속재산이 10억원 이하라면 어차피 상속세를 내지 않을

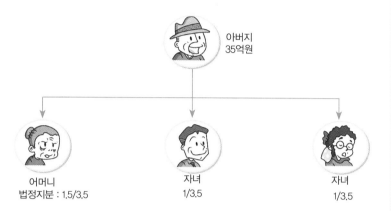

▶▶ 배우자상속공제액 계산법

아버지
35억원

어머니
법정지분 : 1.5/3.5

자녀
1/3.5

자녀
1/3.5

상황	어머니(배우자)			자녀 1	자녀 2
	① 법정지분	② 실제상속액	③ 배우자상속공제액 (①②중 적은 금액)		
1	15	10	10	15	10
2	15	15	15	10	10
3	15	25	15	5	5*

* 자녀의 상속분을 유류분청구 가능금액(법정지분의 1/2)으로 함

것이므로 배우자가 상속을 포기(이것이 가능하려면 어느 정도의 재산이 배우자에게 이미 사전증여돼 있어야 할 것이다)하고 자녀들만 상속을 받아도 아무 문제가 없다. 배우자가 상속을 포기하더라도 배우자상속공제의 최저금액 5억원은 공제가 가능하기 때문이다.

그러나 상속재산이 10억원을 초과해서 상속세를 내야 한다면 앞의 사례처럼 배우자의 법정상속분이 30억원 이하인 경우에는 법정지분에 해당하는 금액을 모두 상속하는 것이 가장 좋다.

☑ 단기재상속공제

한 번 상속세가 과세된 재산에 대해 단기간(10년) 이내에 다시 상속이 개시된 경우 전의 상속세 산출세액의 일정비율만큼을 공제해주는 것을 말한다. 공제율은 매 1년마다 10%씩 감액되는데, 예를 들어 아버지가 사망하여(상속재산 30억원, 과세가액 24억원) 상속세(산출세액 2억원)를 내고 어머니가 5년 후 사망하여 아버지로부터 받은 재산의 일부(10억원)를 다시 자녀에게 상속하는 경우라면 단기재상속공제는 다음과 같이 계산된다.

$$2억원 \times \frac{10억원 \times \frac{24억원}{30억원}}{24억원} \times 50\%$$

≒ 3,333만원

☑ 평균수명차이

현재 남자의 기대수명은 76세이나 여자의 기대수명은 82세로 여자가 남자보다 평균 6년 정도 오래 산다. 기대수명은 2030년에는 남자 80세, 여자 86세로 각각 늘어날 것으로 예상하고 있다.

✓ 관련 세법

상속세및증여세법 제30조
[단기재상속에 대한 세액
공제]

① 상속개시 후 10년 이내에 상
속인이나 수유자의 사망으로
다시 상속이 개시되는 경우에
는 전의 상속세가 부과된 상속
재산(상속재산에 가산하는 증
여재산 중 상속인이나 수유자
가 받은 증여재산을 포함) 중
재상속되는 상속재산에 대한
전의 상속세 상당액을 상속세
산출세액에서 공제한다.

② 제1항에 따라 공제되는 세액
은 제1호에 따라 계산한 금액에
제2호의 공제율을 곱하여 계산
한 금액으로 한다.

1. 전의 상속세 산출세액 ×

$$\frac{\text{재상속분의 재산가액} \times \frac{\text{전의 상속세 과세가액}}{\text{전의 상속재산가액}}}{\text{전의 상속세 과세가액}}$$

2. 공제율

재상속기간	공제율
1년 이내	100분의 100
2년 이내	100분의 90
3년 이내	100분의 80
4년 이내	100분의 70
5년 이내	100분의 60
6년 이내	100분의 50
7년 이내	100분의 40
8년 이내	100분의 30
9년 이내	100분의 20
10년 이내	100분의 10

하지만 배우자의 상속지분이 30억원을 초과하는 경우, 예를 들어 상속재산이 100억원이고 이에 따른 배우자의 법정지분이 약 43억원이라면 30억원을 배우자가 상속받고 나머지를 자녀들이 상속받는 것이 향후 2차 상속을 대비한 최선의 선택이다.

주의할 점은 어떤 경우에도 배우자는 상속을 받아야 한다는 점이다. 간혹 배우자상속분에 대해 훗날 이중으로 상속세를 내게 된다는 문제점을 이유로 들어 배우자는 상속을 포기하고 아예 자녀들만 상속받는 것이 더 유리하다고 주장하는 자녀(?)들이 있는데, 배우자가 상속을 포기하는 것은 잘못된 상속전략이다.

상속재산이 100억원일 경우 배우자가 30억원을 상속받는다면 과세표준은 63억원(상속재산 100억원－배우자상속공제 30억원－일괄공제 5억원－금융재산상속공제 2억원)이 되고, 이에 대한 상속세는 약 26억원이다.

그리고 10년 뒤 배우자가 사망해서 배우자가 물려받았던 재산 30억원(배우자가 상속받은 30억원이 그 이상으로 불어났겠지만 그동안 사용한 것으로 간주한다)이 다시 자녀에게 상속됐을 때 일괄공제(5억원)와 금융재산상속공제(2억원)를 차감하면 과세표준은 23억원이고 이에 대한 상속세는 약 7억 3,720만원이다. 재상속시점이 10년 후라 단기재상속공제를 전혀 받지 않는다고 가정하면 상속세 총액은 모두 약 33억 5,000만원인 셈이다.

그러나 배우자가 상속을 포기하고 전 재산을 자녀들이 다 상속받는다면 과세표준은 88억원(상속재산 100억원－배우자상속공제 5억원－일괄공제 5억원－금융재산상속공제 2억원)이 되고, 이에

▶▶ 배우자상속공제 전략

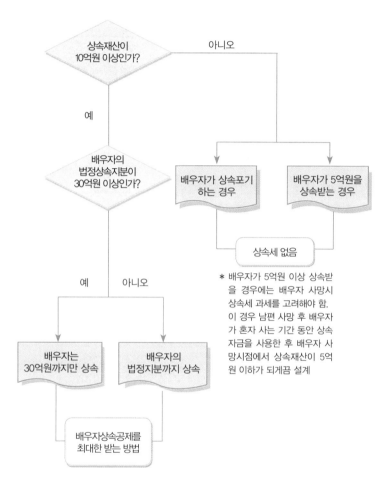

③ 제2항제1호의 계산식 중 재상속분의 재산가액은 전의 상속재산가액에서 전의 상속세상당액을 뺀 것을 말한다.

상속세및증여세법 시행령 제22조 [재상속되는 재산의 계산]

법 제30조의 규정에 의한 단기 재상속에 대한 세액공제는 재상속된 각각의 상속재산별로 구분하여 계산한다.

대한 상속세는 약 38억 2,000만원에 이른다.

결국 배우자가 상속을 포기함으로써 4억 7,000만원의 상속세를

☑ 상속·증여세 세율

과세준준의 크기에 따라 최저 10%에서 최고 50%가 적용되는 초과누진세율이다.

과세표준	세율	누진공제액
1억원 이하	10%	0
1억원 초과 5억원 이하	20%	1,000만원
5억원 초과 10억원 이하	30%	6,000만원
10억원 초과 30억원 이하	40%	1억 6,000만원
30억원 초과	50%	4억 6,000만원

* 과세표준이 20억원일 경우 산출세액
(20억원×40%)-1억 6,000만원
= 6억 4,000만원

▶▶ 배우자상속분에 대한 상속세 차이 분석

상속재산 100억원, 상속인은 배우자와 두 자녀로 가정　　　　　　(단위 : 억원)

항목		1안 법정지분대로 상속 (42.8억원)	2안(최선) 30억원을 상속	3안 배우자가 상속을 포기
남편 사망시	상속재산(과세가액)	100	100	100
	배우자상속공제	30	30	5
	일괄공제	5	5	5
	금융재산상속공제	2	2	2
	과세표준	63	63	88
	산출세액	26.9	26.9	39.4
	납부세액	26.1	26.1	38.2
배우자 사망시	상속재산(과세가액)	42.8	30	–
	배우자상속공제	–	–	–
	일괄공제	5	5	–
	금융재산상속공제	2	2	–
	과세표준	35.8	23	–
	산출세액	13.3	7.6	–
	납부세액	12.9	7.4	–
상속세 총액		39.0	33.5	38.2

* 배우자가 상속받은 재산이 10년 후 자녀에게 그대로 재상속된다고 가정함

더 내게 되는 셈이다. 만약 재상속시점이 10년 이내여서 단기재상속공제를 받는다면 그 차이는 더욱 크게 벌어질 것이다.

손자나 손녀에게 상속하면 세금이 줄어드나요

어 원장의 상속인으로는 부인과 두 자녀가 있다. 그리고 두 자녀의 자식은 모두 4명인데, 상속재산의 일부를 아예 손자녀들에게 상속하는 것도 고려 중이다. 두 자녀는 모두 경제적으로 별 어려움이 없는 데다, 손자녀에게 직접 상속하면 상속세를 한 번만 내도 되므로 훨씬 더 유리할 것 같다는 생각이 들어서이다. 이렇게 손자나 손녀에게 직접 상속하면 세금이 줄어들까?

상속세는 부(재산)의 세대간 이전에 대해 그 취득자인 상속인에게 과세되는 세금이다. 하지만 세대를 건너뛰어 상속(이를 세대생략상속이라고 한다)하면 부의 이전단계를 축소해서 두 번 낼 세금을 한 번만 내게 되는 효과를 얻을 수 있다.

그런데 손자녀는 직계비속에 해당하지만 민법상 상속 1순위자인 직계비속은 피상속인의 최근친인 직계비속, 즉 피상속인의 자녀를 뜻하므로 손자녀에게 상속하기 위해서는 피상속인의 자녀(손자녀의 부모)가 모두 상속을 포기해야만 한다.

만약 피상속인의 생전에 적법한 유증절차 또는 1순위 상속인들의 상속포기절차 없이 피상속인의 재산을 손자녀가 임의로

Key Word_
세대생략상속, 대습상속,
세대생략증여의 절세효과

상속받아 상속등기를 하는 경우에는 대습상속이 아닌 한 피상속인(할아버지)이 자신의 자녀(아버지)에게 상속한 것으로 보아 상속세를 과세하고, 이를 아버지가 다시 자녀(피상속인의 손자녀)에게 증여한 것으로 간주해 증여세가 과세된다. 따라서 당의도와는 달리 이중으로 과세될 수 있음에 유의해야 한다.

또한 세대생략상속이 절세 목적에서 반드시 유리한 것만은 아니다. 세법에서는 세대생략상속의 경우 30%(상속인이 미성년자로서 받은 상속재산이 20억원을 초과하는 경우에는 40%)를 할증과세하고 있으며, 상속공제금액을 축소하는 등 불이익을 주고 있으므로 상속설계시에는 이런 점들을 미리 잘 따져봐야 한다.

어 원장의 경우 상속개시 당시 상속재산이 80억원이고 이를 부인과 두 자녀가 상속받는다고 가정하자. 부인에게는 배우자상속공제 한도액인 30억원을 상속하고 나머지를 모두 자녀에게 상속할 경우 과세표준 43억원(상속재산 80억원 − 배우자상속공제 30억원 − 일괄공제 5억원 − 금융재산상속공제 2억원)에 대한 상속세는 약 16억 4,000만원으로 예상된다.

그리고 두 자녀가 상속받은 재산 50억원이 먼 훗날 손자녀들에게 다시 상속될 때 각각 25억원의 재산에 대한 상속세를 추가로 부담하게 된다. 그 금액은 두 자녀의 상속 당시 재산규모에 따라 달라질 수밖에 없기 때문에 정확히 산정하기 어려우나 각자의 상속재산 25억원에 대해 모두 3억원의 추가부담이 발생한다. 결국 손자녀가 훗날 부담할 상속세까지 포함할 경우 모두 19억 5,000만원의 상속세를 내야 한다.

▶▶ 세대생략상속이 항상 유리한 것만은 아니다

상속재산 80억원, 상속인은 1안의 경우는 배우자와 두 자녀, 2안의 경우는 배우자와 손자녀임
배우자상속분은 1·2안 모두 30억원으로 가정

(단위 : 억원)

항목		1안 배우자와 자녀에게 상속하는 경우		2안 배우자와 손자녀에게 상속하는 경우
할아버지 (1대) 사망시	상속재산(과세가액)	80		80
	배우자상속공제	30		30
	일괄공제	5		5
	금융재산상속공제	2		2
	과세표준	43		50
	산출세액	16.9		20.4
	할증세액(30%)	–		3.8[1]
	납부세액	16.4		23.5
자녀 (2대) 사망시	상속재산(과세가액)	25	25	
	배우자상속공제	10.7	10.7	
	일괄공제	5	5	
	금융재산상속공제	2	2	
	과세표준	7.3	7.3	
	산출세액	1.6	1.6	
	납부세액	1.55	1.55	
상속세 총액		19.5		23.5

(2안 할아버지 사망시: 한도 30)
(2대 사망시: 상속인은 배우자와 두 자녀로 가정)

* 배우자상속분(30억원)의 재상속에 따른 상속세는 1안, 2안이 모두 같으므로 분석대상에서 제외하였음

1) $20.4억원 \times \dfrac{50억원}{80억원} \times 30\% = 3.8억원$

이제 어 원장이 부인에게는 30억원을 상속하고, 나머지 50억원은 유증을 통해 손자녀(성년으로 가정)에게 세대생략상속한다고 가

기본통칙 27-0…1 [세대를 건너뛴 상속에 대한 할증과세 방법]

법 제27조의 규정에 의하여 할증과세되는 세액은 다음 산식에 의하여 계산한다.

상속세 산출세액 $\times \dfrac{\text{피상속인의 자녀를 제외한 직계비속이 상속받은 재산가액}}{\text{총상속재산가액}} \times \dfrac{30\%}{\text{(또는 40\%)}}$

☑ 관련 세법

상속세및증여세법 제24조
[공제적용의 한도]

상속재산에서 공제할 금액은 상속세 과세가액에서 다음 각 호의 어느 하나에 해당하는 가액을 뺀 금액을 한도로 한다. 다만, 제3호는 상속세 과세가액이 5억원을 초과하는 경우에만 적용한다.
1. 선순위인 상속인이 아닌 자에게 유증 등을 한 재산의 가액
2. 선순위인 상속인의 상속포기로 그다음 순위의 상속인이 상속받은 재산의 가액
3. 상속세 과세가액에 가산한 증여재산가액(증여재산가액에서 증여재산공제액을 뺀 가액을 말한다)

정해보자.

하지만 이 경우에는 상속공제금액이 줄어든다. 본래 상속공제는 배우자상속공제 30억원과 일괄공제 5억원 및 금융재산상속공제 2억원을 모두 더한 37억원이지만 이렇게 상속인이 아닌 자에게 유증하거나 선순위상속인이 상속을 포기하여 후순위 상속인이 상속받는 경우에는 상속세 과세가액에서 이를 차감한 만큼만 상속공제받을 수 있다. 이는 만약 상속재산이 모두 손자녀에게만 세대생략상속된다면 상속공제를 전혀 받을 수 없음을 뜻한다.

따라서 상속공제액은 30억원(80억원－50억원)으로 줄어들고 이에 따라 과세표준은 50억원, 산출세액은 약 20억 4,000만원이 된다. 게다가 세대생략상속분에 대해서는 산출세액의 30%를 할증과세하므로 3억 8,000만원(20.4억원×50억원/80억원×30%)의 세금이 추가된다.

결국 모두 23억 5,000만원의 상속세를 내게 되는 셈이므로 세대생략상속의 경우 오히려 4억원 가량 세금이 더 많이 나온다. 이렇게 된 이유는 30%의 세금이 할증된 데다 상속공제한도의 축소로 7억원의 상속공제를 못받았기 때문이다. 게다가 보유재산 규모가 아주 많지는 않아 상속받은 자녀의 훗날 상속세가 그리 많지 않기 때문이다.

그러므로 세대생략상속은 특히 재산규모가 아주 많아 상속세 부담이 과중한 경우 두 세대간의 재산이전에 따른 총상속세 부담액을 줄이기 위해 활용된다. 이때는 이중상속으로 인한 상

▶▶ 세대생략증여의 절세효과는 크다

손자녀 4명에게 각각 5억원을 2회에 걸쳐 증여하고,
남은 상속재산 40억원은 배우자와 두 자녀(성년)에게 상속한다고 가정

(단위 : 억원)

항목		할아버지 사망시 상속세	자녀 사망시 상속세	
상속세	상속재산(과세가액)	40	11.5[1]	11.5
	배우자상속공제	17	5	5
	일괄공제	5	5	5
	금융재산상속공제	2	–	–
	과세표준	16	1.5	1.5
	산출세액	4.8	0.2	0.2
	납부세액	4.6	0.19	0.19
증여세	증여재산(1회)	5		
	증여재산공제	0.5		
	과세표준	4.5		
	산출세액	0.8		
	할증세액(30%)	0.24		
	납부세액	1[2]		
	증여 횟수	8회		
	증여세 총액	8		

1) (40억원 – 17억원(배우자상속분)) × 1/2
2) (0.8억원 + 0.24억원) × 97%

총세액
약 13억원

속세 총액과 세대생략상속으로 인한 상속세액(할증과세 및 상속
공제축소효과를 고려)을 비교하여 유리한 쪽을 선택하면 된다.

　만약 세대생략상속이 불리하다면 세대생략증여가 그 대안이
될 수 있다.

✓ 관련 세법

상속세및증여세법 제57조
[직계비속에 대한 증여의
할증과세]

수증자가 증여자의 자녀가 아
닌 직계비속인 경우에는 증여
세산출세액에 100분의 30(수증
자가 증여자의 자녀가 아닌 직
계비속이면서 미성년자인 경우
로서 증여재산가액이 20억원을
초과하는 경우에는 100분의
40)에 상당하는 금액을 가산한
다. 다만, 증여자의 최근친인 직
계비속이 사망하여 그 사망자
의 최근친인 직계비속이 증여
받은 경우에는 그러하지 아니
하다.

☑ 세대생략증여

세대생략상속과 마찬가지로 세
대를 건너뛰어 이루어지는 증
여를 말한다. 이때에도 상속의
경우처럼 30%(또는 40%)가 할
증과세된다.

어 원장의 경우 손자녀들에게 미리 증여를 한다면 훨씬 많은 세금을 절세할 수 있다. 손자녀(모두 4명) 1인당 한 번에 5억원씩 두 번에 걸쳐 증여하면 총증여재산은 40억원이다. 이에 대한 증여세는 30% 할증세액을 포함해도 모두 8억원이다. 그러나 미리 증여함으로써 상속재산은 40억원으로 줄어들게 되어 상속세는 4억 6,000만원으로 감소한다. 자녀의 2차 상속에 대한 상속세를 포함해도 세 부담 총액은 약 13억원으로 낮아진다. 따라서 절세 목적에서는 세대생략상속보다는 세대생략증여가 훨씬 더 효과적임을 알 수 있다.

종신보험을 활용한 상속세 절세전략은 무엇인가요

상속문제 때문에 이것저것 골치 아픈 어 원장에게 전성기 PB가 종신보험 가입을 통한 상속설계를 프레젠테이션하려고 한다. 무엇보다도 보험금상속이 상속설계에서 실제적으로 효용가치가 높다는 점을 강조해야 할 것 같은데, 종신보험을 활용한 상속설계는 어떤 점에서 유리할까?

피보험자의 사망시 사망보험금은 유가족(상속인)에게 지급된다. 이는 피보험자인 가장이 사망할 경우 보험금이 남아 있는 유가족의 생계자금으로 활용될 수 있음을 뜻한다. 그러나 재산규모가 많은 부유층의 경우는 단순히 유가족의 생계자금을 확보하기 위해 사망보험에 가입하는 것이 아니라 상속설계의 수단으로 보험에 가입한다는 점을 주목해야 한다.

보험금을 통한 재산상속은 여러 가지 면에서 긍정적인 효과를 가져다 준다. 무엇보다 보험금이 상속재산에서 제외된다는 것이 가장 큰 효과이다. 물론 피상속인이 계약자로서 보험료를 납부한 보험이라면 당연히 상속재산에 포함된다. 그러나 상속

☑ 관련 세법

상속세및증여세법 제8조
[상속재산으로 보는 보험
금]

① 피상속인의 사망으로 인하
여 받는 생명보험 또는 손해보
험의 보험금으로서 피상속인이
보험계약자인 보험계약에 의하
여 받는 것은 상속재산으로 본
다.
② 보험계약자가 피상속인이 아
닌 경우에도 피상속인이 실질적
으로 보험료를 납부하였을 때에
는 피상속인을 보험계약자로 보
아 제1항을 적용한다.

상속세및증여세법 시행령
제4조 [상속재산으로 보는
보험금]

① 법 제8조제1항에 따라 상속
재산으로 보는 보험금의 가액
은 다음 계산식에 따라 계산한
금액으로 한다.

$$\text{지급받은 보험금의} \atop \text{총합계액} \times \frac{\text{피상속인이 부담한 보험료의 금액}}{\text{해당 보험계약에 따라 피상속인의 사망시까지 불입된 보험료의 총합계액}}$$

인이 계약자로서 보험료를 납부했다면 이는 상속재산에 포함되지 않는다. 이런 경우 보험료의 실제부담자는 피상속인일 가능성이 매우 높지만 상속인에게 소득이 있고, 자신의 소득범위 내에서, 자신의 계좌에서 보험료를 이체했다면 이를 상속재산으로 볼 수 없다.

상속설계의 대상이 되는 고객은 대부분 50대인 경우가 많은데, 이 경우 그 자녀들은 대부분 소득이 있기 마련이다. 소득이 있는 자녀를 계약자와 수익자로 하고 가장을 피보험자로 한 종신보험에 가입해서 보험료를 납부한 다음, 가장의 사망시 수익자인 자녀들이 보험금을 수령한다면 이는 무조건 상속재산에서 제외된다.

이런 상속설계가 가능한 것은 종신보험금은 언젠가는 보험금을 수령하게 되는 데다, 과세기술상 현금증여에 대해서는 과세하기가 매우 어렵기 때문이다. 그러나 거액(20~30억원 규모)의 종신보험금 수령에 대해서는 국세청에서 보험료 납부과정에 대한 면밀한 조사를 하기도 하므로 이 점을 충분히 염두에 두고 설계해야 한다. 어 원장의 경우를 예로 들어보자.

소득이 있는 두 자녀를 계약자로 해서 각각 2건의 종신보험에 가입(매월 보험료 300만원, 보험금 10억원)하면 어 원장 사망시 보험금이 두 자녀에게 각각 10억원씩 지급된다. 현 상태에서 어 원장의 재산(80억원)에 대한 상속세는 앞서 16억 4,000만원으로 추정되었다.

그러나 상속재산에 포함되지 않는 보험금상속을 통해 20억

▶▶ 상속설계에서 종신보험의 기능과 역할

① 상속인들이 수령한 보험금은 상속재산에 포함되지 않는다.
단, 계약자(실제 보험료납부자)와 피보험자를 다르게 해야 한다.

② 금융자산이 10억원을 초과하면 금융재산상속공제를 받을 수 없어 금융자산 상속이 불리하다. 그러나 종신보험금은 금융자산임에도 불구하고 전액 상속재산에서 제외되므로 상속세 과세표준이 그만큼 줄어든다.

③ 종신보험금은 100% 유동성이 있는 현금자산으로, 상속재산 중 부동산 비중이 높을 경우 상속세 납부재원으로 활용할 수 있다.

④ 상속인(특히 자녀) 명의로 계약하고 보험료를 납부하는 것은 사전증여를 통한 상속재산 축소전략에도 부합된다.

원의 상속재산이 줄어들고 이에 따라 상속세 과세표준도 27억 원(60억원 - 배우자상속공제(26억원) - 일괄공제(5억원) - 금융재산상속공제(2억원))으로 줄어든다. 따라서 상속세 납부세액도 8억 9,000만원으로 줄어들어 거의 절반에 가까운 세금이 줄어든다는 점을 알 수 있다.

이와 같은 상속세 절세효과 외에도 종신보험을 비롯한 사망보험금은 상속인들의 상속세 납부재원을 마련해준다는 부수효과도 제공한다. 특히 자산구성 중에서 부동산의 비중이 높은 부유층의 경우 상속재산의 대부분이 부동산인 경우가 많다. 이

▶▶ 종신보험을 활용한 상속설계의 절세효과

(단위 : 억원)

항목	현 상태에서 상속개시	종신보험 가입 후 상속개시
상속재산(과세가액)	80	60[1)]
배우자상속공제	30	26
일괄공제	5	5
금융재산상속공제	2	2
과세표준	43	27
산출세액	16.9	9.2
납부세액	16.4	8.9

1) 두 자녀를 각각 계약자와 수익자로 하는 종신보험(보험료 300만원/월, 보험금 10억원)에
가입 → 자녀의 보험금 수령액 20억원은 상속재산에서 제외

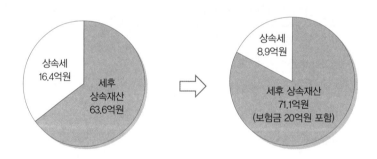

런 경우 상속인들이 수령한 보험금은 부동산상속시 발생할지도
모를 유동성 문제를 해결해주는 효과적인 수단이 된다.

이렇게 종신보험을 상속세 절세와 납부의 수단으로 활용하
는 전략은 국세청에서 매년 발간하는 〈세금절약가이드〉라는

책자에서도 권하는 방법이다. 게다가 보험금은 처음부터 수익자가 정해져 있으므로 상속재산의 분할과 관련된 상속인 간의 분쟁도 방지할 수 있으며, 상속등기와 관련한 취득세 등의 부담도 전혀 없다.

한편 계약자가 피상속인이고 피보험자 및 수익자가 상속인인 보험의 경우 계약자가 보험계약기간 중에 사망했다면 보험계약자를 상속인으로 변경하거나 해지하게 되는데, 이 경우 계약자(피상속인)가 그동안 납부한 보험료와 이자상당액(해지의 경우는 해약환급금)은 상속재산에 합산된다.

따라서 상속설계를 목적으로 보험을 든다면 아예 처음부터 계약자와 수익자를 상속인(특히 자녀)으로 하는 것이 바람직하며, 각각의 자녀별로 분산해서 여러 건으로 가입하는 것이 가장 좋은 방법이다.

☑ 세금절약가이드

생명보험에 가입하여 상속세 납부재원을 마련해 주어라(164쪽~165쪽) …(중략)… 이런 경우에는 생명보험을 이용하여 상속세 납부재원을 마련해주는 방법을 생각해볼 수 있다. …(중략)… 따라서 미리 보장성보험을 가입해두거나 쉽게 현금화할 수 있는 유동자산을 확보해 두면 언제 사망하더라도 상속세를 내기 위해 재산을 처분하는 등의 행위를 하지 않고도 세금을 낼 재원을 마련해줄 수 있으며 …(중략)…

연금보험을 활용한 상속세 절세전략은 무엇인가요

■■■■■■■ ■■■

어 원장의 친구 박피술 원장(61세)은 인천에서 피부과의원을 운영하고 있다. 그런데 병원 주변지역이 재개발지역으로 고시되면서 병원부지에 대한 토지보상을 받게 되어 30억원의 목돈이 생겼다. 이 사실을 안 자녀들이 내심 큰 기대를 하고 있는 것 같아 얼마 정도 떼주어야 할 것 같은데, 토지보상금은 현금으로 증여해도 걸린다는 말을 들어 어떻게 해야 할지 막막하다. 그렇다고 가지고 있자니 나중에 내게 될 상속세가 마음에 걸린다. 무슨 좋은 방법이 없을까?

재산을 물려줄 사람이 생각하는 재산상속과 증여의 가장 큰 걸림돌은 자녀들이 상속·증여받은 재산을 쉽게 다 써버리거나 한순간에 날려버리지 않을까 하는 걱정이다. 자신이 힘들게 벌지 않고 쉽게 얻은 재물은 그만큼 쉽게 달아날 가능성이 높기 때문이다.

이 경우 활용할 수 있는 것이 연금보험인데, 종신보험을 활용한 상속설계가 보험금을 통해 한꺼번에 상속하는 것인데 반해 연금보험을 활용한 상속설계는 매월 연금 수령을 통해 순차적으로 상속이 이루어진다는 점에서 차이가 있다. 그러므로 재산을 한꺼번에 물려주기를 꺼리는 사람들에게는 연금을 통한 재산상속이 적합하다.

연금보험을 통해 상속하려면 피보험자를 일단 자녀로 하는 것이 바람직하며, 특히 종신형으로 설계해야 그 절세효과를 극대화할 수 있다. 이렇게 종신형으로 설계하면 피보험자가 사망할 때까지 연금을 수령할 수 있기 때문에 자녀(또는 손자녀)를 피보험자로 해야 자녀(또는 손자녀)가 사망할 때까지 연금을 수령할 수 있다.

단, 계약자와 수익자는 박 원장으로 한다. 그렇게 하면 보상금의 사용처를 밝히기 좋은 데다, 계약자와 수익자를 소득이 없는 자녀나 손자녀로 할 경우에는 연금개시시점에 증여세가 과세되기 때문이다. 박 원장의 경우 보험료는 일시납으로 납부하면 된다.

이렇게 하면 자신이 수령한 보상금에 대한 처분내역도 명확히 할 수 있고(자신이 계약자이고 수익자이므로 아무런 문제가 없다), 매월 연금을 수령하여 은퇴자금으로 사용할 수도 있다. 물론 자신보다 자녀(또는 손자녀)가 대부분의 연금을 받기를 원한다면, 즉 전액 상속을 목적으로 한다면 연금지급 개시시기를 최대한 늦추면 된다.

계약자인 박 원장이 사망하더라도 피보험자인 자녀(또는 손자녀)는 여전히 생존해 있으므로 보험계약은 그대로 유지된다. 다만, 계약자와 수익자를 자녀(또는 손자녀)로 변경하게 되는데, 이때 연금보험금의 상속문제가 발생한다. 계약변경도 보험금지급명세서를 통해 모두 노출된다.

☑ 연금의 현재가치계수

매년 받게 될 일정금액을 현재의 일시금가치로 환산하기 위해 연금액수에 곱하는 계수를 말한다. 매년 연금액이 1원일 경우 20년간 받을 연금의 명목가액 총액은 20원이지만 현재가치는 금리가 연 6.5%일 경우 11원이 되는데, 이때 11을 연금의 현재가치계수라고 한다. 따라서 연금액이 100만원이라면 20년간 연금수령액(1,500만원)의 현재가치는 1,100만원(100만원×11)이 된다.

☑ 관련 세법

상속세및증여세법 제65조 [그밖의 조건부권리 등의 평가]

① 조건부 권리, 존속기간이 확정되지 아니한 권리, 신탁의 이익을 받을 권리 또는 소송 중인 권리 및 대통령령으로 정하는 정기금을 받을 권리에 대해서는 해당 권리의 성질, 내용, 남은 기간 등을 기준으로 대통령령으로 정하는 방법으로 그 가액을 평가한다.

상속세및증여세법 시행령 제62조 [정기금을 받을 권리의 평가]

법 제65조제1항에 따른 정기금을 받을 권리의 가액은 다음 각호의 어느 하나에 따라 평가한 가액에 의한다. 다만, 평가기준일 현재 계약의 철회, 해지, 취소 등을 통해 받을 수 있는 일시금이 다음 각 호에 따라 평가한 가액보다 큰 경우에는 그 일시금의 가액에 의한다.

연금은 일시금과 달리 매월 일정금액을 지급받는 것이므로 장래 지급받을 연금액을 상속개시시점의 현재가치로 환산해서 상속재산에 합산하게 된다. 그런데 종신형연금(세법에서는 종신정기금이라고 한다)은 피보험자가 사망할 때까지 지급되는 것인데 연금이 언제까지(피보험자의 사망시기를 뜻함) 최종적으로 지급될지 알 수 없기 때문에 세법에서는 피보험자의 성별·연령별 기대여명의 연수(통계청 고시)까지의 기간 동안 수령할 연금을 3%로 할인한 금액으로 평가한다.

박 원장의 경우 자녀(아들)를 피보험자로 하고 자신을 계약자와 수익자로 해서 종신형 연금보험(연간 연금 수령액이 3,600만원이 되게끔 하고 이에 해당하는 보험료를 일시에 납부하는 것으로 설계)에 가입하고, 자녀의 나이가 60세인 시점에서 박 원장이 사망했다면 상속재산은 5억 3,532만원(3,600만원×14.87(3%에 대한 20기의 연금의 현재가치계수)으로 평가된다. 자녀가 만약 90세까지 생존해서 연금을 받는다면 이는 자녀가 앞으로 받을 연금액수 10억 8,000만원의 50%에 불과하다.

이렇게 연금상속재산이 낮게 평가되는 이유는 60세인 남자의 기대여명인 80세까지 받을 연금수령액만 포함된 데다, 현재가치할인과정에서 비교적 높은 이자율(할인률)이 적용됐기 때문이다.

한편 박 원장이 종신형이 아닌 확정형(20년)으로 가입했다면 연금은 20년간만 확정지급받게 된다. 만약 확정지급기간을 못 채우고 박 원장이 사망할 경우에는 남은 기간 동안의 연금이

▶▶ 연금보험을 활용한 상속설계의 핵심포인트

① 지금 당장 한꺼번에 주지 않고 일정기간 경과 후 상속개시시점부터 연금수령기간 동안 매월(또는 매년) 나누어서 줄 수 있다.

② 본인(계약자)이 연금에 대한 통제권을 갖고 본인 사망시점에서 연금수령권을 상속하기 위해서는 계약자와 수익자를 본인으로 해야 한다.

본인(계약자) 사망시 연금수령권을 상속하는 것으로 설계한다.

③ 연금을 받을 권리도 상속재산에 포함되지만 평가과정에서 과세표준이 줄어든다.

연금수령권의 평가를 통한 절세효과는 종신형연금이 가장 크다.

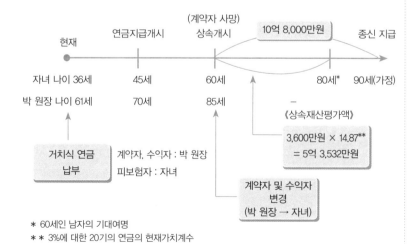

* 60세인 남자의 기대여명
** 3%에 대한 20기의 연금의 현재가치계수

1. 유기정기금 : 잔존기간에 각 연도에 받을 정기금액을 기준으로 다음 계산식에 따라 계산한 금액의 합계액. 다만, 1년분 정기금액의 20배를 초과할 수 없다.

각 연도에 받을 정기금액
──────────────
$(1+$보험회사의 평균공시이율 등을 감안하여 기획재정부령으로 정하는 이자율$)^n$

n : 평가기준일부터의 경과연수

2. 무기정기금 : 1년분 정기금액의 20배에 상당하는 금액
3. 종신정기금 : 정기금을 받을 권리가 있는 자의 통계법 제18조에 따라 통계청장이 승인하여 고시하는 통계표에 따른 성별·연령별 기대여명의 연수(소수점 이하는 버린다)까지의 기간 중 각 연도에 받을 정기금액을 기준으로 제1호의 계산식에 따라 계산한 금액의 합계액

상속세및증여세법 시행규칙 제19조의2 [신탁의 이익 및 정기금을 받을 권리의 평가]

③ 영 제62조제1호의 계산식에서 '기획재정부령으로 정하는 이자율'이란 연간 1,000분의 30을 말한다.

종신형처럼 피보험자가 사망할 때까지 연금을 지급하되, 연금 납부액의 일부를 적립해 두었다가 피보험자의 사망시점에서 상속인에게 지급하는 방식을 말한다.

상속인에게 지급되므로 이 경우에도 잔존기간 동안의 연간 연금수령액을 현재가치로 환산하여 상속재산에 포함시킨다.

예를 들어 박 원장이 15년간 연금을 수령하다 사망했다면 남은 기간인 5년 동안 받을 연금의 현재가치를 상속재산에 포함시킨다.

그러나 이는 자신을 위한 연금설계이지 상속을 위한 것이 아니므로 상속설계 목적으로는 적합하지 않으며, 상속설계 목적에서는 피보험자를 자녀(또는 손자녀)로 하고, 계약자와 수익자를 본인으로 해서 본인 사망시 계약자와 수익자 변경을 통해 연금수령권이 자녀(또는 손자녀)에게 이전(상속)되도록 하는 것이 좋다.

그리고 이 2가지 형태를 절충한 것이 상속형연금인데, 이는 본인이 연금을 수령하다 사망하면 그동안 연금으로 지급된 금액을 제외한 나머지 금액을 일시금으로 상속인에게 지급하는 형태이다.

상속설계에 따라 피보험자가 달라야 하는 이유는 무엇인가요

■■■■■■■ ■■■

박 원장은 자신에게 연금보험을 활용한 상속설계를 설명하던 전성기 PB에게 연금을 자신의 손자녀에게 직접 상속하는 방법은 없는지 질문했다. "계약자와 수익자를 손자녀로 하면 바로 증여세가 나올텐데…" 당황한 전성기 PB가 이를 지점장에게 문의했더니 "피보험자를 박 원장의 며느리나 딸로 하면 된다"고 한다. 이렇게 피보험자가 달라지면 상속설계는 어떻게 달라지는 것일까?

31

연금을 통한 상속설계는 상속세 절세와 함께 피상속인이 사망한 후에 상속인들이 연금을 수령하여 안정적인 생활을 하게 하는 것이 가장 큰 목적이다. 상속세 절세의 목적으로는 종신형이 유리하며, 특히 자녀 중 여성을 피보험자로 정하는 것이 더 유리하다. 일반적으로 남성보다는 여성이 더 오래 살기 때문이다.

계약자 사망시 계약자 변경으로 인한 연금수령권에 대한 상속세 과세는 그때 당시 통계청이 고시한 기대여명의 연수까지 받을 연금에 대해서만 이루어진다. 그러나 평균수명 연장에 따라 실제 연금 수령은 기대여명의 연수 이후에도 계속되기 때문에 절세효과를 극대화하기 위해서는 더 오랜 기간 동안 연금을 받을 수 있는 여성이 적합하다.

따라서 박 원장의 경우 계약자와 수익자를 자신으로 하고 피보험자를 자신의 며느리 또는 딸로 하면 이른바 '3대에 걸친 연금상속설계'도 가능하다. 연금지급시기를 최대한 늦춘 상태에서 박 원장이 사망하면 계약자와 수익자를 상속인(아들 또는 사위)으로 변경한다. 피보험자는 며느리 또는 딸이므로 보험계약은 그대로 유지된다. 물론 이 시점에서 장래 연금수령액의 현재가치에 대해서는 상속세가 과세된다.

그 후 아들 또는 사위가 연금을 수령하다 사망하면 이번에는 계약자와 수익자를 손자녀로 변경한다.

이는 피보험자인 며느리 또는 딸이 남자인 아들이나 사위보다 더 오래 살 것이라는 전제하에 할아버지의 재산을 통해 할아버지, 아들(사위), 손자녀 등 모두 3대에 걸쳐 연금을 수령할 수 있는 상속설계이다.

박 원장이 단순히 자신을 피보험자로 해서 종신형연금에 가입하면 연금을 수령할 기간이 짧기 때문에 연금액수는 많겠지만 상속가능한 연금재산은 많지 않게 된다. 그러나 피보험자를 자녀(며느리) 또는 손자녀로 하면 장기간에 걸쳐 상속인에게 연금을 통한 재산상속이 가능하다.

이 경우 박 원장이 사망했을 때 계약자와 수익자를 바로 손자녀로 변경할 수도 있지만 손자녀는 1순위 상속인이 아니므로 부모가 상속을 포기해야 하는 점과 할증과세, 상속공제 축소 등을 종합적으로 검토해야 한다.

▶▶ 연금을 활용한 3대에 걸친 상속설계

계약자	피보험자	수익자

할아버지

⬇

아들(사위)

⬇

손자녀

며느리(딸)

⬆

할아버지의 재산을
통해 3대에 걸쳐
연금수령이 가능

할아버지

⬇

아들(사위)

⬇

손자녀

가업을 상속하거나 증여하면 어떤 혜택이 주어지나요

32

중소기업을 경영하는 나가용 사장(60세)은 몇 년 후에는 대학에서 경영학을 전공한 아들(34세)에게 자신의 사업을 물려줄 계획이다. 자신이 평생토록 일군 기업을 자녀에게 물려주는 경우에도 상속·증여세를 똑같이 내야 하는 것일까?

재산을 상속인에게 이전할 때는 상속세와 증여세가 과세 되지만 피상속인이 10년 이상 계속하여 경영한 중소기업을 상속하거나 중소기업 주식을 자녀에게 미리 증여하는 경우에는 과세가액에서 일정금액을 공제받을 수 있다.

우선 피상속인이 10년 이상 경영하던 중소기업(상속 직전 3개년도의 평균매출액이 3,000억원 미만)을 상속하는 경우에는 가업 상속재산가액의 전액을 공제한다. 단, 공제금액은 200억원을 한도로 하되, 피상속인이 20년 이상 계속하여 경영한 경우에는 300억원, 30년 이상 계속하여 경영한 경우에는 500억원까지도 공제가 가능하다.

이 경우 가업상속재산이란 상속받은 기업이 개인사업체인 경우에는 상속재산 중 가업에 직접 사용되는 토지·건축물·기계장치 등 사업용 자산을 뜻하며, 법인인 경우에는 상속재산 중 가업에 해당하는 법인의 주식 등을 뜻한다.

가업상속공제를 받기 위해서는 다음과 같은 세법상의 요건을 모두 갖추어야 한다.

① 피상속인이 가업의 영위기간 중 50% 이상 또는 상속개시 전 10년 중 5년 이상의 기간을 대표이사(개인사업체는 대표자)로 재직했거나, 사전에 승계한 경우에는 10년 이상 재직 후 상속인이 승계하여 상속개시일까지 재직했어야 한다.

② 상속인 또는 그 배우자가 상속개시일 현재 18세 이상으로서 상속개시 전 가업에 종사한 기간이 2년 이상이라야 한다. (단, 피상속인이 65세 이전에 사망하거나 천재지변·인재 등에 의해 부득이하게 사망한 경우는 예외로 하며, 가업에 종사하던 자가 상속개시 소급 2년 전부터 병역의무·질병요양·취학 등으로 인한 기간은 가업종사기간에 포함한다)

③ 상속세 과세표준 신고기한까지 임원으로 취임하고, 상속세 신고기한부터 2년 이내에 대표이사 등으로 취임해야 한다.

가업상속공제는 사후관리가 매우 엄격하므로 유의해야 한다. 가업상속 이후에 가업상속공제를 받은 상속인이 상속개시일부터 10년 이내에 정당한 사유없이 해당 가업용 자산의 20%(상속개시일부터 5년 이내에는 10%) 이상을 처분하거나 해당

☑ 관련 세법
상속세및증여세법 시행령
제15조 [가업상속]

③ 법 제18조제2항제1호에 따른 가업상속(이하 '가업상속'이라 한다)은 피상속인 및 상속인이 다음 각 호의 요건을 모두 갖춘 경우에만 적용한다. 이 경우 가업상속이 이루어진 후에 가업상속 당시 최대주주 또는 최대출자자(제19조제2항에 따른 최대주주 또는 최대출자자를 말한다. 이하 '최대주주 등'이라 한다)에 해당하는 자(가업상속을 받은 상속인은 제외한다)의 사망으로 상속이 개시되는 경우는 적용하지 아니한다.
1. 피상속인이 다음 각 목의 요건을 모두 갖춘 경우
가. 중소기업 또는 중견기업의 최대주주 등인 경우로서 피상속인과 그의 특수관계인의 주식 등을 합하여 해당 기업의 발행주식총수등의 100분의 50[자본시장과 금융투자업에 관한 법률 제8조의2제2항에 따른 거래소(이하 '거래소'라 한다)에 상장되어 있는 법인이면 100분의 30] 이상을 10년 이상 계속하여 보유할 것
나. 법 제18조제2항제1호에 따른 가업(이하 '가업'이라 한다)의 영위기간 중 다음의 어느 하나에 해당하는 기간을 대표이사(개인사업자인 경우 대표자를 말한다. 이하 이 조 및 제16조에서 '대표이사 등'이라 한다)로 재직할 것
1) 100분의 50 이상의 기간
2) 10년 이상의 기간(상속인이 피상속인의 대표이사 등의 직을 승계하여 승계한 날부터 상속개시일까지 계속 재직한 경우로 한정한다)
3) 상속개시일부터 소급하여 10

년 중 5년 이상의 기간

2. 상속인이 다음 각 목의 요건을 모두 갖춘 경우. 이 경우 상속인의 배우자가 다음 각 목의 요건을 모두 갖춘 경우에는 상속인이 그 요건을 갖춘 것으로 본다.

가. 상속개시일 현재 18세 이상일 것

나. 상속개시일 전에 2년 이상 직접 가업에 종사(상속개시일 2년 전부터 가업에 종사한 경우로서 상속개시일부터 소급하여 2년에 해당하는 날부터 상속개시일까지의 기간 중 제6항제2호다목에 따른 사유로 가업에 종사하지 못한 기간이 있는 경우에는 그 기간은 가업에 종사한 기간으로 본다)하였을 것. 다만, 피상속인이 65세 이전에 사망하거나 천재지변 및 인재 등 부득이한 사유로 사망한 경우에는 그러하지 아니하다.

다. 삭제

라. 상속세 과세표준 신고기한까지 임원으로 취임하고, 상속세 신고기한부터 2년 이내에 대표이사 등으로 취임할 것

☑ 관련 세법

조세특례제한법 제30조의 6 [가업의 승계에 대한 증여세 과세특례]

① 18세 이상인 거주자가 60세 이상의 부모(증여 당시 아버지나 어머니가 사망한 경우에는 그 사망한 아버지나 어머니의 부모를 포함한다. 이하 이 조에서 같다)로부터 상속세 및 증여세법 제18조제2항제1호에 따른 가업의 승계를 목적으로 해당 가업의 주식 또는 출자지분을 증여받고 대통령령으로 정하는 바에 따라 가업을 승계한 경우에는 상속세 및 증여세법 제53조 및 제56조에도 불구하고 그

상속인이 가업에 종사하지 않는 경우 또는 주식 등을 상속받은 상속인의 지분이 감소된 경우(단, 상속받은 주식 등의 물납으로 인해 지분이 감소된 경우는 제외하되, 이 경우에도 상속인은 최대주주 또는 최대출자자에 해당해야 한다) 또는 정규직 근로자의 수가 줄어든 경우에는 감면받은 상속세를 추징한다. 이런 경우에는 가업상속공제 받은 금액에 자산처분비율과 일정비율(5년 미만 : 100%, 5년 이상 7년 미만 : 80%)을 곱한 금액을 상속개시 당시의 상속세 과세가액에 산입하여 상속세를 부과한다.

한편 중소기업 주식을 자녀에게 미리 증여하는 경우에는 증여재산가액(100억원 한도)에서 5억원을 공제한 과세표준에 대해 10%(과세표준 30억원 초과분은 20%)의 단일세율로 증여세를 과세한 뒤, 훗날 상속이 개시되는 때에 정산할 수 있다. 이 같은 증여세 과세특례를 적용받기 위해서는 18세 이상의 자녀가 10년 이상 가업을 영위해 온 60세 이상의 부모로부터 100억원을 초과하지 않는 범위 내에서 주식을 증여받아야 한다.

이 경우에도 사후관리요건이 있는데 먼저 증여세 과세표준 신고기한까지는 가업에 종사해야 하며, 증여일부터 5년 이내에 대표이사에 취임한 뒤 7년까지는 대표이사직을 유지해야 한다. 그리고 증여일부터 7년간은 가업을 1년 이상 휴·폐업 또는 업종을 변경하거나 수증자가 증여받은 주식 지분이 감소하지 않아야 한다. 만약 이러한 사후관리요건을 충족하지 못한 경우에는 증여세를 정상적으로 부과해서 추징하고 그 기간 동안의 가산세도 추징한다.

나 사장의 경우 아들에게 대표이사직을 넘겨주기 5년 전에 미리 30억원 상당의 회사 주식을 아들에게 증여한다면 증여세는 2억 4,250만원{(30억원－5억원) × 10% × 97%}이 나온다. 정상적인 경우라면 약 9억 8,940만원{((30억원－5,000만원) × 40%－1억 6,000만원) × 97%}의 증여세를 내야 하지만 과세특례를 적용받은 결과 무려 7억 4,690만원이나 증여세가 줄어들게 된 것이다.

훗날 나 사장이 사망할 경우에는 사전에 증여한 주식가액을 상속재산에 합산하여 상속세를 계산하게 되므로 이러한 과세유예효과는 상속개시 때까지 연장되는 셈이다. 이 경우 가업상속 시에도 나 사장이 보유한 주식가액이 기업상속공제 한도액을 넘지 않는다면 전액을 공제받게 된다.

주식 등의 가액 중 대통령령으로 정하는 가업자산상당액에 대한 증여세 과세가액(100억원을 한도로 한다)에서 5억원을 공제하고 세율을 100분의 10(과세표준이 30억원을 초과하는 경우 그 초과금액에 대해서는 100분의 20)으로 하여 증여세를 부과한다. 다만, 가업의 승계 후 가업의 승계 당시 상속세 및 증여세법 제22조제2항에 따른 최대주주 또는 최대출자자에 해당하는 자(가업의 승계 당시 해당 주식 등의 증여자 및 해당 주식 등을 증여받은 자는 제외한다)로부터 증여받는 경우에는 그러하지 아니하다.

② 제1항을 적용할 때 주식 등을 증여받고 가업을 승계한 거주자가 2인 이상인 경우에는 각 거주자가 증여받은 주식 등을 1인이 모두 증여받은 것으로 보아 증여세를 부과한다. 이 경우 각 거주자가 납부하여야 하는 증여세액은 대통령령으로 정하는 방법에 따라 계산한 금액으로 한다.

③ 제1항에 따라 주식 등을 증여받은 자가 대통령령으로 정하는 바에 따라 가업을 승계하지 아니하거나 가업을 승계한 후 주식 등을 증여받은 날부터 7년 이내에 대통령령으로 정하는 정당한 사유 없이 다음 각호의 어느 하나에 해당하게 된 경우에는 그 주식 등의 가액에 대하여 상속세 및 증여세법에 따라 증여세를 부과한다. 이 경우 대통령령으로 정하는 바에 따라 계산한 이자상당액을 증여세에 가산하여 부과한다.

1. 가업에 종사하지 아니하거나 가업을 휴업하거나 폐업하는 경우

2. 증여받은 주식 등의 지분이 줄어드는 경우

4장_증여설계를 위한
체크포인트

　　최근 일선 프라이빗뱅킹(PB)센터에는 사전증여를 통한 절세방법에 대한 문의가 눈에 띄게 늘고 있다. 모두 다 상속을 염두에 둔 것들이다. 부자들뿐만 아니라 일반 서민들 사이에서도 상속세에 대한 관심은 늘고 있는 추세다.

　　일선 PB팀장들은 "가계가 보유하고 있는 자산 규모가 커지면서 상속세 납부 문제는 더 이상 부자들에게만 국한된 문제가 아닌 상황으로 흘러가고 있다"며 "일반 서민들도 평소에 상속세 절세방법에 관심을 가질 필요가 있다"고 조언한다.

　　상속세는 과세표준이 얼마인가에 따라 내야 할 금액이 달라진다. 당연히 물려받은 재산이 많을수록 적용받는 세율도 커진다. 그렇다면 상속세를 한 푼이라도 아끼려면 어떻게 해야 할까? 가장 일반적으로 쓰는 방법은 사전증여다. 사망시점에 보유할 재산을 줄여놓아 사망하고 난 이후에 내야 할 세금을 줄이는 것이다.

　　예를 들어 50억원 상당의 재산을 보유한 한 자산가가 자녀들에게 사전에 재산을 증여해 놓지 않고 사망했다고 가정하면, 자녀들이 내야 할 상속세는 상속공제액 10억원을 뺀 나머지 금액의 절반이나 된다. 그렇지만 전체 재산 가운데 20억원을 사망 이전에 미리 증여를 해놨다면, 공제 혜택을 고려하면 세율이 40%로 줄어든다. 하지만 사전증여가 항상 바람직한 절세방법인 것만은 아니다. 사전증여를 하더라도 피상속인이 사망하기 전 10년 이내에 증여한 것은 상속재산에 다시 합산해 세율을 적용하기 때문이다. 앞에서 예로 든 자산가가 20억원을 사망하기 3년 전에 자녀에게 증여했다면, 사전증여 액수에 상관없이 50%의 세율을 적용받는다. 따라서 사전증여의 효과를 극대화하기 위해서는 사망하기 10년 이전부터 장기적인 관점에서 증여를 고려하는 것이 바람직하다. 또 이런 이유 때문에 요즘 부자들 가운데는 비교적 젊다고 할 수 있는 50대 때부터 미리미리 재산을 자식들에게 증여하는 사람들이 많다.

불치병을 선고받아 살 날이 얼마 남지 않은 부자들 가운데도 사망하기 전에 미리 재산을 증여해 놓으려는 사람들이 꽤 있다. 이 경우 보유하고 있는 자산을 모두 현금화해 증여하면 어차피 사전증여에 따른 이익을 보지 못한다. 그렇지만 부동산이나 주식·미술품 등 현물자산으로 증여하면 세금혜택을 받을 수 있다. 부동산의 경우 증여시점의 시장가격을 기준으로 과세하는 게 아니라 증여세 신고·납부 당시의 기준시가를 기준으로 증여세를 납부한다. 통상 기준시가의 경우 시가 대비 30~70%에 불과하기 때문에 내야 할 세금이 그만큼 줄어드는 효과가 있다.

일선 PB팀장들은 "사전증여에 대한 부자들의 인식이 지나치게 안 좋은 게 상속 세테크의 가장 큰 문제"라고 입을 모은다. '죽기 전에 자식들에게 미리 재산을 물려주면 늙어서 대접을 못 받는다'는 인식이 부자들 사이에 뿌리깊게 자리잡고 있어 세금을 아낄 수 있는 '지름길'인 사전증여에 소극적이라는 것이다. 하지만 별다른 준비 없이 부모가 사망해 상속세만 수십~수백억원씩 내야 할 경우 남겨진 자식들 입장에서 그것만큼 난감한 일도 없다.

(한국경제신문에서 발췌)

증여세의 계산구조와 기본절세전략은 무엇인가요

33

상속설계에 필요한 기본지식을 습득하고 이를 영업현장에도 접목시켜 본 전성기 PB는 "상속설계는 항상 증여설계와 함께 계획되고 검토돼야 한다"는 팀장의 말을 듣고 이제부터는 증여설계기법에 대해 공부하려고 한다. 증여세는 어떻게 계산하는 것이며, 기본적으로 어떻게 절세전략을 짜야 할까?

☑ **증여로 보는 경우**
세법에서 증여로 간주하는 거래(예를 들면 계약자(보험료납부자)와 수익자(보험금수령인)가 다른 경우 수익자가 받은 보험금)로서, 이에 대해서는 무조건 증여세가 과세된다.

☑ **증여로 추정하는 경우**
세법에서 증여로 의심(추정)하는 거래(예를 들면 소득이 없는 사람이 재산을 취득한 경우)로서, 당사자가 증여받지 않았음을 적극적으로 소명(입증)하지 못하면 증여받은 것으로 보아 증여세를 과세한다.

증여세는 상속세에 비하면 세금계산구조가 훨씬 단순하다. 상속세의 경우에는 상속재산에서 공제되는 항목과 금액이 매우 많았지만 증여세는 증여재산에서 공제되는 것이 별로 없기 때문이다. 다만 세법에는 변칙적인 증여에 대해 증여로 보는 경우와 증여로 추정하는 경우 등 증여재산에 합산하는 경우가 많기 때문에 이들을 잘 알아야 하고, 재증여의 합산에도 유의해야 한다. 증여세의 계산구조와 절차는 다음과 같다.

1. 증여재산가액의 계산

우선 증여받은 재산의 가액을 평가한다. 증여재산의 평가기준은 상속재산의 경우와 같다. 해당 증여 전 10년 이내에 동일인(증여자가 직계존속인 경우 그 직계존속의 배우자는 동일인으로 본다)으로부터 받은 증여가액의 합계액이 1,000만원(증여재산공제를 하지 않은 금액) 이상일 경우에는 그 증여가액을 합산하여 증여재산공제를 한 금액에 대해 증여세를 부과한다. 재증여의 합산은 증여자와 수증자가 모두 다 같을 경우에만 합산된다.

2. 증여세 과세표준의 계산

증여재산에서 증여재산공제를 차감하면 과세표준이 계산된다. 증여재산공제는 배우자로부터 증여받은 경우에는 6억원, 직계존비속으로부터 증여받은 경우에는 5,000만원(단, 미성년자가 직계존속으로부터 증여받은 경우에는 2,000만원), 기타친족으로부터 증여받은 경우에는 1,000만원을 공제한다.

증여재산공제는 수증자를 기준으로 해당 증여 전 10년 이내에 공제받은 금액과 해당 증여가액에서 공제받을 금액의 합계액을 기준으로 하는 것이므로 10년간 공제액의 합계는 위 금액을 초과할 수 없다. 예를 들어 7년 전 자신(성년)의 직계존속인 할아버지로부터 5,000만원을 증여받고 5,000만원을 공제받았는데, 이번에 다시 아버지로부터 5,000만원을 증여받은 경우를 가정해보자. 직계존속으로부터 증여받았을 때 증여재산공제는 10년간 5,000만원인데 이 경우 증여재산공제는 순차적으로

☑ **직계존속**

외조부모와 외손자는 직계존비속에 해당해 증여재산공제액은 5,000만원이나, 시부모와 며느리는 기타친족에 해당되므로 증여재산공제액이 1,000만원이다.

☑ **재증여의 합산**

증여를 받은 후 같은 사람에게서 10년 이내에 다시 증여를 받은 경우에는 이전의 증여금액과 재증여받은 금액을 합산하여 증여세를 계산한다. 이때 합산은 수증자별로 하는 것이므로 증여자와 수증자(증여받은 사람)가 같은 사람일 때만 합산된다. 단, 증여자가 부모일 경우 부모는 같은 사람으로 본다.

☑ **미성년자**

만 19세 미만인 자를 말한다. 만 19세 미만인 자는 혼인을 했더라도 증여재산공제액 계산시 미성년자로 본다

☑ **기타친족**

배우자와 직계존비속 외의 친족을 말한다. 예를 들면 형제자매, 삼촌, 이모, 장인, 사위, 시부모, 며느리 등이 이에 해당한다.

Key Word_
재증여의 합산, 증여재산공제,
추정증여재산, 세대생략증여

거주자가 다음 각 호의 어느 하나에 해당하는 사람으로부터 증여를 받은 경우에는 다음 각호의 구분에 따른 금액을 증여세 과세가액에서 공제한다. 이 경우 수증자를 기준으로 그 증여를 받기 전 10년 이내에 공제받은 금액과 해당 증여가액에서 공제받을 금액을 합친 금액이 다음 각 호의 구분에 따른 금액을 초과하는 경우에는 그 초과하는 부분은 공제하지 아니한다.
1. 배우자로부터 증여를 받은 경우 : 6억원
2. 직계존속[수증자의 직계존속과 혼인(사실혼은 제외한다) 중인 배우자를 포함한다]으로부터 증여를 받은 경우 : 5천만원. 다만, 미성년자가 직계존속으로부터 증여를 받은 경우에는 2천만원으로 한다.
3. 직계비속(수증자와 혼인 중인 배우자의 직계비속을 포함한다)으로부터 증여를 받은 경우 : 5천만원
4. 제2호 및 제3호의 경우 외에 6촌 이내의 혈족, 4촌 이내의 인척으로부터 증여를 받은 경우 : 1천만원

상속세및증여세법 시행령 제46조 [증여재산공제의 방법 등]

① 법 제53조를 적용할 때 증여세 과세가액에서 공제할 금액의 계산은 다음 각호의 어느 하나의 방법에 의한다.
1. 2 이상의 증여가 그 증여시기를 달리하는 경우에는 2 이상의 증여 중 최초의 증여세 과세

적용하는 것이므로 이번에 아버지로부터 증여받은 5,000만원에 대해서는 증여재산공제를 받을 수 없다.

만약 이 증여가 할아버지와 아버지로부터 각각 5,000만원씩 동시에 이루어진 것이라면 증여재산공제액 5,000만원을 증여세 과세가액 비례로 나누어 각각의 증여재산에서 2,500만원씩을 공제하게 되므로 각각의 증여세 과세표준은 2,500만원이 된다. 그리고 두 경우 모두 수증자는 같아도 증여자가 다르므로 10년 내 재증여로 합산되지는 않는다.

이처럼 증여재산공제는 수증자를 기준으로 각 그룹(배우자·직계존비속·기타친족 등)별 증여자로부터 10년간 공제받을 수 있는 최대 한도금액을 나타내는 것이다.

3. 증여세 산출세액의 계산

과세표준에 세율을 곱하면 산출세액이 계산된다. 증여세율도 상속세율과 같다.

4. 증여세 납부세액의 계산

증여세 신고기한 이내에 신고한 경우 산출세액에서 공제(감면)세액을 차감한 금액의 3%를 공제(신고세액공제)하면 된다.

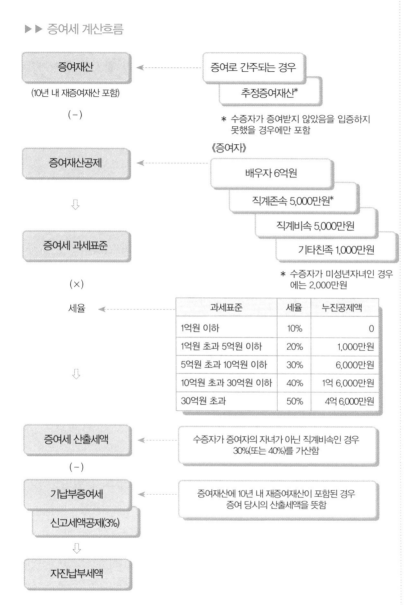

증여재산
(10년 내 재증여재산 포함)

(−)

증여재산공제

⇩

증여세 과세표준

(×)

세율

⇩

증여세 산출세액

(−)

기납부증여세

신고세액공제(3%)

⇩

자진납부세액

증여로 간주되는 경우

추정증여재산*

* 수증자가 증여받지 않았음을 입증하지 못했을 경우에만 포함

《증여자》

배우자 6억원

직계존속 5,000만원*

직계비속 5,000만원

기타친족 1,000만원

* 수증자가 미성년자녀인 경우에는 2,000만원

과세표준	세율	누진공제액
1억원 이하	10%	0
1억원 초과 5억원 이하	20%	1,000만원
5억원 초과 10억원 이하	30%	6,000만원
10억원 초과 30억원 이하	40%	1억 6,000만원
30억원 초과	50%	4억 6,000만원

수증자가 증여자의 자녀가 아닌 직계비속인 경우 30%(또는 40%)를 가산함

증여재산에 10년 내 재증여재산이 포함된 경우 증여 당시의 산출세액을 뜻함

가액에서부터 순차로 공제하는 방법

2. 2 이상의 증여가 동시에 있는 경우에는 각각의 증여세 과세가액에 대하여 안분하여 공제하는 방법

기본통칙 53-46…2 [직계존비속 판정기준]

① 직계존비속 여부는 민법 제768조의 규정에 의한 자기의 직계존속과 직계비속인 혈족을 말한다.
② 제1항의 규정을 적용함에 있어 다음 사항을 유의한다.
1. 출양한 자인 경우에는 양가 및 생가에 모두 해당한다.
2. 출가녀인 경우에는 친가에서는 직계존속과의 관계, 시가에서는 직계비속과의 관계에만 해당한다.
3. 외조부모와 외손자는 직계존비속에 해당한다.
4. 계모자 또는 적모서자관계는 직계존비속에 해당하지 아니한다.

상속세및증여세법 제57조 [직계비속에 대한 증여의 할증과세]

수증자가 증여자의 자녀가 아닌 직계비속인 경우에는 증여세산출세액에 100분의 30(수증자가 증여자의 자녀가 아닌 직계비속이면서 미성년자인 경우로서 증여재산가액이 20억원을 초과하는 경우에는 100분의 40)에 상당하는 금액을 가산한다. 다만, 증여자의 최근친인 직계비속이 사망하여 그 사망자의 최근친인 직계비속이 증여받은 경우에는 그러하지 아니하다.

증여세의 기본절세전략은 사전증여와 철저한 분산증여이다. 10년마다 재증여시에는 합산과세되므로 미리 철저한 증여계획을 세우고 이에 따라 증여를 차근차근 실행해 나가는 것이 바람직하다. 사전증여는 장기적으로는 상속설계와도 맞물리는 것이다. 사전증여를 통해 상속재산가액을 낮추는 것이 결국 상속세를 절세하는 지름길이기 때문이다.

특히 증여는 누구에게, 언제, 무엇을, 어떻게, 얼마나 증여하느냐에 따라 세금 차이가 많이 발생한다. 그만큼 철저한 사전계획이 필요하다는 뜻이다. 증여재산가액이 저평가되었을 때는 그 어느 때보다도 재산증여의 좋은 기회가 된다. 상속시기는 마음대로 정할 수 없는 데 반해, 증여는 증여자가 그 시기를 마음대로 정할 수 있다는 것이 가장 유리한 점이다.

또한 장래 가치상승이 예상되는 자산을 일찍, 서둘러 증여하는 전략과 한 번에 6억원까지 공제가 가능한 배우자에 대한 적극적인 재산증여를 통해 상속재산을 점진적으로 줄여나가는 것이 중요하다. 증여는 절대 한 번에 마무리하려고 해서는 안 된다.

경우에 따라서는 세대생략증여도 활용할 필요가 있다. 상속재산에 합산하는 증여재산의 경우 손자녀는 상속인이 아니므로 상속개시 5년 이내에 증여한 것만 합산한다. 따라서 피상속인이 고령이라서 증여 후 10년 이내에 상속개시(사망)가 염려된다면 30%의 세금을 더 내더라도 손자녀에 대한 증여를 통해 상속재산을 줄이는 것이 효과적이다.

▶▶ 증여세 절세의 기본전략

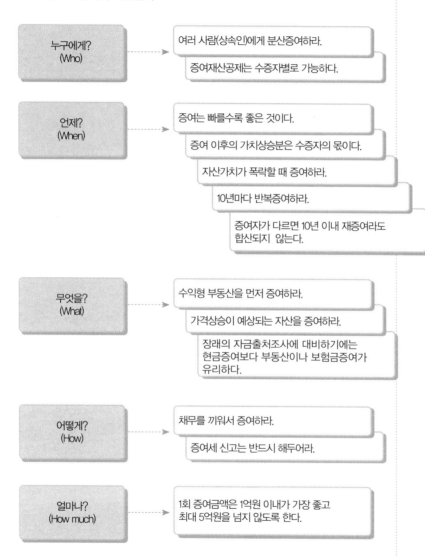

누구에게?
(Who)

여러 사람(상속인)에게 분산증여하라.

증여재산공제는 수증자별로 가능하다.

언제?
(When)

증여는 빠를수록 좋은 것이다.

증여 이후의 가치상승분은 수증자의 몫이다.

자산가치가 폭락할 때 증여하라.

10년마다 반복증여하라.

증여자가 다르면 10년 이내 재증여라도 합산되지 않는다.

무엇을?
(What)

수익형 부동산을 먼저 증여하라.

가격상승이 예상되는 자산을 증여하라.

장래의 자금출처조사에 대비하기에는 현금증여보다 부동산이나 보험금증여가 유리하다.

어떻게?
(How)

채무를 끼워서 증여하라.

증여세 신고는 반드시 해두어라.

얼마나?
(How much)

1회 증여금액은 1억원 이내가 가장 좋고 최대 5억원을 넘지 않도록 한다.

▶▶ 사전증여를 통한 상속세 절세전략

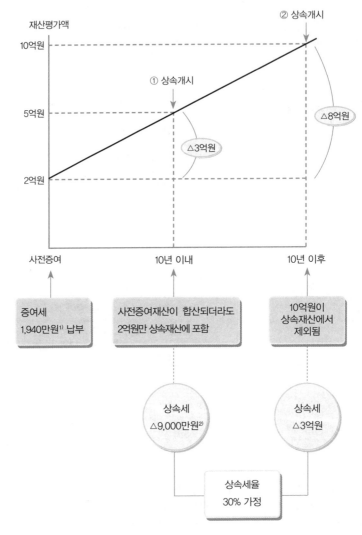

1) {(2억원 − 5,000만원) × 20% − 1,000만원} × 97%
2) △3억원 × 30%

자금출처조사에는 어떻게 대비해야 하나요

현명한 씨(59세)는 이번에 결혼하는 큰아들(32세)에게 집(취득가액 6억원)을 한 채 사주려고 한다. 큰아들은 3년 전 취직해서 현재 직장을 다니고 있는데 주위에서 "증여세 자금출처조사가 나올지 모르니 미리 대비해야 한다"는 말을 들었다. 자금출처조사는 무엇이며, 어떻게 대비해야 하는 것일까?

자금출처조사란 재산을 취득하거나 채무를 상환했을 때 그 자금을 다른 사람으로부터 증여받은 것으로 의심이 가는 경우(이를 증여추정이라고 한다) 국세청이 증여세를 과세하기 위해 재산취득 또는 채무상환자금의 출처를 물어보는 것을 말한다.

자금출처조사는 국세청이 정한 일정기준(증여추정 배제기준)에 해당하는 경우에 하게 되는데, 주로 부동산의 취득이나 채무상환, 사업의 신규개시(사업자등록) 등의 경우에 이루어진다. 그러나 국세청이 정한 일정기준 이상에 해당한다고 하더라도 취득자의 과거 소득자료나 재산처분상황 등에 비추어 증여사실이 의심가지 않는 경우에는 증여추정을 배제하므로 자금출처조

☑ 증여추정

증여는 아니지만 증여로 의심을 하는 것으로, 이에 대해 당사자의 소명을 요구하고 소명하지 못하는 경우에는 증여세가 과세된다. 자금출처조사도 재산취득자금 등에 대해 증여로 추정(의심)이 되기 때문에 이루어지는 것이다.

☑ 국세청이 정한 일정 기준

국세청에서 재산취득자의 연령에 따라 자금출처를 따져 묻는 기준 금액을 미리 정해 놓은 것을 말한다. 기준금액 이내의 취득시에는 증여로 추정하지 않으므로 자금 출처조사를 생략하고 기준금액을 초과하는 경우로서 증여 혐의가

있는 경우에만 자금출처를 묻는다.

상속세 및 증여세 사무처리규정(국세청훈령) 제38조[재산취득자금 등의 증여추정 배제기준]

① 재산취득일 전 또는 채무상환일 전 10년 이내에 주택과 기타재산의 취득가액 및 채무상환금액이 각각 아래 기준에 미달하고, 주택취득자금, 기타재산 취득자금 및 채무상환자금의 합계액이 총액한도 기준에 미달하는 경우에는 법 제45조제1항과 제2항을 적용하지 않는다.

〈증여추정배제기준〉

구분	취득재산		채무상환	총액한도
	주택	기타재산		
30세 미만	5천만원	5천만원	5천만원	1억원
30세 이상	1.5억원	5천만원	5천만원	2억원
40세 이상	3억원	1억원	5천만원	4억원

② 제1항과 관계없이 취득가액 또는 채무상환금액이 타인으로부터 증여받은 사실이 확인될 경우에는 증여세 과세대상이 된다.

☑ **소득금액**
사업자의 경우 수입금액(매출액)에서 필요경비를 차감한 것을 말한다. 필요경비가 많을수록 소득금액이 적어진다.

☑ **총급여**
근로자가 1년 동안 직장에서 받은 월급과 상여금 등을 모두 더한 수입금액을 말한다.

☑ **관련 세법**
상속세및증여세법 제45조[재산취득자금 등의 증여추정]

사를 생략한다. 반대로 일정기준에 미달하는 경우라 하더라도 증여받은 사실이 확인될 경우에는 증여세를 부과할 수 있다. 다만 이 경우 증여사실에 대한 입증책임은 국세청에 있다.

자금출처조사를 받았을 때 당사자가 해당되는 자금의 출처를 소명하지 못하면 취득자금 등을 모두 증여받은 것으로 보아 증여세가 과세된다. 즉, 국세청에서 증여받은 사실을 구체적으로 제시하지 못하더라도 당사자가 증여받지 않았음을 적극적으로 입증하지 못하면 증여세를 내야 하는 것이다.

따라서 자금출처조사를 받은 사람은 그 취득자금의 출처를 입증해야만 증여세 과세를 피할 수 있다. 이때 자금출처로 제시할 수 있는 것은 구체적으로 세법에 열거되어 있는데, 신고한 소득이나 신고한 상속·증여재산 및 재산처분대금, 그리고 금융기관의 채무나 전세(임대)보증금 등이 있다. 이를 좀 더 구체적으로 살펴보면 다음과 같다.

① 본인 소유재산의 처분대금 - 양도소득세액
② 이자·배당소득은 지급금액 - 원천징수세액
③ 기타소득은 지급금액 - 원천징수세액
④ 사업소득은 소득금액 - 소득세액
⑤ 급여소득은 총급여 - 원천징수세액
⑥ 퇴직소득은 퇴직금지급액 - 원천징수세액
⑦ 농지경작소득
⑧ 재산취득일 이전에 차용한 부채로서 입증된 금액
⑨ 재산취득일 이전에 자기재산의 대여로서 받은 전세금 및

보증금

⑩ 상기 이외의 경우로서 자금출처가 확인되는 금액

이때 취득한 재산가액 및 채무상환가액의 전액에 대해 자금출처를 소명해야 하는 것은 아니며, 취득가액의 80% 이상만 소명하면 된다. 단, 취득가액 및 채무상환가액이 10억원을 넘는 것은 2억원을 제외한 나머지 금액에 대해 소명이 필요하다. 예를 들어 취득한 재산가액이 5억원이라면 80%에 해당하는 4억원에 대해서만 자금출처를 소명하면 되지만, 취득한 재산가액이 15억원이라면 2억원을 제외한 나머지 13억원에 대해 자금출처를 소명해야 한다.

또한 취득자금을 미리 증여받아 그 돈으로 재산을 취득한 경우에는 이를 적용하지 않으므로 이런 경우에는 취득자금의 전액에 대해 미리 증여신고가 되어 있어야 한다.

재산취득자금 및 채무상환자금에 대한 증여추정 외에도 배우자나 직계존비속 간에 양도한 부동산도 일단 증여로 추정한다. 이는 배우자나 직계존비속 간의 부동산 양도거래는 증여거래임에도 불구하고 이를 양도로 위장한 것으로 의심한다는 뜻이다. 단, 재산취득자금 등에 대한 증여추정도 당사자가 그 자금출처를 입증하면 증여로 보지 않듯이 이 경우에도 실제 매매에 따른 계약서가 있고 소득이나 다른 재산처분대금 등이 있는 매수자가 실제 금융기관 거래를 통한 대금지급사실을 증명하는 경우에는 증여로 보지 않는다.

① 재산취득자(또는 채무자)의 직업, 연령, 소득 및 재산 상태 등으로 볼 때 재산을 자력으로 취득(또는 채무를 자력으로 상환(일부 상환을 포함))하였다고 인정하기 어려운 경우로서 대통령령으로 정하는 경우에는 그 재산을 취득(채무를 상환)한 때에 그 재산의 취득자금(상환자금)을 그 재산의 취득자(채무자)가 증여받은 것으로 추정하여 이를 그 재산취득자(채무자)의 증여재산가액으로 한다.

③ 취득자금 또는 상환자금이 직업, 연령, 소득, 재산 상태 등을 고려하여 대통령령으로 정하는 금액 이하인 경우와 취득자금 또는 상환자금의 출처에 관한 충분한 소명(疏明)이 있는 경우에는 제1항과 제2항을 적용하지 아니한다.

④ 금융실명거래 및 비밀보장에 관한 법률 제3조에 따라 실명이 확인된 계좌 또는 외국의 관계 법령에 따라 이와 유사한 방법으로 실명이 확인된 계좌에 보유하고 있는 재산은 명의자가 그 재산을 취득한 것으로 추정하여 제1항을 적용한다.

상속세및증여세법 시행령 제34조 [재산취득자금 등의 증여추정]

① 법 제45조제1항 및 제2항에서 '대통령령이 정하는 경우'란 다음 각호에 따라 입증된 금액의 합계액이 취득재산의 가액 또는 채무의 상환금액에 미달하는 경우를 말한다. 다만, 입증되지 아니하는 금액이 취득재산의 가액 또는 채무의 상환금액의 100분의 20에 상당하는 금액과 2억원 중 적은 금액에 미달하는 경우를 제외한다.

1. 신고하였거나 과세(비과세 또는 감면받은 경우를 포함한다.

이하 이 조에서 같다)받은 소득금액

2. 신고하였거나 과세받은 상속 또는 수증재산의 가액

3. 재산을 처분한 대가로 받은 금전이나 부채를 부담하고 받은 금전으로 당해 재산의 취득 또는 당해 채무의 상환에 직접 사용한 금액

② 법 제45조 제3항에서 '대통령령으로 정하는 금액'이란 재산취득일 전 또는 채무상환일 전 10년 이내에 해당 재산 취득자금 또는 해당 채무 상환자금의 합계액이 5천만원 이상으로서 연령·직업·재산상태·사회경제적 지위 등을 고려하여 국세청장이 정하는 금액을 말한다.

☑ 관련 세법
상속세및증여세법 제44조 [배우자 등에게 양도한 재산의 증여추정]

① 배우자 또는 직계존비속에게 양도한 재산은 양도자가 그 재산을 양도한 때에 그 재산의 가액을 배우자 등이 증여받은 것으로 추정하여 이를 배우자 등의 증여재산가액으로 한다.

③ 해당 재산이 다음 각 호의 어느 하나에 해당하는 경우에는 제1항과 제2항을 적용하지 아니한다.

1. 법원의 결정으로 경매절차에 따라 처분된 경우

2. 파산선고로 인하여 처분된 경우

3. 국세징수법에 따라 공매된 경우

4. 자본시장과 금융투자업에 관한 법률 제8조의2제4항제1호에 따른 증권시장을 통하여 유가증권이 처분된 경우. 다만, 불특정 다수인 간의 거래에 의하여 처분된 것으로 볼 수 없는 경우로서 대통령령으로 정하는 경우는 제외한다.

5. 배우자 등에게 대가를 받고 양

그러므로 세법상 증여추정에 해당하는 경우에는 미리 이에 필요한 자금출처를 확보해서 준비해두는 것이 안전하다. 잘못하면 엉뚱하게 증여세를 부과당할 수 있기 때문이다.

현 씨의 큰아들이 취득할 집은 6억원짜리로, 큰아들의 나이에 비추어 국세청의 자금출처조사 대상에 해당한다. 따라서 6억원의 80%인 4억 8,000만원에 대한 자금출처가 확보돼야 증여세 과세를 피할 수 있다. 지난 3년간 소득은 직장에서 받은 급여총액 9,000만원(근로소득세 원천징수액 제외)이 전부다.

이런 경우에는 설령 부모로부터 현금증여를 받아 자금여력이 있다고 하더라도 취득한 집을 담보로 은행에서 대출을 받아두는 것이 좋다. 금융기관 채무는 자금출처로 인정받을 수 있기 때문이다. 따라서 나머지 3억 9,000만원을 대출받으면 되는데, 반드시 재산취득일(잔금일을 뜻함) 전에 대출이 실행돼야 재산취득자금으로 인정받을 수 있다. 전세보증금을 안고 살 경우에는 그만큼 대출금액이 줄어들 수도 있다.

만약 취득자금 6억원 중 4억원에 대해서만 자금출처를 입증했을 경우에는 소명하지 못한 나머지 2억원을 모두 증여받은 것으로 보므로 이에 대해 증여세 2,000만원이 부과된다.

▶▶ 자금출처조사에 따른 증여세 과세흐름

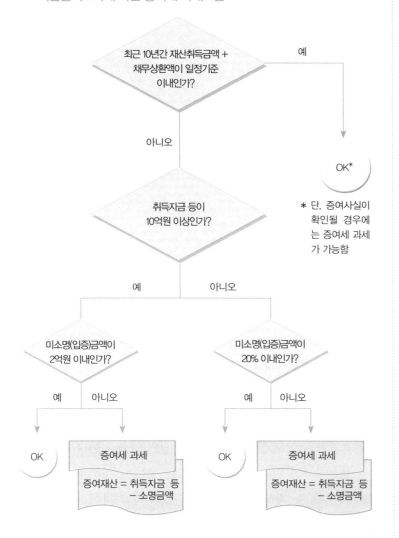

도한 사실이 명백히 인정되는 경우로서 대통령령으로 정하는 경우

상속세및증여세법 시행령 제33조 [배우자 등에게 양도한 재산의 증여추정]

③ 법 제44조제3항제5호에서 '대통령령이 정하는 경우'란 다음 각호의 1에 해당하는 경우를 말한다.

1. 권리의 이전이나 행사에 등기 또는 등록을 요하는 재산을 서로 교환한 경우

2. 당해 재산의 취득을 위하여 이미 과세(비과세 또는 감면받은 경우를 포함한다) 받았거나 신고한 소득금액 또는 상속 및 수증재산의 가액으로 그 대가를 지급한 사실이 입증되는 경우

3. 당해 재산의 취득을 위하여 소유재산을 처분한 금액으로 그 대가를 지급한 사실이 입증되는 경우

☑ 관련 예규판례

재산취득일 전에 차용한 부채의 범위

부모 등으로부터 자금을 일시차용하고 변제한 경우 직계존비속과 배우자 간의 소비대차(자금차입는 원칙적으로 인정되지 아니하나 형제간의 거래는 이에 해당되지 아니한다. 또한 능력 없는 자녀가 부동산을 취득하면서 자금의 일부를 부모로부터 빌렸다는 증빙을 제시하면 이는 인정되지 아니하지만 자금을 차입할 객관적 상황(예를 들면 사업을 하는 자녀 등)이 있고 실제 차입하고 변제한 사실이 금융거래, 이자지급사실, 담보제공, 자금거래내용, 법무사의 확정일자인이 찍힌 차용증 등 객관적 증빙서류에 의하여 입증되는 경우에는 인정받을 수 있다(국세청 서면1팀-681, 2006.3.23).

배우자에게 증여할 때 유의할 점은 무엇인가요

사업을 하는 왕창주 씨(75세)는 최근 자신의 건강이 부쩍 나빠지자 지금부터라도 자신의 재산상속에 대비해 재산의 일부를 배우자 명의로 변경해 놓으려 한다. 현재 모든 재산(70억원)이 자신의 명의로 돼 있어 나중에 상속세가 큰 부담이 될 것으로 예상되기 때문이다. 배우자에게 재산을 증여할 때는 어떤 점에 유의해야 할까?

현재의 재산규모를 놓고 계산해도 왕 씨의 상속재산에 대한 상속세(상속인은 배우자와 두 자녀임)는 약 11억원으로 추정된다. 향후 배우자상속분에 대한 자녀들의 상속세 7억원을 포함한 상속세 총액은 18억원에 이른다. 앞으로 늘어날 재산가치를 감안하면 실제 상속세는 이보다 훨씬 많을 것이다.

상속대책의 일환으로 이루어지는 증여는 대부분 상속인(배우자와 자녀)을 대상으로 하게 된다. 그런데 자녀에 대한 증여재산공제는 5,000만원(성년자녀)과 2,000만원(미성년자녀)에 불과해 거의 대부분 증여세를 낼 수밖에 없다.

하지만 배우자에 대한 증여재산공제는 6억원이나 되기 때문에 비교적 증여세 부담없이 재산이전이 가능하다. 그러나 배우자에 대한 증여는 매우 신중하게 접근해야 한다. 잘못하면 오히려 더 많은 세금을 낼 수도 있기 때문이다.

일반적으로 상속재산이 그리 많지 않은 경우(20억원 내외인 경우)에는 배우자에 대한 증여를 통해 상속세를 아예 안 내거나 줄일 수 있다. 예를 들어 상속재산이 20억원이라면 미리 절반인 10억원을 배우자에게 증여하면 상속세를 내지 않아도 된다.

그러나 상속재산이 많은 경우에는 배우자에게 사전증여를 하면 상속재산이 줄어드는 대신 배우자상속공제금액도 같이 줄어들기 때문에 상속세 과세표준이 높아지는 문제가 발생한다는 점을 염두에 두어야 한다. 즉, 피상속인(남편)의 상속세만을 놓고 보면 사전증여에 따라 과세표준이 줄어들어 상속세가 줄어들지만 배우자가 미리 증여받은 재산과 상속재산이 훗날 자녀들에게 상속될 때는 배우자상속공제금액이 없기 때문에 상속세가 매우 많아진다는 점을 감안해야 한다. 여기에 사전증여에 따른 증여세 부담액까지 합산하면 그냥 상속하는 경우보다 더 많은 세금을 내게 될 수도 있다.

왕 씨의 경우 10년마다 2회에 걸쳐 배우자에게 각각 15억원을 증여했다고 가정하면 각각에 대한 증여세 과세표준은 9억원이고 증여세는 2억 370만원{(9억원 × 30% − 6,000만원) × 97%}이 된다. 따라서 모두 4억 740만원의 증여세를 내게 되는데, 그대신 이로 인해 상속재산은 40억원으로 줄어든다.

그러나 왕 씨의 상속재산 40억원에 대한 상속공제액은 24

☑ 관련 세법

상속세및증여세법 제19조
[배우자상속공제]

① 거주자의 사망으로 상속이 개시되어 배우자가 실제 상속받은 금액의 경우 다음 각 호의 금액 중 작은 금액을 한도로 상속세 과세가액에서 공제한다.

1. 다음 계산식에 따라 계산한 한도금액

　[한도금액 = (A−B+C)×D−E]

　A : 대통령령으로 정하는 상속재산의 가액

　B : 상속재산 중 상속인이 아닌 수유자가 유증 등을 받은 재산의 가액

　C : 제13조제1항제1호에 따른 재산가액

　D : 민법 제1009조에 따른 배우자의 법정상속분(공동상속인 중 상속을 포기한 사람이 있는 경우에는 그 사람이 포기하지 아니한 경우의 배우자 법정상속분을 말한다)

　E : 제13조에 따라 상속재산에 가산한 증여재산 중 배우자가 사전증여받은 재산에 대한 제55조제1항에 따른 증여세 과세표준

2. 30억원

④ 제1항의 경우에 배우자가 실제 상속받은 금액이 없거나 상속받은 금액이 5억원 미만이면 제2항에도 불구하고 5억원을 공제한다.

억원(배우자상속공제 17억원＋일괄공제 5억원＋금융재산상속공제 2억원)에 그쳐 상속세 과세표준은 16억원이 되고 이에 대한 상속세 납부세액은 4억 6,000만원이 된다. 여기에 배우자 사망시 자녀들이 부담할 상속세(미리 증여받은 재산 30억원과 상속받은 재산 17억원의 합계인 47억원에 대한 상속세) 14억 9,000만원을 더하면 배우자의 증여세를 포함한 총부담세액은 23억 6,000만원에 달해 배우자증여 없이 현 상태에서 상속할 경우의 18억원보다 오히려 더 많은 세금을 내는 결과가 발생한다.

이 경우 증여세를 내지 않는 수준에서 10년마다 2회에 걸쳐 각각 6억원씩을 증여한다 하더라도 세금 총액은 18억 5,000만원으로서 절세효과는 그다지 크게 나타나지 않는다. 따라서 배우자에 대한 증여는 그 득실을 철저히 따져보고 실행하는 것이 좋으며, 가급적 자녀에 대한 증여를 통해 상속재산을 줄이는 것이 절세차원에는 가장 바람직하다.

한편 왕 씨의 경우처럼 나이가 많아 증여시점부터 10년 이내에 상속이 개시될 것으로 예상되는 경우에는 배우자에 대한 증여가 오히려 불리한 결과를 초래한다. 그 이유는 상속개시 전 10년 이내에 배우자에게 증여한 재산은 상속재산에 다시 합산되는 데다, 배우자상속공제액을 계산할 때 사전증여분에 대한 과세표준(증여재산에서 배우자에 대한 증여재산공제 6억원을 차감한 것)을 차감하기 때문이다.

왕 씨의 경우 지금 30억원을 배우자에게 증여하고 8년 뒤인 83세에 사망한다면 상속개시 10년 이내에 증여한 재산의 합산

▶▶ 배우자에 대한 사전증여는 신중히 고려해야 한다

상속재산 70억원, 상속인은 배우자와 두 자녀임 (단위 : 억원)

항목		현 상태에서 상속	배우자에게 증여 후 상속		
			10년 이전에 30억원 사전증여시	10년 이전에 12억원 사전증여시	10년 이내에 30억원 사전증여시
왕 씨 사망시	상속재산(과세가액)	70	40	58	70
	배우자상속공제	30	17	25	6[1]
	일괄공제	5	5	5	5
	금융재산상속공제	2	2	2	2
	과세표준	33	16	26	57
	산출세액	11.9	4.8	8.8	23.9
	납부세액	11.5	4.6	8.5	23.2
배우자 사망시	상속재산(과세가액)	30	47	37	36
	배우자상속공제	–	–	–	–
	일괄공제	5	5	5	5
	금융재산상속공제	2	2	2	2
	과세표준	23	40	30	29
	산출세액	7.6	15.4	10.4	10
	납부세액	7.4	14.9	10.0	9.7
상속세 및 증여세 총액		18.9	23.6[2]	18.5	37.0[2]

1) $6억원 = \left\{ (40억원 + 30억원) \times \dfrac{3.5}{1.5} \right\} - (30억원 - 6억원)$

　배우자상속공제(한도)
　= (상속재산 + 10년 이내 상속인에게 증여한 재산 − 공과금 · 채무) × 배우자 법정지분
　 − 배우자에 대한 사전증여재산에 대한 증여세 과세표준
2) 배우자의 증여세 4.1억원 포함
　 $4.1억원 = \{((15억원 - 6억원) \times 30\% - 6,000만원) \times 97\%\} \times 2회$

☑ 상속 · 증여세 세율

과세표준의 크기에 따라 최저 10%에서 최고 50%가 적용되는 초과누진세율이다.

과세표준	세율	누진공제액
1억원 이하	10%	0
1억원 초과 5억원 이하	20%	1,000만원
5억원 초과 10억원 이하	30%	6,000만원
10억원 초과 30억원 이하	40%	1억 6,000만원
30억원 초과	50%	4억 6,000만원

＊ 과세표준이 20억원일 경우 산출세액
　(20억원×40%) − 1억 6,000만원
　= 6억 4,000만원

규정에 따라 상속재산은 70억원으로 평가되면서 배우자상속공제는 6억원(70억원 × 1.5/3.5 – 사전증여재산에 대한 과세표준 24억원)으로 줄어든다. 사전에 증여하지 않고 곧바로 상속을 했을 때보다 배우자상속공제금액이 24억원이나 줄어든 셈이다. 상속세 최고세율 50%를 적용할 경우 24억원에 대한 추가세금 부담액은 11억 6,400만원(신고세액공제 차감 후)에 이른다.

이에 따라 상속세 과세표준은 57억원, 납부세액은 23억 2,000만원으로 늘어나게 된다. 결국 현 상태에서 상속하는 것보다 상속세가 무려 2배나 증가하는 셈이다. 따라서 배우자에 대한 재산증여는 상속설계차원에서 별로 바람직하지 않으며, 남편이 아내에게 굳이 재산을 증여하려면 증여 후 10년 이상은 더 살 수 있어야 절세효과를 볼 수 있기 때문에 일찌감치 하지 않으면 안 된다. 즉, 배우자에 대한 재산증여는 반드시 상속개시 전 10년 이전에 모두 마무리돼야 한다는 뜻이다.

만약 고령이거나 건강이 좋지 않아 충분한 시간적 여유가 없다면 배우자에게는 증여재산공제액인 6억원까지만 증여하는 게 좋다. 이렇게 하면 설령 10년 이내에 상속이 개시되더라도 사전증여재산에 대한 증여세 과세표준이 없었기 때문에 배우자상속공제를 다 받을 수 있는 데다, 증여재산이 가격상승이 예상되는 부동산이라면 증여시점부터 상속개시시점까지의 가격 상승분에 대해서는 절세가 가능하기 때문이다.

▶▶ 배우자에 대한 증여는 시기가 중요하다

상속재산 35억원, 상속인은 배우자와 두 자녀임   (단위 : 억원)

항목	사전증여재산가액(10억원)	
	10년 이전에 증여	10년 이내에 증여
상속재산(과세가액)	25	35
배우자상속공제	10.7	11*
일괄공제	5	5
금융재산상속공제	2	2
과세표준	7.3	17
산출세액	1.6	5.2

* {(상속재산 + 10년 이내 증여재산) × 배우자 법정지분} − 배우자에 대한 사전증여재산
에 대한 과세표준

$$= \left\{ (25억원 + 10억원) \times \frac{3.5}{1.5} \right\} - (10억원 - 6억원)$$

자녀에게 증여할 때 유의할 점은 무엇인가요

36

인터넷에서 '자녀에 대한 증여가 유행'이라는 기사를 본 조금만 씨(37세)는 자신도 적은 돈이나마 자녀에게 미리 증여를 해볼까 생각 중이다. 자녀에게 증여할 때는 어떤 점에 신경써야 할까?

☑ 관련 법률

과세자료의제출및관리에 관한법률 제6조 [금융거래 에 관한 과세자료의 제출]

① 국세청장은 명백한 조세탈루혐의를 확인하기 위하여 필요한 경우로서 금융거래 관련 정보나 자료에 의하지 아니하고는 조세탈루 사실을 확인할 수 없다고 인정되면 다른 법률의 규정에도 불구하고 금융실명거래및비밀보장에관한법률 제2조제1호에 따른 금융회사 등의 장에게 조세탈루의 혐의가 있다고 인정되는 자(법인을 포함한다)의 금융거래정보의 제출을 요구할 수 있다. 이 경우 그 목적에 필요한 최소한의 범위에서 금

자녀에 대한 증여는 배우자에 대한 증여에 비해 증여재산 공제액이 매우 적기 때문에 사전증여에 따른 증여세 절세효과가 그리 크지 않다. 그러나 재산이전의 최종 종착지는 배우자가 아니라 자녀 등 직계비속이므로 상속설계차원에서는 어느 정도의 증여세를 감수하고서라도 자녀에 대한 증여가 불가피하다.

대체로 부유층의 자녀에 대한 증여는 사전상속이 목적이므로 증여재산공제액을 초과하는 수준에서 이루어진다. 자녀에 대한 증여는 증여세를 내더라도 나중에 내게 될 상속세에 비하면 훨씬 유리하기 때문이다. 그렇다고 하더라도 30%를 초과하는 세율 적용구간(과세표준 5억원 초과분)의 증여는 절세 목적상

바람직하지 않다. 이에 반해 중산층의 경우는 자녀에 대한 경제적 지원이 목적이므로 대개 증여재산공제액 범위 내에서 10년마다 주기적으로 이루어진다.

증여받는 자녀가 재산취득을 입증할만큼 충분한 소득이 있다면 현금성자산의 증여를 통해 본인 스스로 재산을 취득하도록 하는 것이 가장 무난한 방법이다. 국세청이 현금성자산의 증여 사실을 찾아내서 과세하는 것은 사실상 불가능하기 때문이다.

그러나 거액의 재산을 처분하거나 부동산 등의 수용으로 거액의 보상금을 받은 사람들은 현금증여 가능성이 매우 높기 때문에 증여 여부를 파악하기 위해 일정기간 재산의 변동상황을 사후관리하고 있다. 뿐만 아니라 배우자나 직계존비속의 재산 변동상황도 함께 사후관리하기 때문에 이때는 현금성자산을 섣불리 증여해서는 안 된다. 아울러 처분대금 및 보상금 등의 사용처에 대한 증빙을 더욱 철저히 챙겨두어야 한다.

국세청에서는 과세자료의제출및관리에관한법률에 의해 다양한 과세자료를 수집해 전산입력하고 개인별로 관리하고 있으며, 세법상 납세자별 재산과세자료의 수집·관리대상에는 고령인 사람이 일정금액 이상의 재산을 처분했거나 재산이 수용돼 보상금을 받은 경우도 포함돼 있다.

사후관리 결과 특별한 사유없이 재산이 감소한 경우에는 재산처분대금의 사용처를 소명하라는 안내문이 나오며, 보상금을 받고 난 후 배우자나 직계존비속 등이 재산을 취득한 사실이 확인되면 취득자금의 출처를 소명하라는 안내문이 나온다. 안

융거래정보의 제출을 요구하여야 한다.
② 제1항에 따라 금융거래정보의 제출을 요구받은 금융회사 등의 장은 지체없이 그 요구받은 자료를 국세청장에게 제출하여야 한다.

☑ 관련 세법
상속세및증여세법 제85조 [납세자별 재산과세자료의 수집·관리]
① 국세청장은 재산규모·소득수준 등을 고려하여 대통령령으로 정하는 자에 대해서는 상속세 또는 증여세의 부과·징수업무를 효율적으로 수행하기 위하여 세법에 따른 납세자 등이 제출하는 과세자료나 과세 또는 징수의 목적으로 수집한 부동산·금융재산 등의 재산자료를 그 목적에 사용할 수 있도록 납세자별로 매년 전산조직에 의하여 관리하여야 한다.

상속세및증여세법 시행규칙 제23조 [인별 재산과세자료의 수집·관리대상]
① 영 제87조제1항제5호에서 '기획재정부령이 정하는 자'라 함은 다음 각호의 1에 해당하는 자를 말한다.
1. 고액의 배우자 상속공제를 받거나 증여에 의하여 일정금액 이상의 재산을 취득한 자
2. 일정금액 이상의 재산을 상속받은 상속인
3. 삭제
4. 일정금액 이상의 재산을 처분하거나 재산이 수용된 자로서 일정연령 이상인 자
5. 기타 상속세 또는 증여세를 포탈할 우려가 있다고 인정되는 자

Key Word_
현금증여,
과세자료의제출및관리에 관한법률

내문은 재산을 처분하거나 보상금을 받은 후 바로 나오는 것이 아니고 통상 2~3년이 지난 후 나오므로 이 기간 중 처분대금을 사용하는 경우 사용처에 대한 증빙을 갖춰 놓는 것이 안전하다.

만약 재산처분대금의 사용처와 취득자금의 출처에 대한 소명요구에 대해 명확히 소명하지 못하면 재산을 처분한 자가 재산을 취득한 자에게 증여한 것으로 보아 증여세를 과세한다.

특히 고령자가 거액의 보상금을 받은 경우 자녀들이 그 돈을 받아 부동산을 취득했다가 거액의 증여세를 추징당하는 경우가 종종 있으므로 취득자금출처에 대한 입증서류를 더욱 더 철저히 갖춰 놓을 필요가 있다.

한편 재산증여를 필요로 하는 자녀의 경우 대부분 충분한 소득원이 없는 경우가 많다. 소득이 전혀 없는 자녀의 경우라면 현금보다는 부동산증여가 유리하다. 부동산가액은 평가과정에서 실제 시세보다 낮게 평가되기 때문이다. 물론 부모가 부동산을 새로 취득해서 증여하면 취득가액으로 평가되므로 이런 효과를 기대하기 어렵다. 게다가 취득세 등을 이중으로 납부하게 되므로 오히려 더 불리하다.

이렇게 소득이 없는 자녀에게 부동산을 증여할 때는 증여재산에 현금이나 예금(증여세와 취득 관련 부대비용 상당액)도 같이 포함시켜 신고해야 한다. 소득이 없는 자녀가 부동산만을 증여받고 증여세 등 관련 세금과 취득에 소요된 부대비용을 납부했다면 이것도 증여받은 것으로 보기 때문이다. 예를 들어 성년인 자녀가 3억원의 부동산(국민주택규모 미만의 주택으로서 조정지역은 아니라고 가정함)을 증여받는다면 필요한 현금(예금)증여액은 6,228만원(증여세 5,088만원 + 취득세 등 1,140만원)으로 계산된다.

그러나 수증자가 해외에 있는 자녀로서 비거주자라면 증여재산공제를 받지 못하는 대신, 증여받은 재산이 국내에 소재하거나 해외금융재산인 경우에만 증여세를 납부할 의무가 있다. 따라서 증여재산이 국외에 소재하는 비금융재산일 경우에는 증여세를 증여자인 부모가 대신 납부하게 된다.

특히 자녀에 대한 증여는 증여재산공제가 적기 때문에 주기적으로 반복증여하는 경우가 있는데, 이런 경우에는 가급적 재증여의 합산에 해당하지 않도록 주의해야 한다.

☑ 관련 세법

기본통칙 47-0…4 [부대비용의 증여세 과세가액 산입]

증여재산을 취득하는데 소요된 부대비용을 증여자가 부담하는 경우에는 그 부대비용을 증여가액에 포함한다.

▶▶ 부동산 증여시 필요한 현금증여액

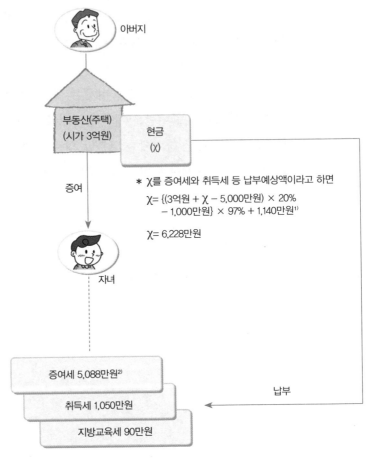

아버지

부동산(주택)
(시가 3억원)

현금
(χ)

증여

* χ를 증여세와 취득세 등 납부예상액이라고 하면
χ= {(3억원 + χ − 5,000만원) × 20%
   − 1,000만원} × 97% + 1,140만원[1]

χ= 6,228만원

자녀

증여세 5,088만원[2]

취득세 1,050만원

지방교육세 90만원

납부

1) 3억원 × 3.8%(취득세 3.5%, 지방교육세 0.3%)
2) {(3억 6,228만원 − 5,000만원) × 20% − 1,000만원} × 97%

보험과 펀드를 이용한 완전증여와 불완전증여란 무엇인가요

■ ■ ■ ■ ■ ■ ■   ■ ■ ■

조금만 씨(37세)는 친구들로부터 자녀에게 증여 목적으로 저축성보험과 펀드를 들어줬다는 말을 듣고는 자신도 자녀를 위한 보험과 펀드에 가입하려고 한다. 그런데 소득이 없는 자녀 명의로 보험과 펀드에 가입하고 난 후 이를 신고하는 게 좋을지, 아니면 신고하지 않는 게 좋을지 판단이 잘 서지 않는다. 어떻게 하는 것이 좋을까?

소득이 없는 자녀를 수익자로 하는 보험은 명백하게 증여에 해당한다. 세법상으로 보험료납부자와 보험금수령인(수익자)이 다른 보험은 사고나 만기시에 수익자가 수령하는 보험금을 증여재산으로 보기 때문이다. 이 경우 증여세가 과세되는 시점은 소득이 없는 자녀를 위해 보험료를 대신 내준 보험료 납부시점이 아니라 수익자인 자녀가 보험금을 수령하는 시점이다.

따라서 증여재산가액도 대납보험료가 아니라 보험사고(만기를 포함) 발생시 자녀가 수령한 보험금상당액이 된다. 즉, 세법에서는 보험료증여에 대해 세금을 물리는 것이 아니라 보험금증여에 대해 세금을 물리는 것이다.

이때 증여세를 피하기 위해 처음부터 계약자와 수익자를 모두 자녀로 정한다거나 또는 만기 전에 계약자를 자녀로 변경하는 것은 사실상 별 의미가 없다. 세법에서는 증여 여부를 판단할 때 계약자를 기준으로 보는 것이 아니라 실제 보험료납부자를 기준으로 보기 때문이다. 아무리 계약자를 수익자와 같은 사람(자녀)으로 일치시켰다 하더라도 계약자가 소득이 없어 실제로 부모가 보험료를 납부했다면 증여에 해당하기는 마찬가지이며, 계약자 명의변경도 지급명세서에 모두 기재돼 증여세 과세자료로 활용된다.

더러는 만기 전에 계약자인 자녀가 이미 납부된 보험료를 인출하는 방법으로 부모가 납부한 보험료를 증여받는 경우가 있는데, 중도인출은 엄밀히 말하면 보험금지급에 해당하지는 않지만 보험금지급명세서에 포함하여 작성·제출하도록 되어 있다. 이 경우 설령 계약자 명의변경과 보험료 인출에 대해 증여세 과세를 피했다고 하더라도 이는 사실상 완전한 증여로 보기 어렵다.

자녀에 대한 증여의 주목적은 재산의 사전상속이지만 향후 자녀가 취득할 재산과 상환할 채무의 자금출처를 마련해주기 위한 부수적인 목적도 있다. 특히 이런 목적의 증여라면 증여를 받고 나서 반드시 증여사실을 국세청에 스스로 신고하는 것이 바람직하다.

왜냐하면 국세청에서는 아무리 자녀 명의의 자산이 있다 하더라도 증여신고가 돼 있지 않았다면 이를 자녀의 것으로 인정

▶▶ 완전증여와 불완전증여

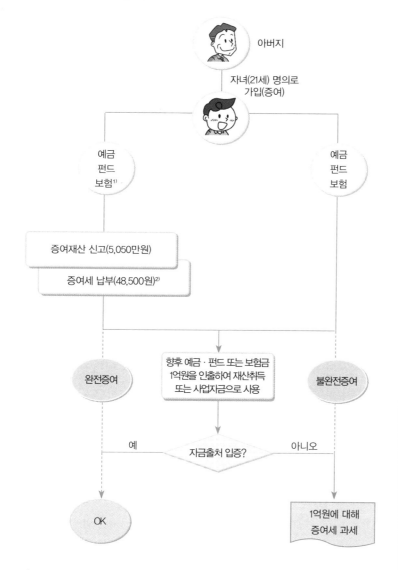

아버지

자녀(21세) 명의로
가입(증여)

예금
펀드
보험[1]

예금
펀드
보험

증여재산 신고(5,050만원)

증여세 납부(48,500원)[2]

완전증여

향후 예금·펀드 또는 보험금
1억원을 인출하여 재산취득
또는 사업자금으로 사용

불완전증여

예

자금출처 입증?

아니오

OK

1억원에 대해
증여세 과세

1) 보험의 경우는 가입 전에 증여신고를 먼저 해야 함
2) {(5,050만원 − 5,000만원) × 10%} × 97%

☑ 관련 세법
상속세및증여세법 제68조
[증여세 과세표준신고]

① 제4조의2에 따라 증여세 납부의무가 있는 자는 증여받은 날이 속하는 달의 말일부터 3개월 이내에 제47조와 제55조 제1항에 따른 증여세의 과세가액 및 과세표준을 대통령령으로 정하는 바에 따라 납세지 관할 세무서장에게 신고하여야 한다. 다만, 제41조의3과 제41조의5에 따른 비상장주식의 상장 또는 법인의 합병 등에 따른 증여세 과세표준 정산신고기한은 정산기준일이 속하는 달의 말일부터 3개월이 되는 날로 하며, 제45조의3 및 제45조의5에 따른 증여세 과세표준 신고기한은 수혜법인 또는 특정법인의 법인세법 제60조제1항에 따른 과세표준의 신고기한이 속하는 달의 말일부터 3개월이 되는 날로 한다.
② 제1항에 따른 신고를 할 때에는 그 신고서에 증여세 과세표준의 계산에 필요한 증여재산의 종류, 수량, 평가가액 및 각종 공제 등을 증명할 수 있는 서류 등 대통령령으로 정하는 것을 첨부하여야 한다.

하지 않고 자금출처조사시 자금원천으로도 인정하지 않기 때문이다. 완전한 증여가 되려면 누구에게라도 떳떳이 자녀의 것이라고 주장할 수 있는 상태가 돼야 한다. 이런 이유 때문에 증여는 무조건 감추는 것만이 능사가 아니라 필요할 경우에는 과감하게 증여신고를 통해 그 사실을 드러낼 필요가 있다.

증여신고를 반드시 해두는 것이 필요한 경우란 훗날 발생할지도 모르는 자녀 명의의 재산취득과 채무상환자금의 소명자료를 미리 확보해둘 필요가 있는 경우를 말한다. 그렇지 않고 단지 자녀의 유학비나 교육비, 생활비, 자동차 구입 등 소비성지출에 사용하기 위해 자녀에게 증여하는 경우라면 굳이 증여신고를 해 둘 필요는 없을 것이다.

자녀 명의의 펀드 가입시 증여신고방법은 증여세 신고서에 증여금액이 입금된 통장 사본 또는 증권계좌번호 및 잔고증명서 사본과 증여자와 수증자의 관계를 확인할 수 있는 주민등록등본을 첨부하여 증여일이 속한 달의 말일부터 3월 이내에 수증자의 주소지 관할 세무서에 직접 또는 우편으로 접수하면 된다.

신고서 서식은 국세청 홈페이지에서 다운받으면 된다. 단, 증여세는 증여세 과세표준이 최소 50만원을 초과해야 부과되므로 증여세 부과에 따른 결정통지를 받으려면 증여재산을 2,050만원(성년자녀는 5,050만원)으로 하는 것이 좋다. 만약 자녀에 대한 증여재산공제액인 2,000만원과 5,000만원을 증여한 경우라면 신고접수증과 신고서 사본을 반드시 가지고 있어야 확실하다.

[별지 제10호서식]   (앞쪽)

증여세과세표준신고 및 자진납부계산서
(기본세율 적용 증여재산 신고용)

①관리번호	−

수증자	②성 명	조만길	③주민등록번호	890730-1028***	전자우편주소	JKJ@xxx.com
	④주 소	경기 성남시 분당구 ○○동 ○○○아파트 605-1102 (Tel 031-743-xxxx)			⑤증여자와의 관계	자
증여자	⑥성 명	조금만	⑦주민등록번호		730325-1067***	
	⑧주 소	경기 성남시 분당구 ○○동 ○○○아파트 605-1102			(☎ 031-743-xxxx)	

증 여 재 산

⑨증여일	⑩종 류	⑪ 소 재 지 국외재산국가명	⑫수량 (면적)	⑬단 가	⑭금 액
20XX. 4. 15	예금				50,500,000
계	예금				50,500,000

구 분	금 액	구 분	금 액
⑮증 여 재 산 가 액	50,500,000	㉝문화재 등 징수유예세액	
⑯증여재산가산액 (「상속세 및 증여세법」 제47조제2항)		㉞세액공제 합계	1,500
⑰비 과 세 재 산 가 액		㉟기납부세액 (「상속세 및 증여세법」 제58조)	
⑱공익법인 출연재산가액 (「상속세 및 증여세법」 제48조)		㊱외국납부세액공제 (「상속세 및 증여세법」 제59조)	
⑲공익신탁 재산가액 (「상속세 및 증여세법」 제52조)		㊲신고세액공제 (「상속세 및 증여세법」 제69조)	1,500
⑳장애인 신탁 재산가액 (「상속세 및 증여세법」 제52조의2)		㊳그 밖의 공제·감면세액	
㉑채 무 액		㊴신고불성실가산세	
㉒증 여 세 과 세 가 액 (⑮+⑯-⑰-⑱-⑲-⑳-㉑)	50,500,000	㊵납부불성실가산세	
㉓배 우 자		㊶차가감자진납부할세액 (㉜-㉝-㉞+㊴+㊵)	48,500
㉔직계존비속	50,000,000	납부방법	납부 및 신청일자
㉕그 밖의 친족		㊷연부연납	
㉖재해손실공제(「상속세 및 증여세법」 제54조)		㊸물 납	
㉗감 정 평 가 수 수 료		현 ㊹분 납	
㉘과세표준(㉒-㉓-㉔-㉕-㉖-㉗)	500,000	금 ㊺신고납부	20XX. 7. 31.	48,500
㉙세 율	10%		
㉚산 출 세 액	50,000		
㉛세대생략가산액(「상속세 및 증여세법」 제57조)			
㉜산 출 세 액 계(㉚+㉛)	50,000		

「상속세 및 증여세법」 제68조 및 같은 법 시행령 제65조제1항에 따라 증여세 과세표준신고 및 자진납부계산서를 제출합니다.

20XX 년 7 월 31 일

세무대리인   (서명 또는 인)   신 고 인 조만길   (서명 또는 인)
                              (관리번호 :   ☎   )
성남 세무서장 귀하

구비서류	신고인 제출서류	담당 공무원 확인사항 (담당 공무원의 확인에 동의하지 아니하는 경우 신고인이 직접 제출하여야 하는 서류)
	1. 증여재산 및 평가명세서(부표) 1부 2. 채무사실 등 그 밖의 입증서류 1부	증여자 및 수증자 관계를 알 수 있는 가족관계등록부(1부)

본인은 이 건 업무처리와 관련하여 「전자정부법」 제21조제1항에 따른 행정정보의 공동이용을 통하여 담당 공무원이 위의 담당 공무원 확인사항을 확인하는 것에 동의합니다.
신고인 조만길   (서명 또는 인)

이렇게 증여신고를 해둔 경우 이후에 발생된 차익에 대해서는 별도의 증여로 보지 않는다. 그러나 신고를 하지 않은 경우에는 나중에 자녀가 펀드나 보험금을 인출하여 사용하는 시점을 증여시기로 보기 때문에 보험차익 등이 포함된 총수령액에 대해 증여세가 과세될 수 있다.

아직까지는 자녀 명의의 금융재산이라도 이를 인출할 때 보험을 제외하고는 증여세를 부과한 사례가 없지만 앞일은 알 수 없는 법이므로 미리 대비해두는 것이 좋다.

자녀 명의의 보험도 신고방법은 마찬가지다. 앞으로 납부해야 할 보험료상당액을 자녀 명의의 보험료이체통장에 미리 입금하고 이를 토대로 증여신고를 한 뒤, 매월 해당 통장에서 보험료가 이체되도록 하면 된다.

그러나 세법에서는 보험계약기간 중의 보험료증여는 인정하지 않고 있으므로 반드시 납부할 보험료 전액에 대한 증여가 이루어진 다음 보험계약을 해야 한다. 또한 보험료증여 후 5년 내에 만기나 보험사고 발생 등으로 자녀가 수령하는 보험금이 보험료증여 당시의 증여재산가액보다 늘어난 경우에는 그 증가액도 증여재산으로 본다는 점에 유의해야 한다.

부담부증여를 할 때 유의할 점은 무엇인가요

■■■■■■■ ■■■

38

고민남 씨(58세)는 직장에 다니는 외동딸(32세)에게 자신이 가지고 있는 아파트 중 한 채(시가 3억원)를 증여하려고 한다. 그런데 증여세를 약 3,960만원이나 내야 된다고 해서 고민하고 있다. 이런 경우 증여세를 최소화하면서 증여하는 방법은 없을까?

증여재산에 채무(은행대출금이나 임대(전세)보증금)를 끼워서 증여하는 것을 부담부증여라고 한다. 이렇게 증여재산에 담보된 증여자의 채무(이 경우 증여부동산이 제3자의 채무를 담보하는 경우에는 부담부증여에 해당하지 않는다)를 수증자가 인수하는 조건으로 증여할 경우 수증자가 인수한 채무가액은 증여로 보지 않으므로 그만큼 증여재산가액이 줄어든다.

예를 들어 고 씨가 딸에게 증여하는 아파트에 전세보증금이 1억원이 있고, 이를 수증자인 딸이 인수하는 조건으로 증여했다면 증여재산은 3억원에서 1억원을 차감한 2억원이 된다. 따라서 증여세는 1,800만원으로 줄어든다.

☑ 관련 세법

상속세및증여세법 제47조
[증여세 과세가액]

① 증여세 과세가액은 증여일 현재 이 법에 따른 증여재산가액을 합친 금액에서 그 증여재산에 담보된 채무(그 증여재산에 관련된 채무 등 대통령령으로 정하는 채무를 포함한다)로서 수증자가 인수한 금액을 뺀 금액으로 한다.

상속세및증여세법 시행령 제36조 [증여세 과세가액에서 공제되는 채무]

① 법 제47조제1항에서 '그 증여재산에 관련된 채무 등 대통

Key Word_
부담부증여, 양도소득세,
부담부증여의 절세효과, 단순증여

✓ **일반세율**
양도소득세는 단일세율이 적용
되는 경우(보유기간 1년 미만인
경우 50%(주택(입주권, 분양권
포함)은 70%), 2년 미만인 경우
40%(주택은 60%) 등)를 제외하
고는 과세표준의 크기에 따라
6~45%의 8단계 초과누진세율
이 적용된다.

✓ **관련 세법**
소득세법 시행령 제159조
[부담부증여에 대한 양도
차익의 계산]
① 법 제88조제1호 각 목 외의 부
분 후단에 따른 부담부증여의 경
우 양도로 보는 부분에 대한 양도
차익을 계산함에 있어서 그 취득
가액 및 양도가액은 다음 각 호에
따른다.
1. 취득가액 : 다음 계산식에 따
른 금액
 [취득가액 = A×B/C]
 A : 법 제97조제1항제1호에 따
른 가액(제2호에 따른 양도가
액을 상속세및증여세법 제61
조제1항 및 제2항 및 제5항에
따라 기준시가로 산정한 경우
에는 취득가액도 기준시가로
산정한다.
 B : 채무액
 C : 증여가액
2. 양도가액 : 다음 계산식에 따
른 금액
 [양도가액 = A×B/C]
 A : 상속세및증여세법 제60조
부터 제66조까지의 규정에 따

그러나 증여재산에서 채무를 차감한 금액만을 증여재산으로 보는 대신 채무에 상당하는 금액은 재산의 유상이전으로 보아 양도소득세를 부담해야 한다. 아파트의 소유권을 딸에게 이전하면서 고 씨의 전세보증금 반환채무를 딸에게 떠넘긴 것이므로 이는 재산의 유상이전과 마찬가지이기 때문이다. 그런데 양도소득세는 증여세와 달리 양도차익에 대해 내는 것이므로 일반적으로 세금부담이 증여세보다는 낮다.

예를 들어 고 씨가 딸에게 증여한 아파트가 과거 1억 5,000만원에 취득한 것이라면 양도차익은 1억 5,000만원(3억원-1억 5,000만원)이지만 시가 3억원 중 채무가액인 1억원만 양도로 보는 것이므로 그 중 1/3만 양도에 해당한다.

따라서 양도차익은 5,000만원, 양도소득세는 618만원(일반세율로 계산함)으로 계산된다. 결국 증여세 1,940만원을 포함한 총세금은 2,558만원으로서 단순증여하는 경우보다 1,322만원이나 세금이 줄어든다. 게다가 양도소득세는 양도자(부담부증여의 증여자인 고 씨)가 내는 세금이므로 그만큼 수증자(자녀)의 증여세 부담도 덜 수 있다.

양도소득세와 증여세는 모두 누진세율구조이므로 전체에 대해 증여세를 내는 것보다 증여세와 양도소득세로 나누어지면 과세표준 분산에 따라 적용되는 세율이 낮아지고 이에 따라 세부담액도 줄어들 수밖에 없다. 따라서 일반적으로는 단순증여보다 부담부증여가 유리하다.

만약 수증자에게 소득이 있다면 임대(전세)보증금 외에 증여

▶▶ 부담부증여의 절세효과

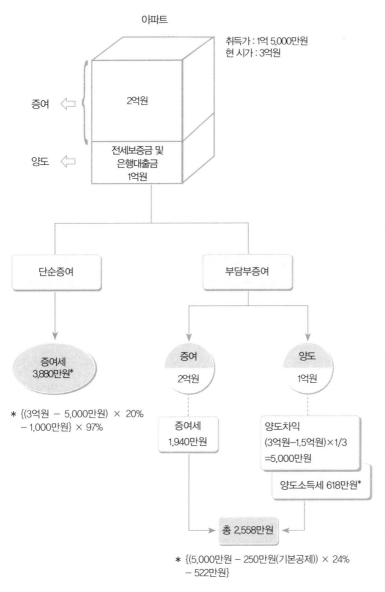

아파트

취득가 : 1억 5,000만원
현 시가 : 3억원

증여 ⇐ 2억원

양도 ⇐ 전세보증금 및
은행대출금
1억원

단순증여

증여세
3,880만원*

* {(3억원 − 5,000만원) × 20%
− 1,000만원} × 97%

부담부증여

증여
2억원

증여세
1,940만원

양도
1억원

양도차익
(3억원−1.5억원)×1/3
=5,000만원

양도소득세 618만원*

총 2,558만원

* {(5,000만원 − 250만원(기본공제)) × 24%
− 522만원}

* 조정지역내의 2주택이라면 기본세율에 20%포인트가, 3주택 이상이라면 30%포인트가
가산되므로 양도소득세가 더 많을 수도 있다.

라 평가한 가액
B : 채무액
C : 증여가액
② 제1항을 적용할 때 양도소득
세 과세대상에 해당하는 자산과
해당하지 아니하는 자산을 함께
부담부증여하는 경우로서 증여
자의 채무를 수증자가 인수하는
경우 채무액은 다음 계산식에 따
라 계산한다.
[채무액 = A×B/C]
A : 총채무액
B : 양도소득세 과세대상 자
산가액
C : 총증여자산가액

부동산을 담보로 금융기관 대출을 받아 채무금액을 늘린 상태에서 증여하고, 차입금으로 조달한 현금을 추가로 증여하면 절세효과를 증대할 수도 있다. 앞의 사례에서 고 씨가 증여하기 전에 전세보증금 외에 아파트를 담보로 1억원의 대출을 받은 다음 이를 고 씨의 딸이 인수하는 조건으로 증여한다면 증여재산가액은 1억원으로 줄어들어 증여세는 485만원이 된다. 대신 2억원에 대해서는 고 씨가 양도소득세를 내게 되는데, 양도차익 1억원((3억원-1.5억원)×2/3)에 대한 양도소득세는 1,922만원으로서 총세금은 2,407만원으로 줄어든다.

특히 부담부증여한 부동산이 양도소득세가 비과세되는 1세대 1주택이라면 절세효과는 더욱 커진다.

그러나 부담부증여가 항상 유리한 것만은 아니다. 부담부증여가 단순증여보다 유리하려면 부담부증여를 했을 경우의 증여세와 양도소득세의 합계가 단순증여시의 증여세보다 적어야 한다. 만약 양도차익이 많아 높은 세율이 적용되거나 조정지역내의 다주택이어서 양도소득세와 취득세가 중과세되는 경우라면 부담부증여가 오히려 불리할 수도 있다. 따라서 부담부증여는 이를 실행하기 전에 세금부담의 차이를 반드시 잘 따져보고 채무의 크기를 결정해야 한다.

한편 세법에서는 배우자나 직계존비속 간의 부담부증여는 채무인수가 객관적으로 인정된 경우를 제외하고는 단순증여로 추정하므로 이에 유의해야 한다. 여기서 채무인수가 객관적으로 인정된 경우란 증여자의 채무로서 수증자가 실제로 부담하는 사실이 다음 각각에 의해 입증되는 것을 말한다.

① 국가·지방자치단체 및 금융기관에 대한 채무는 해당 기관에 대한 채무임을 확인할 수 있는 서류

② ① 외의 자에 대한 채무는 채무부담계약서, 채권자확인서, 담보설정 및 이자지급에 관한 증빙 등에 의해 그 사실을 확인할 수 있는 서류

그러므로 부담부증여임을 인정받기 위해서는 채무자변경 등 채무이전에 관한 서류를 갖추어 두어야 하며, 나아가 이자지급을 수반하는 채무(차입금)는 수증자의 이자지급 및 원금상환 등 변제능력이 없을 경우 인정받을 수 없다는 점도 알아야 한다.

또한 상속재산과 증여재산에서 공제받은 채무는 사후관리의 대상으로서 부담부증여의 경우에도 수증자가 인수한 채무를 실제로 수증자가 상환하는지를 사후관리한다는 점에 유의해야 한다. 부담부증여로 신고해서 일단 세금을 적게 낸 후에 수증자가 인수했던 채무를 증여자가 대신 상환해주다가 세금추징을 당하는 사례가 자주 있다.

☑ 관련 세법

상속세및증여세법 제47조 [증여세 과세가액]

③ 제1항을 적용할 때 배우자 간 또는 직계존비속 간의 부담부증여에 대해서는 수증자가 증여자의 채무를 인수한 경우에도 그 채무액은 수증자에게 인수되지 아니한 것으로 추정한다. 다만, 그 채무액이 국가 및 지방자치단체에 대한 채무 등 대통령령으로 정하는 바에 따라 객관적으로 인정되는 것인 경우에는 그러하지 아니하다.

상속세및증여세법 시행령 제36조 [증여세 과세가액에서 공제되는 채무]

② 법 제47조제3항 단서에서 '국가 및 지방자치단체에 대한 채무 등 대통령령으로 정하는 바에 따라 객관적으로 인정되는 것인 경우'란 제10조제1항 각 호의 어느 하나에 따라 증명되는 경우를 말한다.

상속세및증여세법 시행령 제10조 [채무의 입증방법 등]

① 법 제14조제4항에서 '대통령령으로 정하는 방법에 따라 증명된 것'이란 상속개시 당시 피상속인의 채무로서 상속인이 실제로 부담하는 사실이 다음 각호의 어느 하나에 따라 증명되는 것을 말한다.

1. 국가·지방자치단체 및 금융회사 등에 대한 채무는 당해 기관에 대한 채무임을 확인할 수 있는 서류

2. 제1호 외의 자에 대한 채무는 채무부담계약서, 채권자확인서, 담보설정 및 이자지급에 관한 증빙 등에 의하여 그 사실을 확인할 수 있는 서류

연금보험을 활용한 증여세 절세전략은 무엇 인가요

서서희 씨(45세)는 수년 전 작고한 선친으로부터 물려받은 상속재산 덕분에 보유재산의 규모가 제법 많지만 아직은 자녀에 대한 증여에 대해 부정적이 다. 나이 어린 자녀들에게 섣불리 증여했다가 자녀들을 망치는 사례를 주위 에서 하도 많이 보아왔기 때문이다. 그러나 자신도 부모로부터 재산을 물려 받았듯이 자녀의 경제적 기반 마련을 위해 어느 정도의 증여는 고려하고 있 다. 다만 재산을 한꺼번에 증여하기보다는 나누어서 증여하기를 원한다. 어 떻게 하는 것이 좋을까?

증여설계에서 무엇보다 중요한 것은 증여자의 증여의 지이다. 서 씨의 생각처럼 자녀에 대한 조기증여가 자녀들에게 오히려 해가 될 수 있다는 부정적인 생각을 많이 갖고 있기 때 문이다. 이런 경우 연금을 활용해서 증여를 설계하면 증여자의 그런 걱정을 상당부분 덜 수 있다.

서 씨의 경우 본인을 계약자와 수익자로 하고 자녀(20세, 아 들)를 피보험자로 한 연금에 가입한 후, 연금보험료(3억원)를 일 시납으로 납부한다. 이렇게 하는 이유는 만약 계약자와 수익자 를 소득이 없는 자녀로 할 경우 납부보험료 전액에 대해 증여 세가 과세될 수 있기 때문이다. 나아가 연금지급 개시 전이라도 계약자와 수익자를 자녀로 변경할 경우에는 '계약변경시점에서 증여가 성립된 것으로 본다'는 조세심판사례가 있으므로 유의해야 한다. 그리고 이 경우에는 증여재산 평가시 정기금의 할인방법이 아닌 납부보험료를 증여재산으로 평가한다.

그러나 연금지급이 개시된 후에 계약자와 수익자를 변경하는 경우에는 증여재산 평가시 정기금의 할인방법에 따라 증여재산을 평가한다. 따라서 증여세 과세표준은 장래 수령할 연금액을 현재가치로 할인해서 평가하게 되는데, 확정형은 확정기간 동안의 연금 수령액을, 종신형은 피보험자가 기대여명연수까지의 기간 동안 수령할 연금액을 3%로 할인해서 평가하게 된다. 따라서 종신형의 경우 피보험자가 기대여명기간 이후에 받게 될 연금은 증여세 과세표준에서 제외된다.

예를 들어 3억원을 일시납으로 예치한 후 거치기간 25년이 경과한 후 자녀가 45세가 될 때쯤부터 연금을 수령하는 것으로 설계하면 연금수익률을 연간 3%라고 가정할 때 25년 후의 원리금은 6억 2,800만원이 되고 이를 토대로 매월 200만원의 연금을 종신토록 지급받을 수 있다. 물론 연금수령 개시 후 계약자와 수익자를 자녀로 변경하고 증여세 신고를 해야 한다.

이렇게 연금수령권을 증여하면 증여계획은 연금계약시점에서 일단 실행하되, 실질적인 재산이전시기를 상당기간 뒤로 늦출 수 있을 뿐만 아니라 증여세도 줄일 수 있다. 아울러 자녀에게 일단 증여는 하되, 그 증여재산의 손상과 훼손을 방지할 수 있는 효과도 얻을 수 있다. 즉, 증여자인 부모의 가장 큰 고

☑ 기대여명연수까지

종신형이라 하더라도 일정기간 동안 연금지급을 보장해주는 최저지급보증기간이 기대여명기간 이후에 만료되는 경우에는 최저지급보증기간이 끝날 때까지의 연금수령액을 할인해서 상속·증여세의 과세표준에 포함시킨다.

☑ 관련 조세심판

연금보험을 피상속인이 납입한 보험료와 이자상당액의 합계액으로 평가하여 과세한 처분은 정당함 : 조심2014서0941(2014.04.14.)
(결정)
보험금 및 예금은 권리의 이전이나 행사에 등기 등을 요하는 재산이 아니어서 계약자 및 수익자의 명의가 변경된 시점에 증여된 것으로 보아야 할 것이며(조심 2009서4, 2009.12.31. 같은 뜻임), 쟁점보험의 계약변경은 계약자뿐만 아니라 수익자를 OOO에서 청구인으로 변경한 것으로서 청구인이 보험계약 변경시점에 보험계약의 해지 및 연금, 만기시 보험료 수령 등 쟁점보험에 대한 모든 실질적인 권한을 행사할 수 있는 지위를 획득하였다고 볼 수 있어, 쟁점보험의 계약변경일을 쟁점보험의 증여일로 봄이 타당하고, 또한 증여재산가액은 정기금을 받을 권리가 발생하기 전에 계약자 및 수익자를 청구인으로 변경하는 계약이 체결되었으므로 계약변경일 현재 쟁점보험의 시가인 쟁점보험료 및 쟁점이자상당액의 합계액으로 봄이 타당한 것으로 판단된다. 따라서 처분청이 쟁점보험의 계약자 및 수익자 변경일을

☑ 관련 예규판

상속형 즉시연금보험의 연금 개시 후에 계약자를 변경하는 경우에는 상속세및증여세법 제2조에 따라 변경시점에 변경 후 수익자에게 증여세가 과세되는 것이며, 이 경우 증여재산가액은 정기금 할인평가금액과 해약환급금 상당액 중 큰 금액으로 평가하는 것임(상속증여세과-152,2014, 5,22.)

민거리인 증여재산의 안정적인 유지 · 보존이 가능하게 된다.

지금 3억원을 성년자녀에게 한꺼번에 증여한다면 3,880만원{((3억원−5,000만원) × 20%−1,000만원) × 97%}의 증여세를 내야 하지만 위의 경우 연금지급이 개시되는 25년 뒤의 미래연금 수령액의 현재가치는 5억 237만원이고 이에 대한 증여세는 7,806만원이 된다. 그리고 25년 후에 내게 될 증여세 7,806만원을 지금의 현재가치로 환산(4% 적용)하면 2,928만원이 되므로 같은 금액을 증여하고도 결국 952만원(3,880만원−2,928만원)의 증여세가 줄어든 셈이다.

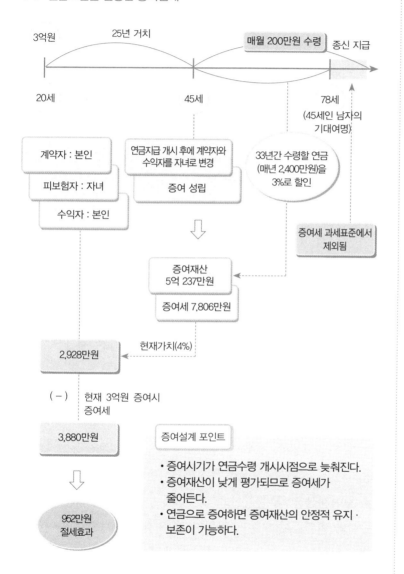

증여한 재산을 되돌려 받을 경우 무엇을 주의해야 하나요

40

이지경 씨(68세)는 3년 전 큰아들이 자신을 부양하는 조건으로 자신 명의로 돼있던 집과 예금 2억원을 큰아들에게 증여해 주었다. 그런데 큰아들은 사업이 어려워지자 증여받은 2억원을 다 써버리고 이번에는 집도 처분하려고 한다. 자신을 잘 돌보지도 않는다고 생각한 이 씨는 증여재산반환청구소송을 준비 중이다. 그런데 증여재산을 되돌려 받아도 증여세를 내야 한다는 말을 듣고는 깜짝 놀랐다. 자신의 증여했던 재산을 다시 되돌려 받는 데도 세금을 내야 하는 것일까?

증여재산의 반환이란 수증자가 증여받은 재산을 여러 가지 사정에 의해 증여자에게 다시 되돌려 주는 것을 말한다. 이때 증여자에게 반환하는 행위도 또 다른 증여로 보아 증여세를 내야 할지는 반환시기에 따라 각각 다르다. 여기서 반환이라 함은 부동산의 경우 등기원인에 불구하고 당초 증여자에게 등기부상 소유권을 사실상 무상이전하는 것을 말한다.

증여재산을 증여세 신고기한 내에 반환한 경우에는 원래의 증여와 반환증여 모두 성립되지 않은 것으로 보므로 증여세를 내지 않아도 된다. 즉, 처음부터 아예 증여가 없었던 것으로 보는 셈이다. 따라서 이미 신고·납부한 증여세는 되돌려 받을

▶▶ 증여재산의 반환(증여취소)시기에 따른 과세 여부

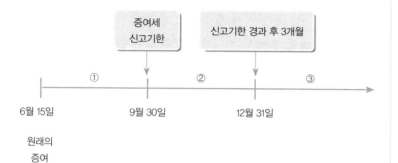

반환(취소)시점	원래의 증여	반환증여
①	과세 ×	과세 ×
②	과세 ○	과세 ×
③	과세 ○	과세 ○

☑ 관련 세법

상속세및증여세법 제4조
[증여세 과세대상]

④ 수증자가 증여재산(금전은 제외한다)을 당사자 간의 합의에 따라 제68조에 따른 증여세 과세표준 신고기한까지 증여자에게 반환하는 경우(반환하기 전에 제76조에 따라 과세표준과 세액을 결정받은 경우는 제외한다)에는 처음부터 증여가 없었던 것으로 보며, 제68조에 따른 증여세 과세표준 신고기한이 지난 후 3개월 이내에 증여자에게 반환하거나 증여자에게 다시 증여하는 경우에는 그 반환하거나 다시 증여하는 것에 대해서는 증여세를 부과하지 아니한다.

수 있다. 단, 반환하기 전에 이미 증여세 결정통지를 받은 경우에는 증여가 확정된 것이므로 증여세를 되돌려 받지 못한다.

그리고 증여세 신고기한 경과 후 3개월 이내에 반환하면 원래의 증여는 성립하되, 반환증여는 성립되지 않은 것으로 본다. 따라서 원래 냈던 증여세는 돌려 받지 못한다. 단, 이 경우 증여재산의 취득과 관련해 납부한 취득세 등 지방세는 돌려 받지 못한다.

그러나 신고기한 경과 후 3개월이 지난 다음에 반환하면 원래의 증여와 반환증여를 각각 별개의 증여로 보기 때문에 이때에는 돌려 받은 것도 증여세를 내야 하므로 결국 증여세를 두 번 내야 한다. 또한 이런 경우에도 당초 증여 및 반환하는 것에 대해 취득세 등 지방세는 그대로 납부해야 한다.

한편 증여재산이 금전인 경우에는 반환시기에 상관없이 원래의 증여와 반환증여를 모두 별개의 증여로 보므로 주의해야 한다.

이 씨의 사례처럼 수증자가 증여 당시 증여조건을 충족하지 않아서 증여를 취소하는 경우도 있지만, 때로는 증여재산가액이 증여 이후 하락하는 경우 증여세를 절세하기 위해 증여취소를 하기도 한다. 예를 들어 자녀에게 주식을 증여한 경우 증여 이후 주가가 계속 떨어진다면 증여세 신고기한이 되기 전에 이미 실행했던 증여를 취소해 되돌려 받은 다음 다시 증여하면 증여세 과세표준이 더 적어지게 되므로 절세가 가능하다. 이때에는 증여세 신고기한 내에 취소한 것이므로 반환증여에 대해서는 증여세를 내지 않아도 되며, 부동산이 아니므로 취득세 등의 부담도 없다.

부모의 부동산을 공짜로 이용할 때도 증여세를 내야 하나요

41

공자로 씨(44세)의 부친은 강남에 8층짜리 중소형빌딩(시가 120억원)을 소유하고 있다. 공 씨는 경기가 안 좋아 자신이 경영하는 사업체가 어려워지자 임대료라도 줄이기 위해 부친의 허락을 받아 부친 소유의 빌딩 1개층을 공짜로 사용하려고 한다. 이렇게 부모의 부동산을 공짜로 이용해도 세무상 아무 문제가 없을까?

증여란 대개 증여자의 재산을 아무 대가없이 수증자에게 직접 이전해주는 것이지만 증여자의 재산을 아무런 대가없이 공짜로 이용하게 하는 것도 증여의 한 방법이 될 수 있다.

예를 들면 자녀가 아무 대가 없이 부모가 소유하고 있는 아파트에 들어가 산다든지, 자녀가 경영하는 사업체의 매출(영업)을 부모가 경영하는 사업체에서 거래관계를 통해 간접적으로 늘려준다면 이런 것들도 그 경제적인 실질면에서는 증여와 다름없다. 그러나 과세기술상 이런 것들에 대해 세원을 포착하고 증여에 따른 경제적 가치를 계산해서 증여세를 과세하기는 쉽지 않다.

Key Word_
부동산 무상사용에 따른 이익의
증여

① 타인의 부동산(그 부동산 소유자와 함께 거주하는 주택과 그에 딸린 토지는 제외한다)을 무상으로 사용함에 따라 이익을 얻은 경우에는 그 무상사용을 개시한 날을 증여일로 하여 그 이익에 상당하는 금액을 부동산 무상사용자의 증여재산가액으로 한다. 다만, 그 이익에 상당하는 금액이 대통령령으로 정하는 기준금액(1억원) 미만인 경우는 제외한다.

상속세및증여세법 시행령 제27조 [부동산 무상사용에 따른 이익의 계산방법 등]

① 법 제37조제1항은 부동산 무상사용자가 타인의 토지 또는 건물만을 각각 무상사용하는 경우에도 이를 적용한다.
② 법 제37조 제1항을 적용할 때 수인이 부동산을 무상사용하는 경우로서 각 부동산사용자의 실제 사용면적이 분명하지 않은 경우에는 해당 부동산사용자들이 각각 동일한 면적을 사용한 것으로 본다. 이 경우 부동산소유자와 제2조의2 제1항 제1호의 관계에 있는 부동산사용자가 2명 이상인 경우 그 부동산사용자들에 대해서는 근친관계 등을 고려하여 기획재정부령으로 정하는 대표사용자를 무상사용자로 보고, 그 외의 경우에는 해당 부동산사용자들을 각각 무상사용자로 본다.
③ 법 제37조 제1항에 따른 부동산 무상사용에 따른 이익은

하지만 세법에서는 증여사실이 명백하고 그 경제적 가치를 계산하기가 비교적 쉬운 부동산의 무상사용에 따른 이익에 대해서는 증여세를 매기고 있다. 즉, 다른 사람의 부동산을 공짜로 사용함에 따라 이익을 얻은 경우 해당 이익에 상당하는 금액을 증여재산으로 보고 증여세를 부과하는 것이다. 단, 해당 부동산 소유자와 함께 거주하는 주택(그 부수토지를 포함)은 관계없다.

공 씨처럼 부모가 소유하는 건물을 임대료를 내지 않고 사용하거나, 부모가 소유하고 있는 땅에 자녀가 건물을 지어 임대료를 받는 경우 등이 주로 이에 해당한다.

이 경우 부동산의 무상사용에 대한 증여세 부과는 5년 단위로 하게 된다. 즉, 당초 증여시기부터 5년간에 대해 증여세를 부과하고, 5년이 지난 후에도 계속하여 무상으로 사용하는 경우에는 5년이 되는 날의 다음날에 새로이 증여받은 것으로 보아 다시 5년간의 무상사용이익을 계산하여 증여세를 과세한다.

이때 증여재산의 평가는 해당 부동산평가액에 연 2%를 곱한 금액을 무상사용에 따른 연간 이익으로 보고 증여시점부터 5년간의 이익을 현재가치로 할인(10%로 할인함)한 금액으로 하되, 그 금액이 1억원 이상인 경우에 한해 증여세를 과세한다.

공 씨의 경우 무상사용에 따른 연간 이익은 3,000만원(120억원×1층/8층×2%)이며, 5년간 이익의 현재가치는 1억 1,372만원(3,000만원×3.7908(할인율 10%, 5기의 연금의 현재가치계수))으로서 증여세 과세대상이다. 여기에 증여재산공제 5,000만원을

차감한 과세표준 6,372만원에 대한 증여세 산출세액은 637만원이다. 5년 후에도 계속 무상사용을 하고 있다면 다시 증여세를 내야 하는데, 이때는 재증여의 합산에 따라 증여세가 1,912만원으로 증가한다. 이처럼 무상사용한 기간이 10년이라고 가정하면 총 2,549만원의 증여세를 내게 되는데, 이는 연간으로 255만원, 매월 21만 2,500원에 해당한다.

그러므로 무상사용에 따라 내게 될 증여세와 공 씨의 부친이 임대료를 받는 경우 부담할 임대수입에 대한 소득세 또는 법인세(공 씨가 부담한 임차료에 대한 소득세 절세액을 차감한 것)를 비교해서 유리한 것으로 선택하면 된다.

또는 증여세가 과세되는 기준은 무상사용이익의 현재가치가 1억원 이상인 경우이므로, 이를 환산해보면 무상사용하는 부동산가액이 13억 2,000만원(1억원 ÷ 3.7908 ÷ 2%)이 넘어야 한다. 따라서 공 씨의 경우 무상으로 사용하는 부분의 면적을 조금 줄여 기준금액 이하로 조정하면 증여세 과세를 피할 수 있을 것이다. 단, 이때에도 특수관계인의 거래를 통해 조세회피(무상임대 또는 저가임대 등)를 한 것으로 인정될 경우(이를 부당행위라고 한다)에는 시가(실제 임대료)와의 차액에 대해 부친이 부동산 임대소득세와 부가가치세를 추징당할 수 있으므로 주의해야 한다.

다음의 계산식에 따라 계산한 각 연도의 부동산 무상사용 이익을 기획재정부령으로 정하는 방법에 따라 환산한 가액으로 한다. 이 경우 해당 부동산에 대한 무상사용 기간은 5년으로 하고, 무상사용 기간이 5년을 초과하는 경우에는 그 무상사용을 개시한 날부터 5년이 되는 날의 다음 날에 새로 해당 부동산의 무상사용을 개시한 것으로 본다.

부동산 가액(법 제4장에 따라 평가한 가액을 말한다) × 1년간 부동산사용료를 감안하여 기획재정부령으로 정하는 율

상속세및증여세법 시행규칙 제10조 [부동산 무상사용이익률 등]

① 영 제27조제2항에서 "기획재정부령으로 정하는 대표사용자"란 해당 부동산사용자들 중 부동산소유자와 최근친인 사람을 말하며, 최근친인 사람이 2명 이상인 경우에는 그 중 최연장자를 말한다.
② 영 제27조제3항 계산식 및 영 제32조제3항제0호에서 "기획재정부령으로 정하는 율"이란 연간 100분의 2를 말한다.
③ 영 제27조제3항 전단에서 "기획재정부령으로 정하는 방법에 따라 환산한 가액"이란 다음의 계산식에 따라 환산한 금액의 합계액을 말한다.

각 연도 부동산무상사용이익

$$\frac{}{(1+10/100)^n}$$

n : 평가기준일부터의 경과연수

증여했다가 양도하는 경우 무엇을 주의해야 하나요

42

2채의 주택을 모두 자신의 명의로 갖고 있는 주택왕 씨(55세)는 은퇴를 앞두고 그 중 한 채(취득가 2억원, 보유기간 15년, 현재 시가 7억원, 공시가격 5억원, 조정대상지역은 아님)를 팔아 임대수익이 나오는 상가에 투자하려고 한다. 그런데 양도소득세를 따져보니 무려 1억 1,200만원이나 돼, 일단 배우자나 자녀에게 증여했다가 양도하는 것을 고려 중이다. 이처럼 가족에게 증여했다가 양도하는 경우 주의해야 할 점은 무엇일까?

☑ **1세대 1주택 비과세 요건**

2년 이상 보유(조정대상지역은 보유기간 중 2년 이상 거주해야 함)한 주택으로서, 고가주택이 아니어야 양도소득세가 비과세된다.

양도소득세가 많이 나올 경우 흔히 사용하는 절세법은 배우자 등 상속인에게 아예 증여해버리거나, 일단 증여했다가 양도하는 것이다. 세대를 달리하는 자녀에게 증여한 후 증여받은 자녀가 1세대 1주택 비과세요건을 충족한 다음에 팔면 양도소득세를 안내도 되기 때문이다.

그러나 자녀에 대한 증여재산공제가 매우 적기 때문에 증여단계에서 내야 할 증여세가 너무 많다는 점이 걸림돌이다. 주 씨의 자녀가 증여받을 경우 현재의 공시가격을 기준으로 증여신고를 하더라도 증여세는 7,760만원{[(5억원−5,000만원)×20% − 1,000만원]×97%}이나 된다. 그렇지만 이는 주 씨가 양도할 경우의 양도소득세에 비하면 절반에도 못미친다.

이때 주 씨의 자녀에게 소득이 있다면 부담부증여를 활용하는 것도 좋은 방법이다. 만약 증여한 주택에 담보된 채무가액이 3억 원이라면 증여세 과세표준은 1억 5,000만원, 증여세는 1,940만원으로 줄어든다. 대신 3억원에 대해서는 양도소득세를 내야 한다. 이 경우 양도차익은 1억 8,000만원(3억원−1억 2,000만원(2억원×3억원/5억원)), 양도소득세는 약 2,832만원으로 계산된다. 결국 총 세금은 4,772만원으로, 단순증여보다 2,988만원의 절세가 가능하다.

그런데 주 씨의 경우에는 조정대상지역이 아니어서 상관없지만, 조정대상지역내의 주택을 양도하거나 부담부증여할 경우 양도소득세율 적용시 2주택은 20%포인트를, 3주택이상은 30%포인트를 일반세율에 가산하므로 양도소득세부담이 만만치 않다는 점을 고려해야 한다. 게다가 조정지역내의 주택을 자녀가 증여로 취득하는 경우에는 취득세율이 12%로 중과세된다는 점도 감안해야 한다.

따라서 조정지역내의 2주택이상 다주택보유자라면 양도했을 경우, 자녀에게 단순증여할 경우, 자녀에게 부담부증여할 경우 등 가능한 대안별로 세부담액을 추정해봐야 하는데, 현재는 양도소득세율과 특히 12%에 달하는 증여취득세율이 너무 높아 의사결정이 쉽지 않다. 이런 경우에는 차라리 장기적으로 상속을 고려하면서 제도변화를 기다리는 것도 하나의 대안이 될 수 있다. 다른 상속재산이 많지 않다면 증여세보다 오히려 상속세가 더 적을 수 있으며 특히 상속재산에 담보된 채무를 적극 활용해서 이를 자녀에게 현금증여하는 방법이 더 유리할 수도 있기 때문이다.

☑ 관련 세법
소득세법 제97조의2[양도소득의 필요경비 계산특례]
① 거주자가 양도일부터 소급하여 5년 이내에 그 배우자(양도 당시 혼인관계가 소멸된 경우를 포함하되, 사망으로 혼인관계가 소멸된 경우는 제외한다. 이하 이 항에서 같다) 또는 직계존비속으로부터 증여받은 제94조제1항제1호에 따른 자산이나 그 밖에 대통령령으로 정하는 자산의 양도차익을 계산할 때 양도가액에서 공제할 필요경비는 제97조제2항에 따르되, 취득가액은 그 배우자 또는 직계존비속의 취득 당시 제97조제1항제1호 각 목의 어느 하나에 해당하는 금액으로 한다. 이 경우 거주자가 증여받은 자산에 대하여 납부하였거나 납부할 증여세 상당액이 있는 경우에는 제97조제2항에도 불구하고 필요경비에 산입한다.
② 다음 각 호의 어느 하나에 해당하는 경우에는 제항을 적용하지 아니한다.
1. 사업인정고시일부터 소급하여 2년 이전에 증여받은 경우로서 공익사업을 위한 토지 등의 취득 및 보상에 관한 법률이나 그 밖의 법률에 따라 협의매수 또는 수용된 경우
2. 제항을 적용할 경우 제89조 제1항제3호 각 목의 주택[같은 호에 따라 양도소득의 비과세 대상에서 제외되는 고가주택(이에 딸린 토지를 포함한다)을 포함한다]의 양도에 해당하게 되는 경우
3. 제항을 적용하여 계산한 양도소득 결정세액이 제항을 적용하지 아니하고 계산한 양도소득 결정세액보다 적은 경우

소득세법 제101조 [양도소득의 부당행위 계산]

② 거주자가 제항에서 규정하는 특수관계인(제97조의2제항을 적용받는 배우자 및 직계존비속의 경우는 제외한다)에게 자산을 증여한 후 그 자산을 증여받은 자가 그 증여일부터 5년 이내에 다시 타인에게 양도한 경우로서 제1호에 따른 세액이 제2호에 따른 세액보다 적은 경우에는 증여자가 그 자산을 직접 양도한 것으로 본다. 다만, 양도소득이 해당 수증자에게 실질적으로 귀속된 경우에는 그러하지 아니하다.
1. 증여받은 자의 증여세(상속세 및 증여세법에 따른 산출세액에서 공제·감면세액을 뺀 세액을 말한다)와 양도소득세(이 법에 따른 산출세액에서 공제·감면세액을 뺀 결정세액을 말한다. 이하 제2호에서 같다)를 합한 세액
2. 증여자가 직접 양도하는 경우로 보아 계산한 양도소득세

③ 제2항에 따라 증여자에게 양도소득세가 과세되는 경우에는 당초 증여받은 자산에 대해서는 상속세 및 증여세법의 규정에도 불구하고 증여세를 부과하지 아니한다.

✓ 취득 관련 세금(증여받은 경우)

증여에 의한 취득시에는 3.5%의 취득세율이 적용되며 추가로 지방교육세(0.3%)와 농어촌특별세(0.2%)가 붙어 모두 4%의 취득관련세금을 내야 한다. 단, 조정지역안에 있는 시가표준액(공시가격)이 3억원 이상의 주택을 증여받은 경우에는 12%의 취득세율을 적용한다(단, 1세대 1주택을 배우자나 직계존비속에게 증여하는 경우에는 3.5%를 그대로 적용함).

한편, 배우자에 대한 증여재산공제는 6억원이나 되기 때문에 자녀보다는 배우자에게 증여했다가 양도하면 증여세 부담액을 더욱 최소화할 수 있다. 단, 이 방법은 배우자가 양도할 경우 여전히 1세대 2주택으로서 양도소득세를 비과세받지 못한다는 점이 걸림돌이다.

그렇지만 증여받은 배우자의 양도시 취득가액이 증여 당시의 증여신고가액(훗날 양도를 감안한다면 높게 신고하는 것이 유리할 것이다)으로 상향조정되므로 그만큼 양도차익이 줄어드는 효과가 생긴다.

이때 배우자가 증여받은 후 5년이 지나기 전에 양도할 경우에는 양도가액에서 차감할 취득가액을 증여받은 시점의 증여가액으로 하지 않고 주 씨의 취득가액(2억원)으로 한다는 점에 주의해야 한다(단, 이 경우 양도소득세의 신고·납부의무는 양도자인 배우자에게 있음). 게다가 증여시점에서 납부한 증여세도 돌려주지 않고 단지 양도소득 계산시 필요경비에만 산입해준다.

이를 좀 더 구체적으로 따져보자. 주 씨의 배우자가 주택을 증여받은 후 증여신고를 하되, 실제 시세에 맞춘 6억 5,000만원으로 신고해서 485만원의 증여세를 납부한다. 그리고 5년 후 이를 7억원에 판다면 양도차익은 5,000만원, 양도소득세는 약 529만원이 되어 총세금은 1,014만원에 불과하다. 물론 배우자의 증여취득시 취득 관련 세금은 별도로 부담해야 한다.

만약 별도세대를 구성하고 있는 자녀에게 증여한 다음 양도할 경우 양도자인 자녀가 1세대 1주택 비과세요건을 갖춘 경우에는 비과세요건인 보유기간 2년만 채우고 양도하면 양도소득세는 내

▶▶ 증여 후 양도의 절세효과

취득가 2억원, 현 시가 7억원, 공시가격 5억원(조정대상지역은 아님)　　　(단위 : 만원)

항목		양도시	증여시(수증자)			비고
			자녀	자녀(부담부증여[1])	배우자	
양 도 소 득 세	양도가액	70,000		30,000	70,000	증여받고 5년 후 양도
	(필요경비)	(20,000)		(12,000)	(65,000)	←
	양도차익	50,000		18,000[2]	5,000	
	(장기보유특별공제)[3]	(15,000)		(5,400)	(500)	
	(기본공제)	(250)		(250)	(250)	
	과세표준	34,750		12,350	4,250	
	산출세액	11,360		2,832	529	
	납부세액	11,360		2,832	529	
증 여 세	증여재산		50,000	20,000	65,000	── 신고가액
	(증여재산공제)		(5,000)	(5,000)	(60,000)	
	과세표준		45,000	15,000	5,000	
	산출세액		8,000	2,000	500	
	납부세액		7,760	1,940	485	
세금 총액		11,360	7,760	4,772	1,014	증여시 취득 관련 세금은 별도

1) 채무가액은 3억원임
2) (5억원 − 2억원) × (3억원 / 5억원) 또는 3억원 − 1.2억원(2억원 × 3억원 / 5억원)
3) 15년 이상 보유시 양도차익의 30%, 5년 이상 보유시 양도차익의 10%
　(조정대상지역이 아니므로 2주택이더라도 장기보유특별공제가 가능하지만, 조정대상지
　역인 경우 2주택 이상은 장기보유특별공제가 적용되지 않는다).

양도소득세율

과세표준	세율	누진공제액
1,200만원 이하	6%	–
1,200~4,600만원	15%	108만원
4,600~8,800만원	24%	522만원
8,800~1억 5,000만원	35%	1,490만원
1억 5,000~3억원	38%	1,940만원
3억원~5억원	40%	2,540만원
5억원~10억원	42%	3,540만원
10억원 초과	45%	6,540만원

＊과세표준이 5,000만원일 경우 산출세액
　(5,000만원 × 24%) − 522만원
　= 678만원

지 않아도 된다.

　한편 취득 이후 가격이 오른 경우에는 이렇게 증여했다가 양도하는 것이 유리하다. 그러나 취득 후 가격이 떨어졌다면 군이 증여 후 양도를 할 이유가 없다. 잘못하면 증여재산가액이 현재의 하락한 시가로 평가되어 나중에 양도할 때 양도소득세를 더 많이 내야 하기 때문이다.

배우자나 자녀에게 증여 대신 양도할 때는 무엇을 주의해야 하나요

■■■■■■■ ■■■

43

다주택자인 반만주 씨(63세)는 가지고 있는 주택(취득가액 3억원, 시가 6억원, 조정대상지역은 아님)을 자녀(40세, 소득 있음)에게 증여하자니 증여세가 1억 185만원이나 돼 차라리 양도를 고려하고 있다. 자녀에게 팔되 조금 싸게 팔면 실질적으로 증여와 비슷한 효과를 얻을 것으로 기대되기 때문이다. 이렇게 자녀에게 부동산을 시가보다 싸게 팔 때는 무엇을 주의해야 할까?

반 씨의 경우처럼 자녀가 소득이 있을 경우에는 증여보다 양도를 통해 간접증여하는 것도 좋은 방법이다. 양도를 통한 간접증여란 양도가액을 최대한 낮춤으로써 시가와 양도가액의 차액만큼을 실질적으로 증여하는 것을 말한다.

그런데 배우자와 직계존비속 간의 양도는 세법에서 일단 증여로 추정하므로 증여추정에 걸리지 않도록 대비하는 것이 필요하다. 매매계약서는 물론 매매대금이 자녀의 통장에서 부모의 통장으로 입금되는 등 실제 거래를 뒷받침할 수 있는 증거가 갖추어져 있어야 한다.

또한 세법에서는 특수관계인에게 자산을 시가보다 싸게 양도함으로써 실질적으로 그 차액만큼을 증여한 경우에는 증여재산으로 간주하므로 이에도 대비해야 한다. 이 경우 증여로 보는 것은 시가와 대가의 차액이 시가의 30% 이상이거나 3억원 이상인 경우를 말한다.

반 씨의 경우 주택의 시가가 6억원이므로 차액이 1억 8,000만원 이상인 경우 증여에 해당한다. 즉, 양도가액이 4억 2,000만원 미만일 경우에는 증여로 간주한다는 뜻이다. 따라서 양도가액을 그 이상으로 해서 매매계약을 하고 그 대금을 수령하면 증여에 해당하지 않는다.

만약 양도가액이 3억 5,000만원이라고 가정해도 증여재산은 시가와의 차액인 2억 5,000만원이 아니라 2억 5,000만원에서 시가의 30%인 1억 8,000만원과 3억원 중 적은 금액인 1억 8,000만원을 차감한 금액인 7,000만원을 증여재산으로 본다. 즉, 시가의 70% 금액(4억 2,000만원)과 양도가액(3억 5,000만원)의 차이가 증여재산인 셈이다.

따라서 증여재산공제(5,000만원)를 차감한 후의 과세표준은 2,000만원, 증여세는 불과 194만원으로 예상된다.

그 대신 양도자인 반 씨가 양도소득세를 내야 하므로 만약 양도소득세가 9,991만원(1억 185만원−194만원) 이하라면 저가양도를 고려해볼 만하다. 이때 저가양도를 위해 양도가액을 낮추면 양도소득세도 당연히 줄어들게 마련이다.

그렇지만 소득세법에서는 특수관계인과의 부동산 거래시 부당행위로 판단하는 기준을 시가와 거래가액의 차액이 3억 이

☑ 관련 세법

상속세및증여세법 제35조 [저가 양수 또는 고가양도에 따른 이익의 증여]

① 특수관계인 간에 재산(전환사채 등 대통령령으로 정하는 재산은 제외한다)을 시가보다 낮은 가액으로 양수하거나 시가보다 높은 가액으로 양도한 경우로서 그 대가와 시가의 차액이 대통령령으로 정하는 기준금액(이하 이 항에서 '기준금액'이라 한다) 이상인 경우에는 해당 재산의 양수일 또는 양도일을 증여일로 하여 그 대가와 시가의 차액에서 기준금액을 뺀 금액을 그 이익을 얻은 자의 증여재산가액으로 한다.
② 특수관계인이 아닌 자 간에 거래의 관행상 정당한 사유 없이 재산을 시가보다 현저히 낮은 가액으로 양수하거나 시가보다 현저히 높은 가액으로 양도한 경우로서 그 대가와 시가의 차액이 대통령령으로 정하는 기준금액 이상인 경우에는 해당 재산의 양수일 또는 양도일을 증여일로 하여 그 대가와 시가의 차액에서 대통령령으로 정하는 금액을 뺀 금액을 그 이익을 얻은 자의 증여재산가액으로 한다.

상속세및증여세법 시행령 제26조 [저가 · 고가양도에 따른 이익의 계산방법 등]

② 법 제35조제1항에서 '대통령령으로 정하는 기준금액'이란 다음 각 호의 금액 중 적은 금액을 말한다.
1. 시가(법 제60조부터 제66조까지의 규정에 따라 평가한 가액을 말한다. 이하 이 조에서 '시가'라 한다)의 100분의 30에

Key Word_
양도를 통한 간접증여,
특수관계인, 부당행위

상당하는 가액
2. 3억원
③ 법 제35조제2항에서 '대통령령으로 정하는 기준금액'이란 양도 또는 양수한 재산의 시가의 100분의 30에 상당하는 가액을 말한다.
④ 법 제35조제2항에서 '대통령령으로 정하는 금액'이란 3억원을 말한다.
⑤ 법 제35조제1항 및 제2항에 따른 양수일 또는 양도일은 각각 해당 재산의 대금을 청산한 날(소득세법 시행령 제162조제1항제1호부터 제3호까지의 규정에 해당하는 경우에는 각각 해당 호에 따른 날을 말하며, 이하 이 항에서 '대금청산일'이라 한다)을 기준으로 한다.

소득세법 제101조 [양도소득의 부당행위 계산]
① 납세지 관할 세무서장 또는 지방국세청장은 양도소득이 있는 거주자의 행위 또는 계산이 그 거주자의 특수관계인과의 거래로 인하여 그 소득에 대한 조세 부담을 부당하게 감소시킨 것으로 인정되는 경우에는 그 거주자의 행위 또는 계산과 관계없이 해당 과세기간의 소득금액을 계산할 수 있다.

소득세법 시행령 제167조 [양도소득의 부당행위 계산]
③ 법 제101조제1항에서 '조세의 부담을 부당하게 감소시킨 것으로 인정되는 경우'란 다음 각 호의 어느 하나에 해당하는 때를 말한다. 다만, 시가와 거래가액의 차액이 3억원 이상이거나 시가의 100분의 5에 상당하는 금액 이상인 경우로 한정한다.
1. 특수관계인으로부터 시가보다 높은 가격으로 자산을 매입

상이거나 시가의 5% 이상인 경우로 규정하고 있기 때문에 시가의 95% 이하로 양도하는 경우에는 부당행위에 해당할 수 있다는 점도 염두에 두어야 한다. 부당행위로 분류되면 양도차익 계산시 시가를 기준으로 양도차익을 계산하게 된다. 따라서 부동산경기가 침체되어 시장에서 급매물이 쏟아져 시가의 60~70%로 가격이 형성될 때를 저가양도의 기회로 삼는 것이 좋다.

▶▶ 특수관계인(배우자·자녀 등)에게 싸게 팔아도 증여세를 낸다

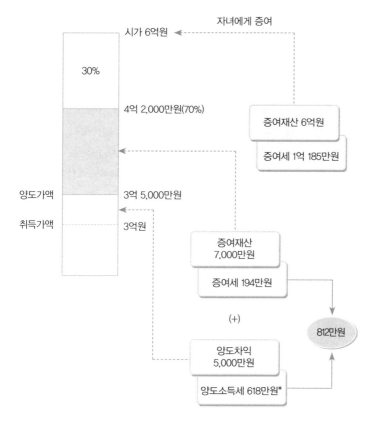

자녀에게 증여

시가 6억원

30%

4억 2,000만원(70%)

증여재산 6억원

증여세 1억 185만원

양도가액

3억 5,000만원

취득가액

3억원

증여재산
7,000만원

증여세 194만원

(+)

812만원

양도차익
5,000만원

양도소득세 618만원*

＊ (5,000만원 − 250만원(기본공제)) × 24% − 522만원
　만약 부당행위로 부인당하면 양도가액은 6억원이 되므로 양도소득세가 9,365만원으로
　증가할 수 있다.
　9,365만원 = {((6억원 − 3억원 − 250만원) × 38%} − 1,940만원

하거나 특수관계인에게 시가보다 낮은 가격으로 자산을 양도한 때
2. 그 밖에 특수관계인과의 거래로 해당 연도의 양도가액 또는는 필요경비의 계산시 조세의 부담을 부당하게 감소시킨 것으로 인정되는 때
④ 제98조제1항에 따른 특수관계인과의 거래에 있어서 토지 등을 시가를 초과하여 취득하거나 시가에 미달하게 양도함으로써 조세의 부담을 부당히 감소시킨 것으로 인정되는 때에는 그 취득가액 또는 양도가액을 시가에 의하여 계산한다.
⑤ 제3항 및 제4항을 적용할 때 시가는 상속세 및 증여세법 제60조부터 제66조까지와 같은 법 시행령 제49조, 제50조부터 제52조까지, 제52조의2, 제53조부터 제58조까지, 제58조의2부터 제58조의4까지, 제59조부터 제63조까지 및 조세특례제한법 제101조의 규정을 준용하여 평가한 가액에 의한다. 이 경우 상속세 및 증여세법 시행령 제49조 제1항 본문중 "평가기준일 전후 6월(증여재산의 경우에는 3월로 한다) 이내의 기간"은 "양도일 또는 취득일 전후 각 3월의 기간"으로 보며, 조세특례제한법 제101조 중 "상속받거나 증여받는 경우"는 "양도하는 경우"로 본다.

다주택자의 세 갈래길 고민… 양도, 증여, 상속

44

사업가인 전만은 씨(60세)는 10여 년 전부터 저금리추세가 장기화될 것임을 예감하고 보유자산을 부동산으로 전환했는데, 그러다보니 어느덧 3주택 보유자다. 그런데 갈수록 재산세와 종합부동산세 부담이 커져서 고민이 이만저만이 아니다. 게다가 앞으로 10년 후에는 사업에서 은퇴할 예정이라 매년 정기적으로 내야 하는 보유세를 부담하기도 어렵다. 전씨는 지금이라도 거주용 1채를 제외한 집을 양도하거나 아니면 자녀에게 증여하는 게 나을지 고민하고 있는데, 과연 어떻게 하는 것이 가장 바람직할까?

다주택자들에게 지금의 양도소득세는 거의 폭탄수준이다. 수도권과 광역시의 대부분 지역이 조정대상지역인 데다, 3주택자가 조정대상지역의 주택을 양도할 경우에는 2021년 6월부터 기본세율에 30%포인트가 추가된다. 따라서 양도차익이 5억원에서 10억원 사이라면 기본세율 42%에 30%가 가산된 72%의 양도소득세를 내야 한다. 다주택자에게는 장기보유특별공제가 적용되지 않으므로 만약 양도차익이 8억원이라면 양도소득세(지방소득세포함)가 무려 5억원에 달한다.

결국 당장 쓸 현금이 필요하지 않다면 이렇게까지 많은 세금을 내면서 양도할 사람은 흔치 않다. 그래서 한편으로는 다주택자들이 매물을 내놓도록 유도하기 위해서 보유세를 강화했다. 종합부동산세의 세율을 올리고 공시가격을 올림으로써 보유세부담이 예전보다 2배 이상 증가할 것으로 예상된다. 나아가 자녀 등에게 증여하는 것을 막기 위해서 증여에 의한 취득세를 무려 12%로 4배 가까이 인상했다. 13억짜리 집이면 취득세만 무려 1억 6,000만원에 달한다. 증여세 4억 7,000만원은 별도이므로 모두 6억원이 넘어, 세금이 증여재산의 절반에 이른다. 이렇게 보면 사실상 증여든 양도든 아무것도 못하게 하는 셈이다. 이러다보니 시장에서는 징벌적 세금이라고도 한다.

앞의 사례에서 확인되듯이 지금의 구조는 양도든 증여든 세금차이가 거의 없이 폭탄수준으로 내야만 한다. 증여세부담을 줄이기 위해 부담부증여를 하기도 하지만 채무이전부분에 대해서는 양도소득세를 내야 하므로 이 역시 조정지역의 다주택자들처럼 양도소득세율이 높은 경우에는 별 실익이 없다. 사실 부동산가격이 최근 3년 사이 2배 가까이 급등하기 전만 하더라도 증여를 통한 재산이전이 활발했지만 지금은 가격이 너무 올라서 재산이전에 따른 세금부담이 매우 높아졌다.

하지만 세금정책이 만능은 아니며 과거에도 세금으로는 절대 부동산가격을 안정시키지 못했다. 모든 재화의 가격은 철저하게 수요공급에 따라 결정되는데, 지금의 징벌적 조세정책은 오히려 시장에 주택공급을 더 위축시키는 결과를 초래한다. 게다가 임대시장의 공급자역할을 하는 다주택자에 대한 보유세

강화는 임대료의 상승을 유발하는 역작용을 유발할 수도 있다. 특히 통화량 증가에 따른 전반적인 화폐가치하락, 즉 인플레이션에 따라 자산가치가 상승할 것이라는 기대심리가 없어지지 않는 이상, 부동산가격하락은 쉽지 않아 보인다.

세상에 영원한 것은 없는 법인데, 사람이 만드는 제도는 더욱 더 그렇다. 지금 서둘러서 증여하기 보다는 때를 기다리는 것도 대안이 될 수 있다. 당분간 보유세부담이 걱정된다면 나머지 두 채의 주택을 월세로 전환해서 이를 통해 보유세를 충당하면 된다. 만약 기다려도 제도변화의 기미가 보이지 않는다면 증여세 누진부담을 줄이기 위해 10년마다 분할 증여를 고려하거나, 아예 상속으로 방향을 전환할 수도 있다. 배우자공제 등을 감안하면 상속세 실효세율(상속재산 30억원일 경우 3억원으로서 10%, 50억원일 경우 7억원으로 14%)이 생각보다 그리 높지 않기 때문이다. 게다가 상속전에 보유하고 있는 주택을 담보로 대출을 받아서 이를 자녀들에게 현금으로 여러 번에 걸쳐 나누어 증여하면 채무공제를 통해 상속재산도 상당부분 줄일 수 있다.

상속증여설계에서 가장 중요한 것은 "타이밍"이다. 다시 말해 필요하고도 적절한 시기에 이루어져야 하는데, 이를 위해서는 관련 제도의 변화를 주목해야 한다. 지금 같은 시기는 증여의 적기라고 할 수 없으며 관련 제도의 완화여부를 지켜보고, 그 적기 여부를 파악해야 한다. 더불어 재산 상속은 어느 날 갑자기 일어나지만, 그 설계와 계획은 미리미리 이루어져야 하며 금융재산 비중(최대 10억원으로 하되, 점진적 감소조정)과 채무비중(많을수록 좋으며, 점진적 증가조정)을 미리미리 조정해 나가야 한다.

비상식적일 정도로 지나치게 과한 세금은 필연적으로 돈을 자꾸 숨게 만든다. 그러나 경제활동을 유지시키기 위해서는 개인들이 금고에 쌓아둔 돈만큼을 새로 찍어서 유통시켜야 하는데, 그 과정에서 돈의 가치는 계속 떨어지게 된다. 최근 은행에서 5만원권이 자꾸 사라지는 이유가 무엇인지 다시 한번 생각하게 된다.

5장_상속 · 증여설계 사례

서울 대치동에서 학원을 경영하는 A씨(47)는 이달 초 10억원짜리 종신보험에 가입했다. 재산이 50억원이 넘는 A씨가 월 300만원에 가까운 종신보험에 가입한 이유는 뭘까?

가장(家長)의 사망시 유가족에게 생활비(사망보험금)를 지급하는 종신보험 본래 취지에 비춰볼 때 A씨의 계약액은 너무 많다고 생각할 수 있다. 하지만 그가 종신보험을 선택한 이유는 따로 있다. 자녀들의 상속세 재원 마련을 위한 것. A씨가 사망하면 10억원의 사망보험금이 자녀 앞으로 나오는데 이를 상속세 납부용으로 사용할 수 있다는 얘기다.

100억원의 재산을 상속하려면 각종 공제금액을 차감해도 상속세는 30억원 안팎이다. 상속재산이 부동산이라면 자녀(상속인)는 상속세를 내기 위해 부동산을 팔아야 한다. 급하게 처분하는 과정에서 손해를 볼 수도 있다. 하지만 부모가 미리 30억원짜리 종신보험에 가입해 놓으면 자녀는 상속세 걱정을 하지 않아도 된다.

종신보험을 절세 수단으로 활용하려면 계약자(보험료를 내는 사람)와 수익자(보험금을 받는 사람)가 동일해야 한다. 왜냐하면 부모가 종신보험에 가입하고 보험료도 낼 경우 부모 사망시 자녀가 받는 사망보험금은 상속재산으로 간주돼 상속세를 내야 하기 때문이다.

따라서 자녀의 연봉이 3,600만원이라면 계약자와 수익자를 자녀로 하고 자신을 피보험자로 해서 월 300만원의 보험료(보험가입금액 10억원)를 내면 자신의 사망시 자녀는 법적으로 아무런 하자 없이 10억원의 사망보험금을 손에 쥘 수 있다는 것이다. 이처럼 절세를 위한 거액 종신보험 수요가 늘어나자 생명보험사들이 종신보험의 가입 한도를 잇따라 상향조정하고 있다.

(한국경제신문에서 발췌)

상속세 납부대상자가 크게 늘고 있다. 상속세 부과기준은 20년 째 그대로 인데 주식과 부동산 같은 자산가격이 급등한 데 따른 것이다. 전문가들은 유가족이 '상속세 폭탄'을 피할 수 있도록 장기 상속계획을 세워 미리미리 대비해야 한다고 조언한다.

상속 · 증여세는 기본적으로 누진세율 체계다. 과표 1억원 이하의 10%가 최저고, 30억원 초과의 50%가 최고다. 낮은 세율 구간이 적용되도록 과표를 조금이라도 줄이는 게 절세의 관건이다. 가령 아내와 성인 자녀 두 명을 둔 남편이 별도 유언 없이 30억원의 상속재산을 남기고 사망한 경우 배우자와 두 자녀가 법정지분대로 상속받는다고 가정하면 신고세액공제(산출세액의 3%)를 빼더라도 납부할 상속세는 3억 1,600만원으로 전체 상속재산의 10.5% 정도다.

지금은 전체 사망자 중 상속세 납부자 비율이 2.25%다. 하지만 최근 몇 년 새 집값을 중심으로 자산가격이 급등해 상속세 납부대상자가 빠르게 늘고 있다. 앞으로는 상속세도 종합부동산세처럼 웬만한 중산층이면 다 내는 '5%의 세금', '10%의 세금'이 될 수도 있다.

그렇다면 상속세를 어떻게 줄일 수 있을까. 전문가들은 "10년 주기로 장기적인 계획을 세워 미리미리 증여하는 게 상속세를 줄이는 핵심방법"이라고 말한다. 10년 단위로 배우자 공제(6억원)와 성인 자녀공제(1인당 5,000만원)를 활용할 수 있어서다. 예를 들어 배우자와 자녀 2명이 있다면 10년마다 7억원까지 증여세 없이 증여할 수 있다.

금융재산상속공제를 고려해 10억원까지는 상속재산을 금융재산으로 분산해놓는 것도 필요하다. 건물을 상속할 땐 세입자에게 월세보다는 전세를 주는 게 상속세 측면에서 유리하다. 전세금(보증금)은 피상속인의 부채이므로 상속세 계산 때 공제된다. 피상속인이 사망 전 장기간 입원하면 가급적 피상속인의 재산으로 병원비를 내는 게 좋다. 그만큼 상속재산이 감소하기 때문이다.

(조세일보 기사수정)

사전증여를 통한 상속설계

부유한 씨(55세)는 늦어도 50대부터 재산이전을 서서히 준비해야 한다는 말을 듣고는 상속플랜을 어떻게 짜야 할지 고민이다. 일차적인 상속설계는 사전증여라고들 하는데, 사전증여를 누구에게, 얼마나 해야 할지 모르겠다. 부씨의 현재 재산은 30억원(부동산 20억원, 금융자산 10억원)인데, 향후 평균수명 연장을 고려하여 재산상속시기는 25년 후로, 배우자의 재상속시점은 부 씨 사망 후 5년 후로 가정한다. 상속인은 배우자와 두 자녀이며, 부동산과 금융자산의 연간 수익률(성장률)은 4%로 가정한다.

상속 · 증여설계에서 가장 중요한 것은 각 상속인별로 언제, 얼마의 재산을, 어떻게 이전할지를 결정하는 것이다. 그런데 상속 당시 재산총액이 10억원 이하라면 굳이 미리 상속(증여를 뜻함)할 필요가 없다. 그 이유는 상속재산이 10억원 이하이면 어차피 상속세를 내지 않는데 혹시라도 증여 후 10년이 지나지 않은 시점에서 상속이 개시되면 사전증여재산을 상속재산에 합산하는 데다, 이에 대해서는 상속공제를 받지 못함에 따라 오히려 내지 않아도 될 세금을 내야 하기 때문이다.

예를 들어 상속재산이 10억원인 사람이 죽기 전에 재산을 두 자녀(성년)에게 모두 증여한 다음 사망했다고 가정하자. 기본적인 상속공제금액이 10억원(배우자상속공제 5억원, 일괄공제 5억원)이기 때문에 사전증여가 없었더라면 상속인들은 상속세를 전혀 내지 않아도 된다. 하지만 상속공제는 상속재산에서 상속재산에 합산된 사전증여재산(증여재산공제액을 뺀 것)을 차감한 것을 한도로 하기 때문에 이 경우 상속공제를 거의 받을 수 없다. 결국 내지 않아도 될 10억원에 대한 상속세 2억 370만원을 내게 되는 셈이다. 비록 사전증여가 상속인 간의 재산분배를 둘러싼 다툼을 미리 정리해주는 효과는 있지만 세금면에서 누구에게나 항상 유리한 것은 아니다.

그러나 부유한 씨처럼 상속재산이 10억원을 넘는 경우는 미리 증여해두는 것이 더 유리하다. 부 씨의 현 재산은 30억원이지만 상속개시시점인 25년 후의 재산가치는 80억원으로 추정되고, 이에 대한 상속세는 16억 4,000만원으로 추정된다(세법이 바뀌면 미래에 상속공제금액도 늘어나겠지만 사전증여에 따른 절세효과를 서로 비교·분석하는 것이므로 현재와 같다고 가정해도 차이를 따지는 데는 문제가 없음). 그리고 5년 후 배우자의 재상속에 따른 상속세 4억원을 포함하면 상속세 총액은 모두 20억 6,000만원에 이른다.

그렇다면 지금부터 사전에 상속재산을 분산하여 상속세 규모를 줄여보기로 하자. 우선 현 시점에서 배우자에게 증여재산공제액인 6억원 상당의 재산을 증여한다. 성년인 두 자녀에게도 각각 1,940만원의 증여세를 내고 2억원씩을 증여해둔다. 이렇게 하면 부 씨의 재산은 20억원으로 감소하는데, 이것의 10

☑ 상속세 2억 370만원

{((10억원−1억원(상속공제액))
×30%)−6,000만원}×97%
= 2억 370만원

* 1억원(상속공제 한도) = 10억원
−9억원(사전증여재산의 과세
표준)

Key Word_
사전증여를 통한 상속설계,
사전증여에 따른 상속세 절세효과

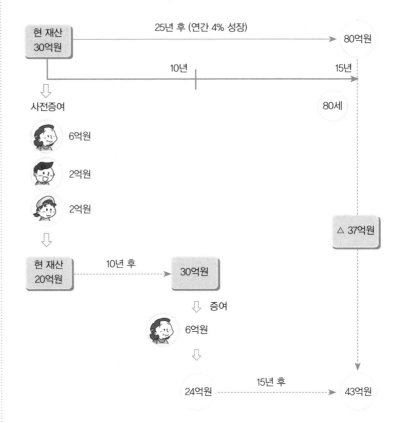

▶ ▶ 사전증여에 따른 상속재산의 변화

현 재산
30억원

25년 후 (연간 4% 성장) → 80억원

10년 | 15년

80세

사전증여

6억원

2억원

2억원

△ 37억원

현 재산
20억원

10년 후 → 30억원

⇩ 증여

6억원

24억원 ········ 15년 후 ·······→ 43억원

년 후 재산가치는 30억원이 될 것으로 추정된다. 10년 뒤 배우자에게 다시 6억원을 증여하면 24억원이 되는데, 이것의 15년 후의 재산가치는 43억원으로 추정된다. 사전증여에 따라 상속개시시점에서는 37억원(80억원−43억원)의 재산이 감소하게 되는 셈이다.

한편 재산상속시에는 배우자에게 법정지분액(1.5/3.5)까지 상속한다. 배우자에게 상속하지 않고 자녀에게만 상속하는 경우에도 세금 총액은 11억 9,000만원으로 별 차이가 없지만 부 씨 사망시 부담할 상속세는 훨씬 더 많기 때문이다. 이처럼 상속설계 중 사전증여를 통해 상속세는 당초 20억 6,000만원에서 12억원으로 8억 6,000만원이 줄어들게 된다.

상속설계는 은퇴설계와 마찬가지로 미래와 관련된 것이기 때문에 설계과정에 어느 정도 가정이 개입될 수밖에 없다. 상속시기나 재상속시기, 향후 재산증가율 등은 추정에 의할 수밖에 없기 때문에 사전적인 추정이 사후적으로 꼭 들어맞기는 어렵다.

게다가 사전증여는 피상속인(증여자)의 의지가 매우 중요하다. 그러니 증여의지만 있다면 이를 최대한 빨리 실행에 옮기는 것이 좋다. 상속 전 10년 이내의 증여는 오히려 해가 되기 때문이다. 만약 부 씨가 배우자 및 자녀에 대한 증여(총 16억원)를 상속 전 10년 이내에 실행했다고 가정하자. 상속재산은 사전증여재산 16억원을 다시 더한 80억원이 되지만 배우자상속공제액은 28억원으로 줄어들어 증여를 안 한 경우(16억 4,000만원)보다도 납부세액{((80억원 − 28억원 − 5억원 − 2억원) × 50% − 4.6억원) × 97% = 17.4억원}이 오히려 1억원 정도 증가하게 된다.

그러므로 상속설계시에는 상속인별로 재산이전을 언제, 얼마나 할 것인지를 결정하고 그에 따라 상속인의 부담이 얼마나 줄어드는지에 대한 큰 틀을 잡고 이를 제시하는 것이 가장 중요하다.

배우자상속공제액은 28억원

80억원 × 1.5/3.5 − (12억원 − 6억원) ≒ 28억원

▶ 배우자상속공제의 한도 = (상속재산 + 10년 이내 상속인에게 증여한 재산 − 공과금 · 채무) × 배우자 법정지분 − 배우자에 대한 사전증여재산에 대한 증여세 과세표준

▶▶ 사전증여에 따른 상속세 절세효과

(단위 : 억원)

피상속인	항목	현 상태에서 상속	사전증여시(16억원)	
			배우자에게 법정지분까지 상속	자녀에게만 상속
남편	상속재산(과세가액)	80	43	43
	배우자상속공제	30	18	5
	일괄공제	5	5	5
	금융재산상속공제	2	2	2
	과세표준	43	18	31
	산출세액	16.9	5.6	10.9
	납부세액	16.4	5.4	10.6
부인	상속재산(과세가액)	30	30[3]	12
	일괄공제	5	5	5
	금융재산상속공제	2	2	2
	과세표준	23	23	5
	산출세액	7.6	7.6	0.9
	단기재상속공제	3.2[1]	1.2[4]	–
	납부세액	4.2[2]	6.2	0.9
상속세 총액		20.6	11.6	11.5
증여세 총액		–	0.4	0.4
계		20.6	12	11.9

1) 16.9억원 × (30억원 / 80억원) × 50%
2) (7.6억원 − 3.2억원) × 97%(신고세액공제 3% 차감)
3) 배우자상속분 18억원 + 사전증여재산 12억원
4) 5.6억원 × (18억원/43억원) × 50%

재산의 사전처분을 통한 상속설계

정만은 씨(75세)는 상속대책을 위해 사전증여를 하기에는 너무 늦은 것 같아 요즘 자신의 재산을 어떻게 처리할지를 놓고 고민 중이다. 정 씨의 재산은 살고 있는 집(시가 13억원)과 취득한 지 20년 된 상가건물(시가 20억원, 임대보증금 5억원 있음), 그리고 금융자산(예금·변액보험·펀드 등) 12억원 등 모두 45억원이다. 상속인은 배우자와 두 자녀이다.

46

재산의 사전증여를 통한 상속설계는 반드시 충분한 시간을 두고 실행해야 한다. 증여세를 계산할 때 10년 이내의 재증여재산을 합산하여 과세하는 데다, 상속 전 10년 이내에 증여한 재산은 어차피 상속재산에 다시 포함되기 때문이다. 그러므로 정 씨의 경우처럼 70대에 들어서는 사전증여보다는 재산처분을 통한 상속대책을 마련하는 것이 더 적합하다.

사실 20~40억원 정도의 재산가들에게 사전증여를 얘기하면 대부분 '시간이 더 지나 자신이 사망할 때쯤 주면 된다'고 생각하는 게 일반적이다. 때가 되면 그때 재산을 처분해서 나눠줘도 늦지 않다는 생각이다.

물론 국세청에 의해 사후적으로 체크 당하지만 않으면 이 방법도 괜찮다. 그러기 위해서는 평소 금융소득종합과세 대상자에 들어가지 않도록 하고, 부동산임대사업소득세와 같은 재산 관련 세금을 너무 많이 내지 않도록 소득과 재산을 분산하는 노력이 필요하다.

또한 재산처분을 통한 상속설계도 상속개시일에 임박해 실행해서는 안 된다. 세법에서는 피상속인의 재산처분액에 대한 사용처조사 대상기간을 상속개시 전 2년 이내로 규정하고 있지만, 그 이전의 것도 증여사실이 확인되면 과세를 피할 수 없으므로 최소한 3~5년의 시간은 남겨두어야 안전하다.

정 씨의 경우처럼 상속재산이 30억원이 넘어 사후관리의 대상이 되는 경우라면 재산처분을 통해 상속재산을 아예 30억원 이하로 낮출 필요가 있다. 고액상속인으로 사후관리의 대상에 들어가면 사전재산 처분액도 사후적으로 모두 체크될 가능성이 있기 때문이다.

정 씨의 경우 금융자산이 변액보험과 펀드 등 비과세상품 위주로 구성돼 있어 다행히 금융소득종합과세 대상은 아니다. 상가건물도 그리 큰 규모는 아니기 때문에 재산처분을 통해 상속재산이 축소돼도 큰 문제는 없어 보인다. 하지만 우선 금융자산은 절반에 해당하는 6억원을 배우자 앞으로 해둘 필요가 있다.

나이가 든 배우자의 경우 지속적으로 현금이 필요하기 때문에 부동산보다는 현금을 주는 것이 더 바람직하다. 이때 6억원까지는 어차피 증여세가 없으니 굳이 증여신고를 할 필요는 없다. 신고한 상태에서 만약 10년 내에 상속이 개시되면 상속재산에 합산될 수 있기 때문이다.

그리고 상가건물은 매각해서 두 자녀들에게 현금으로 분배하는 방법을 고려해 본다. 이때 중요한 변수는 양도소득세이다. 정 씨가 15년 전에 샀던 상가건물의 취득가액이 10억원이고 현 시세가 20억원이라고 하면 지금 팔면 약 2억 5,755만원의 양도소득세를 내야 한다.

그러나 재산처분을 하지 않은 상태에서 내게 될 상속세에 비하면 양도소득세를 내는 것이 더 유리하다. 처분대금 20억원에서 임대보증금(5억원)과 양도소득세(2억 5,755만원)를 차감하면 12억 4,245만원이 남는데, 이를 두 자녀에게 각각 6억 2,120만원씩 분배한다.

이렇게 재산을 처분해서 상속인들에게 분배하면 상속재산은 45억원에서 19억원(집 13억원과 금융자산 6억원)으로 줄어든다. 사후관리 대상인 고액상속인에도 해당하지 않으며 상속세는 당초 4억 6,000만원에서 불과 8,000만원으로 줄어들게 된다.

양도소득세가 너무 많을 경우에는 자녀들에게 부담부증여하는 방법을 검토해 볼 수도 있는데, 이렇게 양도소득세가 많이 나오는 경우는 부담부증여가 오히려 더 불리하다.

만약 상가건물(20억원)의 임대보증금 5억원을 수증자인 자녀들이 인수하는 조건으로 증여하면 증여재산가액은 각각 7억 5,000만원으로 각자 1억 4,550만원의 증여세를 내면 된다. 그 외에 양도소득세도 4,615만원을 내야 하기 때문에 총세금은 3

☑ 2억 5,755만원의 양도소득세

항목	금액
양도차익	10억원
장기보유특별공제(30%)	3억원
기본공제	250만원
과세표준	6억 9,750만원
산출세액	2억 5,755만원*

* (6억 9,750만원 × 42%) − 3,540만원

☑ **상속재산과 과세가액**

상속재산에서 공과금·채무·장례비를 차감한 것이 상속세 과세가액이며, 배우자상속공제의 한도는 상속재산에서 공과금 및 채무를 차감한 금액에 법정지분율을 곱해 계산한다.

☑ **양도소득세 4,615만원**

항목	금액
양도가액	5억원
필요경비	2억 5,000만원*
양도차익	2억 5,000만원
장기보유특별공제(30%)	7,500만원
기본공제	250만원
과세표준	1억 7,250만원
산출세액	4,615만원

* 5억원 − (10억원×5/20)

☑ **관련 세법**

상속세및증여세법 제19조 [배우자상속공제]

① 거주자의 사망으로 상속이 개시되어 배우자가 실제 상속받은 금액의 경우 다음 각 호의 금액 중 작은 금액을 한도로 상속세 과세가액에서 공제한다.
1. 다음 계산식에 따라 계산한 한도금액
[한도금액 = (A−B+C)×D−E]
A : 대통령령으로 정하는 상속재산의 가액
B : 상속재산 중 상속인이 아닌 수유자가 유증 등을 받은 재산의 가액
C : 제13조제1항제1호에 따른 재산가액
D : 민법 제1009조에 따른 배우자의 법정상속분(공동상속

▶▶ 재산의 사전처분을 통한 상속설계

(단위 : 억원)

항목	현 상태에서 상속
상속재산	45
채무	5
과세가액	40
배우자상속공제	17[1]
일괄공제	5
금융재산상속공제	2
과세표준	16
산출세액	4.8
납부세액	4.6

항목	재산의 사전처분시[2] (금융자산 6억원, 상가건물 20억원)
상속재산	19[3]
채무	–
과세가액	19
배우자상속공제	8
일괄공제	5
금융재산상속공제	1.2[4]
과세표준	4.8
산출세액	0.86
납부세액	0.8

1) (45억원 − 5억원) × 1.5/3.5
2) 상속개시 3~5년 이전에 처분한 것으로 가정
3) 집(13억원) + 금융자산(6억원)
4) (금융자산 12억원 − 배우자증여분 6억원) × 20%

억 3,715만원에 이른다. 게다가 증여 후 10년 내에 상속이 개시되면 상속재산에 다시 합산되는 등 문제가 더욱 복잡해진다.

특히 사전증여와 재산처분을 통한 상속설계에서 반드시 유념해야 할 점은 상속인 간의 분쟁이 발생하지 않도록 배려하는 것이다. 이를 위해서는 법정비율대로 재산을 나누는 것이 가장 무난하다. 상속시에는 모든 상속인에게 최소한 법정지분의 1/2을 상속해서 사후에 유류분청구가 발생하지 않도록 하는 것이

좋으며, 증여시에도 공평하게 나누어 증여함으로써 상속인 간
의 갈등을 최소화하는 것이 무엇보다 중요하다.

인 중 상속을 포기한 사람이 있는 경우에는 그 사람이 포기하지 아니한 경우의 배우자 법정상속분을 말한다)

E : 제13조에 따라 상속재산에 가산한 증여재산 중 배우자가 사전증여받은 재산에 대한 제55조제1항에 따른 증여세 과세표준

2. 30억원

④ 제1항의 경우에 배우자가 실제 상속받은 금액이 없거나 상속받은 금액이 5억원 미만이면 제2항에도 불구하고 5억원을 공제한다.

상속세및증여세법 시행령 제17조 [배우자 상속재산의 가액 및 미분할사유]

① 법 제19조제1항제1호의 계산식에서 '대통령령으로 정하는 상속재산의 가액'이란 상속으로 인하여 얻은 자산총액에서 다음 각 호의 재산의 가액을 뺀 것을 말한다.

1. 법 제12조의 규정에 의한 비과세되는 상속재산

2. 법 제14조의 규정에 의한 공과금 및 채무

3. 법 제16조의 규정에 의한 공익법인 등의 출연재산에 대한 상속세 과세가액 불산입재산

4. 법 제17조의 규정에 의한 공익신탁재산에 대한 상속세 과세가액 불산입재산

보험료증여를 활용한 상속설계

47

전도사 씨(48세)는 전성기 PB로부터 아들(21세, 대학생) 명의로 보험을 들면 나중에 상속세 고민을 덜 수 있다는 말을 듣고는 귀가 솔깃했다. 전 씨의 예상상속재산은 50억원이며 상속인은 배우자와 두 자녀인데, 보험을 활용한 상속설계가 구체적으로 어떻게 유리한지 알고 싶다.

상속설계에서 보험이 중요한 역할을 하는 이유는 피상속인의 사망과 함께 보험금이 지급되는 데다 보험금을 상속인들이 받기 때문이다. 즉, 피상속인을 피보험자로 하되, 특정의 상속인을 수익자로 정한 보험에 가입하면 사망보험금을 통한 재산상속이 가능해진다. 단, 수익자인 상속인이 수령하는 보험금에 대해 상속세를 내지 않으려면 반드시 보험료납부자와 피상속인이 달라야 한다.

또한 보험료납부자와 수익자가 달라서도 안 된다. 만기 또는 사고보험금에 대해 증여세가 과세되기 때문이다. 결국 보험료납부자와 수익자를 모두 아들로 하고 전 씨만 피보험자로 설계해야 하는데, 문제는 아들이 아직 소득이 없다는 점이다.

소득이 없는 자녀가 가입한 보험은 그 보험료를 실질적으로 부모가 납부한 것으로 보아 나중에 자녀가 보험금을 받을 때 상속세 또는 증여세를 과세한다. 그러나 보험료의 일부를 자녀가 실제 납부했다면 그 부분에 해당하는 보험금은 과세대상에서 제외된다.

전 씨의 자녀는 지금 대학생이지만 약 7~8년 뒤에는 취직을 해서 소득이 생길 것으로 예상된다. 따라서 지금은 일단 전 씨를 계약자와 수익자로 해서 보험료를 납부하기로 한다. 아직은 전 씨의 나이가 젊기 때문에 그 사이에 상속이 개시될 가능성도 희박하다. 종신보험금을 10억원, 보험료 납부기간을 20년으로 할 경우 매월 보험료를 250만원으로 가정한다.

일단 7년 동안은 전 씨가 보험료를 납부하되, 7년 후 아들의 소득이 발생하는 시점에서 계약자와 수익자를 아들로 변경한다. 계약변경시점에서 아들에게 보험금이 지급되는 것은 아니기 때문에 이때 증여세가 과세되지는 않는다. 또한 이때부터는 보험료납부자가 아들이라는 것을 입증하기 위해 보험료 납부계좌도 아들의 계좌로 바꿔야 한다. 단, 계약변경시점에서 아직 보험금이 지급된 것은 아니지만, 보험계약자의 변경도 지급명세서에 포함되어 국세청에 제출되므로 만약 저축성보험이라면 전 씨가 납부한 보험료를 증여재산으로 볼 수도 있다. 그러나 종신보험과 같은 보장성보험은 어차피 사망보험금 수령을 통해 상속세가 과세될 것이므로 계약자변경을 증여로 보기에는 다소

무리가 있다고 생각된다.

이렇게 하면 전 씨 사망시 수익자인 아들이 지급받는 보험금 10억원 중 전 씨가 납부한 부분의 비율인 35%(2억 1,000만원 ÷ 6억원)에 해당하는 3억 5,000만원만 상속재산에 포함된다. 아들이 직접 납부한 부분(65%)에 해당하는 나머지 6억 5,000만원은 상속재산에서 제외되며, 결국 상속세 과세가액도 그만큼 줄어들게 된다.

만약 전 씨의 상속재산이 50억원이라면 상속세는 약 7억원으로 예상된다. 그러나 보험금수익자인 아들에게 자신의 사망보험금 지급을 통해 별도로 상속함으로써 상속재산은 43억 5,000만원으로 감소하고 상속세도 5억 4,000만원으로 줄어든다. 1억 6,000만원의 세금이 절세되는 셈이다.

만약 당장의 증여세 부담이 문제되지 않는다면 아예 아들에게 보험료를 증여하면 더 많은 절세효과를 거둘 수 있다. 7년간의 보험료 2억 1,000만원의 현재가치 상당액 1억 8,200만원(연 4%로 할인)을 지금 증여받고 1,590만원의 증여세를 낸 다음, 아들 자신이 계약자와 수익자로서 보험에 가입한다. 보험료는 당연히 아들 자신이 증여받은 계좌에서 인출되게 한다.

이렇게 하면 전 씨의 사망보험금 10억원이 모두 상속재산에서 제외되고 상속재산 40억원에 대한 상속세는 4억 6,000만원으로 줄어든다. 이처럼 보험료증여시에 상속세가 더 줄어든 것은 증여세를 미리 낸 결과 때문이기도 하다.

▶▶ 보험료증여를 활용한 상속 · 증여설계

(단위 : 억원)

항목	현 상태에서 상속	보험금 상속시	
		보험료 대납시	보험료증여시
상속재산(과세가액)	50	43.5	40
배우자상속공제	21	18.6	17
일괄공제	5	5	5
금융재산상속공제	2	2	2
과세표준	22	17.9	16
산출세액	7.2	5.6	4.8
납부세액	7.0	5.4	4.6*

＊ 보험료증여시 부담한 증여세 1,590만원을 포함한 총세액은 약 4.8억원임
   1,590만원 = {(1억 8,200만원 − 5,000만원) × 20% − 1,000만원} × 97%

연금보험을 활용한 상속·증여설계

48

상속설계에서 보험이 매우 유용하다는 점을 깨달은 전도사 씨는 이번에는 자신의 딸(15세)에게 적용할 수 있는 게 없겠느냐고 물어왔다. 딸에게는 일정금액을 미리 증여하고 싶은데, 아직 나이가 어려 20년 뒤 30대가 되었을 때 증여하고 싶다. 특히 아들과 달리 소득이 없을 수도 있기 때문에 자금출처를 만들어주면 더욱 좋을 것 같다.

자녀에게 지금 증여하되, 증여시기를 미래로 연기하는 방법으로는 자녀를 수익자로 하는 연금보험을 활용하는 것이 최적이다. 이때 계약자는 전 씨이지만 수익자가 자녀이므로 자녀가 받게 될 연금은 증여재산에 해당되어 증여세를 내야 한다.

그러나 증여시기는 지금이 아니라 연금개시시점이므로 필요에 따라 이를 마음대로 정할 수 있다. 전 씨가 딸에 대한 증여시기를 30대로 생각하고 있으므로 연금개시시기를 지금부터 20년 뒤로 정하면 딸의 나이가 35세인 시점부터 연금수령이 가능하다. 연금수령기간은 20년 확정형으로 설계하고, 연금보험료 납부는 현재 전 씨가 가지고 있는 여유자금 2억원을 한꺼번에 납부하는 것으로 한다. 20년 거치 후 20년간 전 씨의 딸이 매월 수령할 연금액수는 220만원(연금수익률을 연 4%로 가정)이다.

그리고 이에 대한 증여세는 5,742만원(증여재산평가액은 20년간 수령할 연금 5억 2,800만원의 현재가치(세법상 3%로 할인)인 3억 9,600만원임)이다. 이를 현재시점의 가치로 환산해보면 2,620만원(4%로 할인)에 해당한다.

전 씨의 딸은 매월 연금을 받아 자신의 생활비에 보태거나, 자녀의 교육비로 활용하면 된다. 또는 이를 모아 재산취득자금으로 사용하더라도 이미 증여신고를 마친 것이므로 자금출처를 입증하는 데는 전혀 문제가 없다.

한편 전 씨의 입장에서는 자신의 재산 중 2억원을 자녀에게 넘겼으므로 미래의 상속재산은 그만큼 줄어들게 된다. 상속개시시기를 지금부터 30년 후, 연간 이자율을 4%라고 가정하면 현재의 2억원은 30년 후 6억 5,000만원과 같다.

앞서 전 씨의 상속재산이 50억원일 경우 상속세 예상액은 약 7억원으로 계산됐다. 그러나 딸을 수익자로 하는 연금보험 가입을 통해 재산의 일부를 미리 증여함으로써 상속재산은 43억 5,000만원으로 감소하고 상속세도 5억 4,000만원으로 줄어든다. 이때에도 앞서 아들에게 종신보험을 통해 상속한 경우와 마찬가지로 1억 6,000만원의 상속세가 절세된다.

이 두 가지를 모두 결합하면 아들과 딸에게 각각 1억 8,200만원과 2억원을 미리 증여하고 증여세를 약간 부담(현재시점의 가치로 모두 4,210만원)함으로써 장차 두 자녀가 부담할 상속세

▶▶ 연금보험을 활용한 상속 · 증여설계

(단위 : 억원)

항목	현 상태에서 상속		연금보험 가입시 (계약자 · 수익자 : 자녀, 피보험자 : 전 씨)
상속재산(과세가액)	50		43.5[1]
배우자상속공제	21		18.6
일괄공제	5		5
금융재산상속공제	2		2
과세표준	22		17.9
산출세액	7.2		5.6
납부세액	7.0		5.4[2]

1) 연금보험 납부액 2억원의 상속개시시점(30년 후)의 가치 6.5억원을 차감한 것임
2) 연금개시시점에서 부담할 증여세 5,742만원을 포함한 총세액은 약 6억원임

를 3억 2,000만원이나 줄일 수 있다.

　미래의 상속세를 절세하는 방법은 이처럼 재산을 자녀들에게 미리 적극적으로 이전하고, 그에 따라 증여세를 내는 것이 최선의 방법이다. 다만 그 과정에서 재산이전에 대한 증여자의 의지와 재산이전에 대한 가치관(재산이전이 과연 자녀에게 유익한 것인가? 라는 의문), 누구보다도 소중한 배우자에 대한 배려 등은 절세효과 못지 않게 고려해야 할 중요한 요소이다.

부채를 활용한 상속·증여설계

49

현명한 씨(67세)는 그동안 부동산 위주로 자산을 불려왔다. 그런데 막상 은퇴를 하고 나니 현금유동성이 매우 중요하다는 생각을 갖게 됐다. 특히 자신의 재산상속과 관련해서는 상속받은 자녀들이 현금유동성의 부족으로 인해 상속세를 납부하는 데도 어려움이 있을 것 같아 더욱 고민이다. 현 씨의 현재 재산은 살고 있는 집(시가 10억원)과 상가(시가 15억원, 임대보증금 2억원 있음), 토지 8억원 그리고 금융자산 2억원 등 모두 35억원이다. 상속인으로는 배우자(62세)와 두 자녀가 있다.

상속·증여설계를 할 때 반드시 들어가야 하는 부분이 채무공제이다. 재산을 상속받고 증여받을 때 채무가 포함된 경우 채무는 과세가액 계산과정에서 전액 공제되므로 그만큼 유리하기 때문이다. 그렇지만 채무공제에 대해서는 사후에 해당 채무가 적법한 것인지, 상속인과 수증자들이 피상속인과 증여자로부터 별도로 받은 현금으로 이를 상환하지는 않는지를 추적해서 따진다는 점도 알고 있어야 한다.

특히 현 씨처럼 현금유동성이 부족한 경우에는 채무를 늘려 현금유동성을 확보하고 이를 상속인이나 수증자에게 이전하면 세금도 절세되기 때문에 일석이조의 효과를 거둘 수 있다.

Key Word_
채무공제, 현금유동성, 채무공제를
활용한 상속설계, 사후관리

현 씨의 현재 재산규모에 대한 상속세는 배우자가 법정지분까지 최대한 상속받는다고 가정할 경우 3억 7,000만원이다. 그러나 상가에 대한 임대보증금을 지금보다 더 늘리고, 본인의 주택과 토지를 담보로 대출을 받는다면 상속세 과세가액을 더 줄일 수 있다. 추가로 받은 임대보증금은 별도의 이자비용이 들어가지 않는 데다 이를 받아 목돈으로 활용할 수도 있기 때문에 현 씨처럼 현금이 부족한 경우에는 매우 유용하다.

우선 임대보증금을 현재의 2억원에서 10억원으로 늘린다. 물론 그에 따라 월세 수입이 적어지지만 늘어난 8억원의 보증금 중 6억원을 가지고 배우자를 계약자와 수익자로 하는 거치식 연금보험(20년간 확정형)에 가입한다. 그리고 이를 토대로 매월 360만원의 연금을 수령하여 노후자금으로 사용한다. 그리고 나머지 2억원은 두 자녀에게 각각 1억원씩 현금으로 증여하되, 그 용도를 자신의 사후에 상속채무의 상환자금으로 사용하도록 지정해둔다. 토지도 매각하기 어렵다면 이를 담보로 은행에서 대출을 받는다. 이자납부를 고려하여 대출금은 2억원만 받되, 이를 받아서 자녀들에게 증여하거나 자신이 사용한다.

이렇게 하면 현 씨의 상속재산은 35억원이지만 상속세 과세가액은 23억원으로 감소하고 상속세도 1억 7,000만원으로 줄어든다. 그러나 이러한 채무금액의 증액조정도 늘어난 채무금액의 사용처에 대한 조사를 피하기 위해서는 상속개시시점에 임박해서 실행해서는 곤란하며 늦어도 상속개시 5년 이전부터는 해두어야 안전하다.

▶▶ 채무공제를 활용한 상속설계

(단위 : 억원)

항목	현 상태에서 상속
상속재산	35
채무	2
과세가액	33
배우자상속공제	14
일괄공제	5
금융재산상속공제	0.4
과세표준	13.6
산출세액	3.8
납부세액	3.7

항목	추가 채무공제시
상속재산	35
채무	12[1]
과세가액	23
배우자상속공제	9.9
일괄공제	5
금융재산상속공제	– [2]
과세표준	8.1
산출세액	1.8
납부세액	1.7

1) 10억원(임대보증금 추가액 8억원 포함) + 2억원(신규 은행대출금)
2) 금융자산(2억원)에서 금융채무(2억원)를 빼면 순금융자산은 없음

☑ 상속재산과 과세가액
상속재산에서 공과금·채무·장비를 차감한 것이 상속세 과세가액이며, 배우자상속공제의 한도는 상속재산에서 공과금 및 채무를 차감한 금액에 법정지분율을 곱해 계산한다.

한편 배우자와 자녀들이 상속받은 채무인 임대보증금 10억원과 대출금 2억원은 반드시 사후관리가 따른다는 점을 알고 있어야 하며, 상환할 때는 그 자금출처를 명확히 한 다음 상환해야 한다. 임대보증금은 바로 상환할 필요가 없으나 대출금은 이자부담이 있으므로 상환하되, 자녀들의 소득입증자료 확보에 맞추어서 천천히 상환하도록 한다.

배우자에 대한 증여설계

■■■■■■■ ■■

50

신사동에서 부인과 함께 음식점을 운영하는 구수한 씨(49세)는 그동안 장사를 해서 제법 큰 돈을 모았다. 음식점을 시작할 당시 분양받은 상가와 현재 살고 있는 주택의 시가 및 금융자산을 모두 더해보니 30억원 정도로 평가됐다. 구 씨는 자신의 재산이 배우자(45세)와 자녀에게 상속되면 상속세 부담도 만만치 않을 듯하여 전성기 PB를 통해 상속세를 최소화하면서 재산을 배우자에게 증여할 수 있는 방법을 찾아달라고 의뢰해왔다.

일반적으로 소득이 있는 배우자나 자녀는 증여설계를 하기가 수월하다. 소득이 없는 경우에 비해 증여받은 돈(현금)으로 재산을 취득하더라도 그 취득자금을 입증하기가 훨씬 수월하기 때문이다. 이런 경우에는 구태여 재산이전에 따른 비용(취득세 등)이 발생하는 부동산을 이전하기보다는 현금을 증여해서 배우자나 자녀가 스스로 재산을 취득하도록 하는 것이 더 유리하다.

구 씨 부인의 경우 남편과 같이 일하고 있음에도 불구하고 부인에 대한 인건비를 처리하지 않고 있다. 이는 구 씨가 운영하는 사업장의 소득세와 관련해서도 바람직하지 않다. 배우자나 자녀 등 특수관계인이라 하더라도 실제 근로를 제공하고 있다면 급여를 지급하는 데는 아무런 문제가 없기 때문이다.

구 씨가 부인에게 매월 지급하는 급여는 구 씨 사업장의 필요경비로 처리하되, 부인은 이를 받아 자신을 계약자와 피보험자 및 수익자로 하는 연금보험에 가입한다. 이렇게 하면 남편으로부터 재산을 따로 물려받지 않고도 노후에 안정적인 현금흐름을 확보할 수 있게 된다. 물론 자신의 소득으로 납부한 것이므로 연금 수령시 과세될 상속세와 증여세는 없으며, 비적격연금으로 설계하면 연금소득세도 내지 않는다.

아니면 자신을 계약자로 하되, 남편을 피보험자로 하는 종신보험에 가입하는 것도 괜찮다. 종신보험도 남편 사후에 자신의 노후생활자금을 확보해준다는 면에서는 연금보험과 마찬가지다. 다만 보험금의 수령시기와 수령방식에서만 차이가 날 뿐이다.

이를 좀 더 구체적으로 따져보자. 구 씨 부인이 매월 200만원의 급여를 받아 이를 보험료로 납부하면 수익률을 연 5%로 가정할 경우 15년 뒤 원리금은 약 5억 3,400만원이 된다. 이를 토대로 종신형연금에 가입하면 매월 200만원을 종신지급받을 수 있다. 물가상승에 의한 급여인상에 따라 납부보험료를 증액 조정하면 더 많은 금액을 수령하는 것도 가능할 것이다. 여력이 된다면 이외에도 현금성자산의 증여를 통해 미리 재산을 배우자 앞으로 이전하는 것이 좋다. 10억원의 재산이 배우자 앞으로 이전돼 있다면 세율이 40%일 경우 약 2억 2,100만원((10

☑ 비적격연금

연금납부액에 대해 종합소득세에서 세액공제를 받을 수 없는 연금을 말한다. 비적격연금은 세액공제를 받지 못하는 대신 연금수령시 이를 소득으로 보지 않으므로 연금소득세를 내지 아도 된다. 이에 비해 적격연금은 연금납부액(연간 400만원(총급여 1.2억원 초과 또는 종합소득 1억원 초과자는 300만원) 한도)의 12%(또는 15%)를 세액공제받을 수 있으나 연금을 수령할 때 연금소득세를 내야 한다.

억원-4.3억원(배우자상속공제 증가액))×40%(과세표준 10억원 초과 시 적용세율)×97%]의 상속세가 줄어들게 된다.

한편 남편을 피보험자로 하는 종신보험에 가입해서 매월 200만원의 보험료를 납부한 후 보험금을 수령하는 경우에도 보험금은 상속재산에 포함되지 않은 채 이를 수익자인 부인의 노후자금으로 활용할 수 있다.

하지만 연금은 그 지급시기를 마음대로 정할 수 있는 데다, 일찍부터 연금을 타서 쓸 수 있지만 종신보험금은 그렇지 못하다는 점에서 불리할 수도 있다. 따라서 상속설계 전에 이런 점을 미리 잘 짚어야 한다. 이와 같은 설계는 일반 사업체에서 근무하는 자녀에게도 그대로 적용할 수 있다.

소득이 있는 자녀에 대한 증여설계

■■■■■■■ ■■■

51

개인사업을 하는 봉수완 씨(54세)는 장남(28세)이 드디어 취직을 해서 무척 기쁘다. 하지만 취직이 늦은 데다 이제 몇 년 뒤엔 결혼도 해야 할 것 같아 자신이 좀 도와주고 싶다. 봉 씨의 장남처럼 소득이 있는 자녀에게는 어떻게 증여하는 것이 좋을까?

자녀에 대한 증여는 대부분 재산취득을 목적으로 하게 된다. 특히 우리나라처럼 집값이 비싼 현실에서 결혼 후 처음 주택을 마련할 때는 어느 정도 부모의 도움을 받지 않을 수 없다.

봉 씨의 아들이 그동안 오랜 기간 직장생활을 해서 주택취득자금을 입증할 여력이 충분하다면 현금을 증여받아 그 돈으로 주택을 장만하는 것이 가장 손쉬운 방법이다. 그리고 이런 경우라면 별도로 증여신고를 할 필요도 없을 것이다.

그러나 지금처럼 소득입증자료가 불충분한 상태에서는 자신의 명의로 재산을 취득하거나 과다한 채무를 부담할 경우 증여세를 과세당할 수 있다. 다행히 현재는 소득이 발생하고 있으

Key Word_
소득이 있는 자녀에 대한 증여설계,
소득입증자료, 자금출처조사

므로 이를 최대한 활용하는 증여전략을 짜야 한다.

　우선 장남의 결혼시기를 지금부터 5년 후라고 가정하고 필요한 주택을 조기에 장만하는 것으로 하자. 봉 씨와 장남이 생각하고 있는 주택은 25평형(시가 6억원)이다. 단, 결혼할 때까지는 부모님과 같이 살 것이기 때문에 당장은 취득한 주택을 전세로 임대하면 그만큼 자금부담을 덜 수 있다. 아파트를 취득해서 전세를 줄 경우 전세가격은 3억 5,000만원이라고 가정하자. 결국 3억 5,000만원을 제외한 나머지 금액 2억 5,660만원(취득세 등 660만원 포함)을 모두 봉 씨로부터 증여받아야 하는데, 이럴 경우 증여세가 무려 3,040만원이나 되므로 좋은 방법은 아니다. 세법상 재산취득자금에 대한 자금출처조사시 입증해야 할 금액은 취득가액(6억 660만원)의 80%인 4억 8,528만원이므로 결국 1억 3,528만원이 부족한데, 이는 취득한 주택을 담보로 은행에서 대출을 받으면 된다. 이때 거치기간을 최대한 길게 잡아 매월 상환부담액을 최소화한다. 이자율이 4%일 경우 대출금 1억 3,528만원의 매월 이자부담액은 약 45만원으로서 장남의 월급으로 충분히 감당할 수 있는 수준이다. 자금출처를 입증할 필요가 없는 나머지 1억 2,132만원은 봉 씨가 지원해주면 된다. 이렇게 하면 일단 봉 씨 아들이 주택을 구입하는 과정에서 증여세를 낼 일은 전혀 없다.

　그렇지만 5년 후 결혼과 함께 본인이 입주하기 위해서는 전세보증금을 상환해줘야 하고 매월 이자지급액과 대출원금을 상환하는 일이 아직 해결해야 할 과제로 남아 있다.

우선 전세보증금 3억 5,000만원의 경우 5년간의 급여총액 1억 5,000만원(3년간 세후연봉(가정))에서 3년 동안의 이자상환액 1,620만원(45만원×36개월)을 뺀 1억 3,380만원은 본인 능력으로 상환이 가능하다. 부족분 2억 1,620만원 중 1억 2,000만원은 결혼할 배우자로부터 충당하고, 나머지 부족분 9,620만원은 본인의 부모와 결혼할 배우자의 부모로부터 각각 현금증여 받는 것으로 하자. 9,620만원을 반으로 나누면 각자 4,810만원이 되는데, 각각 증여재산공제액(5,000만원) 이내이므로 증여세를 낼 것은 없다.

　마지막으로 은행대출금의 상환에 대해서는 시간을 두고서라도 장남 스스로 이를 상환해 나가는 것이 좋다. 봉 씨가 무리하게 이를 대신 상환해줬다가는 아들이 증여세를 과세당할 수 있기 때문이다. 단, 장기간에 걸친 원리금 상환이 장남에게 부담된다면, 현금증여를 통해 부족한 생활비를 지원해주는 방법을 생각해볼 만하다. 결국 6억 660만원의 주택구입자금 중 장남이 부담한 것은 자신의 급여인 1억 5,000만원뿐인 셈이다.

　이와 같이 사전에 면밀한 증여플랜을 수립함으로써 봉 씨 장남은 큰 증여세 부담없이 부모의 도움으로 시가 6억원 상당의 주택을 마련할 수 있게 된다.

소득이 없는 자녀에 대한 증여설계

52

비상장 중소기업을 경영하는 지대로 씨(57세)에게는 두 아들이 있다. 큰아들은 별 문제가 없는데 작은아들은 아직 직장을 갖지 못한 상태이다. 이렇게 소득이 없는 자녀에게는 어떤 증여전략이 유효할까?

소득이 없는 자녀에게는 사실 재산취득자금을 몰래 증여할 방법이 없다. 취득자금을 입증할 자녀 스스로의 소득원이 없기 때문이다. 앞의 봉 씨 장남의 경우 증여세를 거의 내지 않고도 재산증여가 가능했던 것은 자녀의 소득이 있었기 때문이다.

그러나 소득이 없는 경우에는 이런 설계가 불가능하다. 대신 증여세를 내되, 최소화하는 전략을 짜야 한다. 증여세를 최소화하기 위해서는 증여시기와 증여재산 종류를 잘 선택해야 한다. 가격변동이 심한 자산일수록 증여시기의 선택을 통해 증여세를 줄이기가 쉬운데, 이에 가장 적합한 것이 주식이다.

지 사장이 본인이 경영하는 회사의 주식을 자녀에 증여한다고 가정할 경우 자녀가 증여받은 주식에 대해서는 당연히 증여세를 내야 한다. 이 경우 증여재산인 비상장주식은 세법규정에 따라 1주당 순자산가치와 1주당 순손익가치를 2:3의 비율로 가중평균해서 평가한다.

그런데 회사의 수익성은 늘 일정하지 않다. 경영환경의 변화에 따라 때로는 이익이 많이 날 때도 있고 적게 날 때도 있다. 그래서 보다 객관적인 평가를 위해 과거 3년간의 수익성(1주당 순이익을 뜻함)을 평균하되, 가장 최근의 수익성에 높은 가중치를 주어 평가한다.

이는 경영사정이 좋지 않아 1주당 수익가치가 나빠져서 비상장주식이 낮게 평가될 때 증여하면 증여세가 절세될 수 있음을 의미한다. 예를 들어 지 사장이 작은아들(성년)에게 회사 주식 10만주를 증여했다고 가정하자. 주당평가액이 2,000원이라면 증여재산가액은 2억원인 셈이고 이에 대한 증여세는 1,940만원이다.

그 후 회사의 경영실적이 좋아져서 장외거래가가 5,000원이 됐다면 작은아들은 이를 매각하여 5억원의 자금을 확보할 수 있게 된다. 이때 증여받은 이후의 재산가치 증가액에 대해서는 증여세를 내지 않아도 된다. 이것이 증여재산가치가 낮을 때, 재산증여를 가급적 미리 실행해야 하는 이유이다. 상장주식의 경우라면 증여일을 전후한 4개월의 종가를 평균해서 주식을 평가하는데, 외부적인 요인으로 주가가 비정상적인 수준으로 추락하는 상황에서 증여하는 것이 가장 좋다.

☑ 1주당 순자산가치

법인의 순자산가액을 평가기준일 현재의 발행주식수로 나눈 것을 말한다. 여기서 순자산가액이란 평가기준일 현재 법인의 자산총액에서 부채총액을 차감한 가액에 영업권 평가액을 더한 금액을 말한다. 자산의 평가는 평가기준일 현재의 시가에 의하고 시가가 불분명한 경우 보충적 평가방법에 의해 평가하되, 그 가액이 장부가액보다 적은 경우에는 장부가액으로 평가한다.

☑ 1주당 순손익가치

1주당 순손익은 세법기준에 따라 계산된 이익을 발행주식 수로 나눈 것으로, 1주당 수익력을 나타낸다. 1주당 순손익가치는 최근 3년 동안 1주당 순손익의 가중평균액(평가기준일 전 1년간의 순손익에는 3, 2년간의 순손익에는 2, 3년간의 순손익에는 1의 가중치를 곱해서 더한 금액을 6으로 나눈 것)을 세법이 정한 이자율(10%)로 할인한 가치를 말한다. 단, 상속세및증여세 과세표준 신고기한 이내에 청산절차가 진행 중인 법인 사업개시 전의 법인, 사업개시 후 3년 미만인 법인과 휴·폐업 중에 있는 법인, 자산총액 중 부동산이 80% 이상인 법인의 주식은 순자산가치로만 평가한다.

☑ 가중치

(평가일 이전 1년의 수익가치×3)+(평가일 이전 2년의 수익가치×2)+(평가일 이전 3년의 수익가치×1)/6

Key Word_
증여시기의 선택, 비상장주식, 1주당 순손익가치, 1주당 순자산가치

보험료증여도 마찬가지다. 소득이 없는 자녀가 미리 보험료 상당액을 증여받아 신고한 다음, 자녀가 보험 가입을 통해 나중에 수익자로서 받게 되는 보험금에 대해서는 증여세가 과세되지 않는다. 만약 보험료상당액을 증여받은 당시에 이를 신고하지 않은 상태에서 보험금을 받았다면 당연히 보험금에 대해 증여세를 내야 한다. 그러나 보험금보다는 보험료가 훨씬 더 싸기 때문에 보험료증여가 절세 목적에서 더 유리하다. 이것 역시 소득이 없는 자녀에게, 증여재산가치가 낮을 때, 조기에 증여해야 한다는 증여원칙에 부합하는 전략이다.

예를 들어 미리 5,100만원의 예금을 증여받아 9만 7,000원의 증여세를 내고 자녀(성년)가 부모를 피보험자로 하는 보험에 가입해 매월 30만원의 보험료를 납부하고 만기 또는 보험사고 시 보험금 2억원을 수령했다면 이는 수익자인 자녀의 고유재산으로서 이후 필요한 때에는 정당한 자금출처도 제시할 수 있는 것이다.

그러나 단지 자녀 명의로 5,000만원을 정기예금해서 만기 시점에 원리금을 수령했다면 이는 자녀의 정당한 자금원으로 인정받지 못한다. 향후 자녀가 재산취득 또는 채무상환을 할 때 자금출처 입증과 관련해서도 아무런 도움이 안 된다는 뜻이다.

이처럼 소득이 없는 자녀에게는 언젠가 필요할 재산취득자금 등의 출처를 만들어주는 것이 증여전략에서 가장 중요한 목표이다.

▶▶ 보험료증여와 보험금증여의 차이

구분	보험료를 증여하는 방법	보험금을 증여하는 방법
방법	계약자와 수익자를 동일인(자녀)으로 설계(소득이 없는 자녀인 경우 증여신고 후 가입)	계약자(부모)와 수익자(자녀)를 다른 사람으로 설계
증여시점과 증여재산가액	보험가입 전에 보험료상당액을 증여	보험사고(만기 포함) 발생시 보험금 상당액을 증여
가입설계	현재 20세 이상의 자녀를 계약자와 수익자로 10년 만기 일시납 5,000만원 또는 월납 52만원 계약 체결	만기시점(증여시점)에 20세 이상이 되도록 하고 현재 20세 미만의 자녀를 수익자로 하는 일시납 3,060만원 또는 월납 32만원 계약 체결
효과	증여세 부담없이 10년 후 8,150만원의 증여 및 자금출처 증빙 확보 가능	증여세 부담없이 10년 후 5,000만원 증여 가능

* 연간 수익률을 5%로 가정

　　한편 소득이 없는 자녀 중 장애인자녀에게는 특히 보험을 통한 증여가 효과적이다. 장애인이 수익자로서 연간 수령하는 보험금이 4,000만원 이내일 때는 증여세가 아예 비과세되기 때문이다. 이는 자력으로 생활하기 힘든 장애인을 배려하는 것으로, 매년 필요한 생활비 규모를 4,000만원으로 보고 이를 부모가 대신 내주어도 증여로 보지 않는다는 뜻이다. 따라서 이런 경우라면 굳이 보험료를 증여할 필요 없이 부모가 계약자로서 수익자인 자녀를 대신해서 보험료를 내줘도 아무 문제가 없다.

6장_상속 · 증여에 관한
44가지 궁금증

일부 고위 공직자 재산공개에서 땅 증여가 논란이 된 가운데 최근 부유층에선 '현금증여' 바람이 불기 시작했다. 자녀에게 예금 등 현금자산을 증여한 뒤 세무서에 정식 신고하고 증여세까지 내는 것이 신종 세(稅)테크로 떠오르고 있다. 모 은행 PB센터에 따르면 올해 1분기(1~3월) 절세 관련 상담건수 중 25%(80건)가 현금증여와 관련된 것이었다. 대개 40~70억원대 자산을 가진 50~60대 계층이 자녀 혹은 배우자에게 2~3억원 정도 증여하는 경우가 많다고 한다.

서울 강남에 사는 100억원대 자산가 A씨는 최근 아들에게 현금 3억원을 증여하고, 증여세로 3,600만원을 냈다. A씨는 "세무서에 증여세까지 내 두면, 나중에 펀드나 주식 등으로 돈이 크게 불어나도 국세청 조사를 받을 소지가 없다"며 "나중에 자녀가 고위 공직에 진출해도 문제될 게 없을 것"이라고 말했다.

부동산증여 대신 현금증여가 각광받는 또 다른 이유는 부동산 매력이 예전 같지 않다는 점이다. 요즘 같은 때에 현금을 증여한 후 펀드 등에 3~5년 정도 투자해 놓으면 증여세를 뽑고도 남는 짭짤한 수익을 거둘 수 있다는 것이다. 모 생명 FP팀장은 "이자 · 배당소득이 연간 2,000만원이 넘어 금융소득종합과세 대상자로 분류되는 경우 자녀 앞으로 현금증여하면 세금부담을 덜 수 있다"며 "자녀가 부동산을 사면서 자금조달계획서를 제출해야 할 때도 부모가 증여세 신고를 해 뒀다면 정당한 자금출처로 활용할 수 있다"고 말했다.

다만 현금증여를 할 경우 자칫 자녀들의 근로의욕을 꺾을 수 있기 때문에 증여자산 관리를 부모가 대신하는 경우가 많다고 한다.

(매일경제신문에서 발췌)

▶▶ 증여재산 종류별 비율

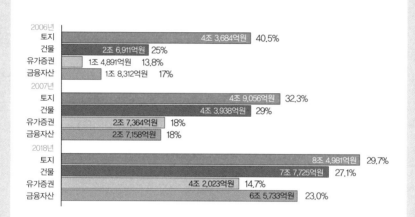

2006년
- 토지　4조 3,684억원　40.5%
- 건물　2조 6,911억원　25%
- 유가증권　1조 4,891억원　13.8%
- 금융자산　1조 8,312억원　17%

2007년
- 토지　4조 9,056억원　32.3%
- 건물　4조 3,938억원　29%
- 유가증권　2조 7,364억원　18%
- 금융자산　2조 7,158억원　18%

2018년
- 토지　8조 4,981억원　29.7%
- 건물　7조 7,725억원　27.1%
- 유가증권　4조 2,023억원　14.7%
- 금융자산　6조 5,733억원　23.0%

▶▶ 연령대별 수증자비율(2018년 결정기준)

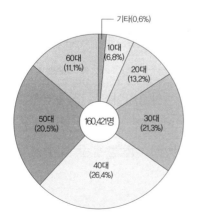

기타(0.6%)
60대 (11.1%)
10대 (6.8%)
20대 (13.2%)
50대 (20.5%)
30대 (21.3%)
40대 (26.4%)
160,421명

증여금액	수증자수(명)
5,000만원 이하	40,792
1억원 이하	43,970
3억원 이하	46,281
5억원 이하	11,523
5억원 초과	17,855
계	160,421

(자료 : 국세통계연보, 국세청)

☑ 관련 예규판
피상속인이 교통사고로 사망하여 그 유족인 상속인이 수령하는 위자료 성격의 보상금은 상속세를 과세하지 않으나 보상금 수령 권리자가 아닌 자가 수령하는 경우는 증여세가 과세됨(재산상속 46014-120. 2001.2.1).

☑ 유류분제도
상속인의 상속권을 최소한 보호하기 위해 피상속인이 법정상속인이 아닌 사람에게 상속하는 경우 및 특정의 상속인에게 상속을 하지 않거나 또는 적게 상속하는 경우 상속인의 청구에 의해 일정 금액(배우자와 직계비속은 법정지분의 1/2이며 직계존속과 형제자매는 1/3)을 상속받을 수 있도록 한 제도이다. 유류분청구는 상속개시일부터 10년 이내에 해야 한다.

▶▶ 상속 관련 궁금증

Q_1. 교통사고 위자료도 상속재산에 포함되나요?

피상속인이 교통사고를 당해 상속인들이 가해자로부터 받은 보상금은 상속재산에 포함되지 않는다.

Q_2. 합법적인 유언이 없을 경우 상속재산은 어떻게 나누나요?

상속재산은 피상속인의 의사, 즉 유언에 따라 나누는 것(지정상속)이 원칙이나, 유언이 없었을 경우에는 민법이 정하는 바(법정상속)에 따라 상속재산을 나누게 된다. 법정상속비율은 모든 상속인이 같고 배우자만 50%를 가산한다. 따라서 상속인이 배우자와 세 자녀라면 배우자는 1.5/4.5(3/9) 그리고 세 자녀는 각각 1/4.5(2/9)의 지분을 갖는다.

Q_3. 부친으로부터 상속을 전혀 받지 못한 경우 상속받을 방법이 없나요?

민법에서는 상속인의 상속권을 보호하기 위해 법정상속분의 일정비율은 반드시 상속인에게 승계될 수 있도록 보장하고 있는데, 이를 유류분제도라고 한다. 상속인 중 배우자와 직계비속의 유류분은 법정상속지분의 1/2이므로 상속인이 3남매인 경우로서 막내가 상속을 전혀 받지 못했다면 유류분청구를 통해 법정상속지분 1/3의 절반인 1/6을 받을 수 있다.

Q_4. 부의금도 상속재산에 포함되나요?

부의금은 돌아가신 피상속인의 것이 아니라 상주인 상속인의 것으로 보므로 상속재산에 포함되지 않는다. 한편 결혼축의금은 혼인 당사자의 것이 아니라 혼주인 부모의 것으로 보므로 결혼한 당사자가 결혼축의금을 재산취득자금의 출처로 제시할 수는 없다.

Q_5. 상속인들 중 특별수익자가 있을 경우 상속분은 어떻게 계산하나요?

공동상속인 상호 간에 형평을 기하기 위해 공동상속인 중 피상속인으로부터 증여나 유증을 받은(연수의 제한이 없음) 자가 있는 경우에는 그 수증재산이 자신의 상속분에 미달하는 한도 내에서만 상속받을 수 있다. 생명보험금의 수익자를 공동상속인 중 특정인으로 지정한 경우에도 그 생명보험금을 유증 또는 사인증여재산으로 보아 특별수익재산에 포함시킨다.

Q_6. 피상속인의 상속재산에 기여분이 있을 경우 상속분은 어떻게 계산하나요?

상속재산에서 기여분을 일단 차감한 후 이에 대해 상속지분 비율을 적용해 상속인별 상속재산을 계산한다. 그리고 기여분은 그 기여한 자의 상속재산에 별도로 합산해 상속분을 계산한다. 즉, 기여분은 다른 상속인에게 배분하지 않고 기여한 상속인에게만 따로 귀속시킨다.

☑ 유증

유언에 의해 재산의 전부 또는 일부를 상속 또는 상속인이 아닌 자에게 주는 것을 말하며, 포괄적 유증(상속재산의 전부나 일정비율을 주는 것으로, 예를 들면 ㅇㅇㅇ에게 재산의 1/2을 준다라는 식)과 특정적 유증(구체적인 하나의 특정재산만을 증여하는 것으로, 예를 들면 ㅇㅇㅇ에게 내가 살던 집을 준다라는 식)이 있다. 쌍방간 계약행위인 사인증여와는 달리 유증은 증여자의 단독행위로써 효력이 발생한다.

☑ 사인증여

증여자와 수증자가 생전에 증여계약을 맺되, 증여자가 사망해야 증여의 효력이 발생하도록 한 것이다. 유증과는 달리 수증자와의 계약행위이다.

Key Word_
지정상속, 법정상속, 유류분제도,
특별수익재산

Q_7. 상속 전 10년 내에 증여한 재산을 다시 합산당하면 절세효과는 없는 건가요?

상속 전 10년 내에 증여한 재산이 합산되더라도 상속개시일이 아니라 증여 당시의 가액으로 평가되기 때문에 증여일 이후 가치 증가분에 대해서는 세금이 절세되는 효과가 있다.

Q_8. 현금상속분도 상속 전에 인출한 자산의 용처로 인정해주나요?

상속개시 2년 이내에 처분하거나 빌린 채무는 그 사용처를 밝혀야 하는데, 상속세를 신고할 때 포함된 현금상속액은 이 경우 객관적으로 분명한 용도로 인정하지 않는다. 예를 들어 재산처분액이 10억원, 용도가 확인된 금액이 4억원이고 현금상속액이 5억원일 경우 현금상속액은 사용처로 인정하지 않으므로 불분명한 금액 4억원(10억원－4억원－2억원(재산처분액의 20%와 2억원 중 적은 금액)을 상속세 과세가액에 포함시킨다.

Q_9. 상속포기는 언제까지, 어떻게 하는 건가요?

상속재산보다 상속채무가 더 많은 경우 상속인은 상속포기 또는 한정승인을 할 수 있는데, 이는 피상속인의 채무가 더 많다는 사실을 안 날부터 3개월 이내에 가정법원에 신청하면 된다. 한정승인은 상속을 받되, 상속채무에 대해서는 자기가 받은 상속재산의 한도 내에서 변제책임을 지는 것을 말한다.

Q_10. 상속을 포기해도 수익자가 보험금을 받을 수 있나요?

피상속인이 납부한 사망보험금을 상속재산에 합산하는 것은 단지 상속세 과세를 위한 것일 뿐, 사망보험금은 보험금수익자의 고유재산이므로 상속인이 상속포기를 하더라도 보험금은 수익자에게 귀속된다.

Q_11. 피상속인의 채권자가 보험금에 대해 압류권을 행사할 수 있나요?

계약자와 피보험자가 동일인인 사망보험금은 세법상 상속재산으로 간주되므로 이에 대해서는 상속세를 내야 한다. 이때 상속재산으로 간주되는 것은 상속세를 계산하는 경우이며, 보험금수익자가 수령하는 보험금은 그 고유의 권리로서 취득하는 것이므로 이를 상속재산으로 볼 수 없다는 대법원 판례가 있다. 그러므로 피상속인의 채권자는 상속인이 수령하는 보험금에 대해 채권압류를 할 수 없다.

Q_12. 사실혼관계의 배우자와 그 자녀에게도 상속권이 있나요?

사실혼관계의 배우자에게는 상속권이 없으나, 그 자녀에게는 상속권이 있다.

Q_13. 사망보험금에 대해서도 상속인의 유류분청구가 가능한가요?

유류분청구제도는 지정상속을 우선하는 민법제도하에서 상속인의 상속권을 최소한 보장하기 위한 법적제도이므로, 법정상속인(배우자와 직계비속)의 상속분이 법정지분의 1/2에 미달한

☑ 유기정기금

매년 일정금액을 받는 것을 정기금이라고 하며, 정기금을 받게 될 기간이 미리 정해져 있는 것을 유기정기금이라고 한다. 상속 또는 증여를 통해 유기정기금을 받을 권리가 이전됐을 때는 세법이 정하는 바에 따라 평가한 가액을 상속·증여재산에 합산한다.

다면 사망보험금에 대해서도 유류분청구권을 행사할 수 있다.

Q_14. 확정형연금의 피보험자가 사망한 경우 상속세 과세가액은 어떻게 계산하나요?

연금지급이 시작되기 전에 사망하여 보험금(일시금)을 수령하였다면 동 보험금을 상속재산에 포함시켜 상속세를 내야 한다. 그러나 연금지급이 시작된 후 사망하여 유가족이 연금을 받게 된다면 연금지급기간이 정해진 유기정기금은 남은 기간 동안 받게 될 연금액을 현재가치로 따져 상속재산에 포함하게 된다. 이때 현재가치로 할인할 때는 세법에서 정하는 이자율(3%)을 적용한다.

Q_15. 종신형연금의 상속세 및 증여세 과세가액은 어떻게 계산하나요?

피보험자가 기대여명연수 기간(통계청 고시) 동안 받을 연금액을 현재가치로 할인(3%로 할인)한 금액이 과세가액이다. 만약 최저지급보증기간이 기대여명기간 이후에 만료되는 경우에는 최저지급보증기간이 끝날 때까지 받을 연금을 현재가치로 계산한다.

Q_16. 피보험자인 자녀 사망시 재혼한 부모도 보험금수령권이 있나요?

피보험자인 자녀(미혼)가 사망한 경우 수익자가 법정상속인이라면 직계존속인 부모가 사망보험금을 수령하게 된다. 이때 부가 사망한 상태에서 모가 다른 사람과 재혼했다면 재혼한 모가 직계존속(모가 재혼했다고 하더라도 직계존비속관계가 소멸된 것은 아님)으로서 보험금을 수령하게 된다.

Q_17. 피보험자인 부친 사망시 이혼한 엄마도 보험금수령권이 있나요?

피보험자인 부친이 사망한 경우 수익자가 법정상속인이라면 직계비속인 자녀가 사망보험금을 수령하게 된다. 그러나 자녀가 미성년자라면 친권자가 이를 대신 수령해야 하는데 부모가 서로 이혼한 상태에서 모가 다른 사람과 재혼했다면 재혼한 모가 친권자(부모가 이혼했다고 하더라도 친권상실선고가 없는 이상 친권이 소멸된 것은 아님)로서 보험금을 수령하게 된다.

Q_18. 보험금수익자가 피보험자보다 먼저 사망한 경우 누가 보험금수령권을 갖나요?

보험금수익자가 사망하면 계약자는 수익자를 다시 지정할 수 있다. 그러나 계약자가 수익자를 다시 지정하지 않고 보험사고가 발생(피보험자 사망)한 경우에는 수익자의 법정상속인이 보험금을 수령하게 된다.

Q_19. 상속재산의 분할이 안 끝났는 데도 상속세를 신고·납부해야 하나요?

상속세는 상속재산의 분할 여부와는 상관없이 상속개시일(피상속인이 사망한 날)이 속하는 달의 말일부터 6개월 이내에 신고·납부해야 한다.

☑ 관련 세법

기본통칙 13-0…1 [동일자에 시차를 두고 부모가 사망한 경우 상속세 과세방법]

부와 모가 동일자에 시차를 두고 사망한 경우 상속세의 과세는 부와 모의 재산을 각각 개별로 계산하여 과세하되 후에 사망한 자의 상속세 과세가액에는 먼저 사망한 자의 상속재산 중 그의 지분을 합산하고 법 제30조의 단기재상속에 대한 세액공제를 한다.

기본통칙 13-0…2 [동시에 부모가 사망한 경우 상속세 과세방법]

부와 모가 동시에 사망하였을 경우 상속세의 과세는 부와 모의 상속재산에 대하여 각각 개별로 계산하여 과세하며, 이 경우 법 제19조의 배우자상속공제 규정은 적용되지 아니한다.

☑ 단기재상속공제

한 번 상속세가 과세된 재산에 대해 단기간(10년) 이내에 다시 상속이 개시된 경우 전의 상속세 산출세액의 일정비율만큼을 공제해주는 것을 말한다. 공제율은 매 1년마다 10%씩 감액되는데, 예를 들어 아버지가 사망하여(상속재산 30억원, 과세가액 24억원) 상속세(산출세액 2억원)를 내고 어머니가 5년 후 사망하여 아버지로부터 받은 재산의 일부(10억원)를 다시 자녀에게 상속하는 경우라면 단기재상속공제는 다음과 같이 계산된다.

$$2억원 \times \frac{10억원 \times \frac{24억원}{30억원}}{24억원} \times 50\%$$

≒ 3,333만원

Q_20. 상속으로 취득한 재산이 없어도 상속세를 내야 하나요?

상속세는 상속인들이 각자 상속받은 재산가액에 비례해서 납부하는 것이므로 상속으로 인해 취득한 재산이 없다면 상속세의 납부의무도 없다. 단, 상속인 간에는 연대납세의무가 있으므로 다른 상속인이 부담할 상속세를 납부하지 않을 경우에는 대신 납부할 의무가 있다. 또한 상속인이 피상속인으로부터 사전에 증여받은 사실이 있다면 상속포기를 했더라도 사전증여 재산가액을 한도로 상속세 납세의무 및 연대납세의무를 진다(재산상속 46014-1364, 2000.11.17).

Q_21. 부모님이 동시에 사망했을 때 상속세 계산은 어떻게 하나요?

부와 모가 동시에 사망하였다면 상속세 과세는 각각 개별로 계산하되, 상속개시 당시 배우자는 이미 사망한 것이므로 두 사람 모두 배우자상속공제는 적용할 수 없다. 그러나 부와 모가 같은 날짜에 시차를 두고 사망한 경우에는 부와 모의 재산을 각각 개별로 계산하여 과세하되, 나중에 사망한 자의 상속세 과세가액에는 먼저 사망한 자의 상속재산 중 그의 지분을 합산하고 단기재상속에 대한 공제를 하게 된다.

Q_22. 배우자가 상속을 포기해도 배우자상속공제를 받을 수 있나요?

상속인이 인적공제 대상자로서 상속포기 등으로 상속을 받지 않은 경우에도 인적공제는 가능하다. 따라서 피상속인의 배우자가 있는 경우 배우자가 상속을 포기하더라도 배우자상속공제의 최소금액인 5억원을 공제받을 수 있다.

Q_23. 보험계약자가 사망해서 계약자를 변경할 경우 이미 납부한 보험료가 상속세 과세가액에 포함되나요?

보험계약자가 사망하여 계약자를 상속인 중 한 사람 이름으로 변경해 이를 승계하는 때에는 사망한 계약자가 그동안 납부한 보험료와 이자상당액을 사망한 계약자의 상속재산으로 보는 것이며, 승계하지 않고 해약하는 경우에는 해약환급금을 상속재산으로 본다.

Q_24. 상속포기자가 있는 경우 배우자상속공제액은 어떻게 계산하나요?

상속포기자가 있더라도 배우자상속공제액 계산시 법정상속비율은 그 자가 상속을 포기하지 않은 상태에서의 법정지분비율을 적용한다. 예를 들어 상속재산이 35억원이고 상속인은 배우자와 두 아들일 경우 작은아들이 상속을 포기했다고 하더라도 배우자상속공제액은 21억원(35억원 × (1.5/2.5))이 아니라 15억원(35억원 × (1.5/3.5))이 된다.

☑ 관련 세법

기본통칙 19-0…1 [배우자 상속공제]

① 법 제19조의 규정에 의한 '배우자'라 함은 민법상 혼인으로 인정되는 혼인관계에 의한 배우자를 말한다.
② 법 제19조 제1항의 규정에 의하여 계산한 금액이 없거나 5억원 미만인 경우에는 상속세 신고 여부에 관계없이 5억원을 공제한다.

자금출처조사(증여추
정배제)기준금액

① 재산취득일 전 또는 채무상
환일 전 10년 이내에 주택과 기
타재산의 취득가액 및 채무상
환금액이 각각 아래 기준에 미
달하고, 주택취득자금. 기타재
산 취득자금 및 채무상환자금
의 합계액이 총액한도 기준에
미달하는 경우에는 법 제45조
제1항과 제2항을 적용하지 않는
다.

〈증여추정배제기준〉

구분	취득재산		채무상환	총액한도
	주택	기타재산		
30세 미만	5천만원	5천만원	5천만원	1억원
30세 이상	1.5억원	5천만원	5천만원	2억원
40세 이상	3억원	1억원	5천만원	4억원

② 제1항과 관계없이 취득가액
또는 채무상환금액이 타인으로
부터 증여받은 사실이 확인될
경우에는 증여세 과세대상이
된다.

▶▶ 증여 관련 궁금증

Q_25. 전업주부(38세)인 아내 명의로 아파트를 사면 자금출처 조사가 나오나요?

자금출처조사란 미성년자 · 부녀자 등과 같이 나이나 직업, 소득상황 등을 감안할 때 스스로의 힘으로 재산을 취득할 수 없다고 판단되는 사람이 부동산 등을 취득하는 경우 취득자금 의 출처를 확인하여 증여세를 물리기 위한 절차를 말한다. 그 런데 모든 경우마다 자금출처조사를 하는 것이 아니고 국세청 에서 정해 놓은 자금출처조사기준(증여추정배제기준)금액을 초 과한 자산을 취득했을 때만 조사하게 되는데, 조사기준금액은 주택취득의 경우 30세 미만은 5,000만원, 30세 이상은 1억 5,000만원, 40세 이상은 3억원이다. 만약 이에 해당되어서 국 세청으로부터 '재산취득자금 출처에 관한 사전안내문'을 받으 면 소득 및 재산처분에 관한 증빙서류를 제출하여 취득자금의 출처를 밝혀야만(취득자금의 80%만 입증하면 됨) 증여세 과세를 피할 수 있다. 현행 세법상 배우자 간에는 6억원까지 증여재산 공제가 가능하므로 취득금액이 그 미만이라면 세무상 특별히 문제될 것은 없다.

한편 이와는 별도로 투기과열지구나 조정대상지역내의 주택 을 취득하는 경우에는 주택취득자금조달계획서와 관련 증빙을 시 · 군 · 구에 제출해야 하는데, 이는 국세청으로 통보되어 증 여세 과세자료로 활용되므로 이에도 사전에 대비해야 한다.

Q_26. 부모 자식 및 형제 간에 빌린 돈도 자금출처로 제시할 수 있나요?

금융기관채무나 전세(임대)보증금 이외에 개인 간의 채무는 금전소비대차에 관한 계약서가 있고, 관련 이자를 주고받은 사실이 있다면 자금출처로 제시할 수 있다. 다만, 이 경우 이자는 금융기관을 통해 주고받은 사실이 있어야 하며 세법상 정해진 이자(연 4.6%)수준이어야 한다.

Q_27. 자금출처조사시 증여세 과세를 피하려면 어느 정도까지 입증해야 하나요?

재산취득이나 채무상환액의 80% 이상(단, 10억원을 초과하는 경우에는 2억원을 제외한 나머지 금액)을 입증해야 한다. 예를 들어 취득자금이 5억원이라면 4억원을, 15억원이라면 13억원을 입증해야 한다. 입증하지 못한 금액은 모두 증여받은 것으로 본다. 만약 취득금액이 5억원일 경우 입증금액이 3억원이라면 나머지 2억원을 모두 증여받은 것으로 보므로 이에 대해 증여세를 내야 한다.

Q_28. 증여재산공제액 범위 내에서 재증여받으면 증여세를 안 내도 되나요?

같은 사람(직계존속과 그의 배우자는 같은 사람으로 본다)으로부터 여러 번에 걸쳐 증여받은 경우에는 10년 이내에 증여받은 금액을 합산하여 증여세를 계산한다(이를 재증여의 합산이라고 한

✓ 재증여의 합산

증여를 한 후 같은 사람에게 10년 이내에 다시 증여를 한 경우에는 이전의 증여금액과 재증여한 금액을 합산하여 증여세를 계산한다. 이때 합산은 수증자별로 하는 것이므로 증여자와 수증자(증여받은 사람)가 같은 사람일 때만 합산된다. 단, 증여자가 부모일 경우 부모는 같은 사람으로 본다.

✓ 관련 세법

상속세및증여세법 시행령 제46조 [증여재산공제의 방법 등]

① 법 제53조를 적용할 때 증여세 과세가액에서 공제할 금액의 계산은 다음 각호의 어느 하나의 방법에 의한다.
1. 2 이상의 증여가 그 증여시기를 달리하는 경우에는 2 이상의 증여 중 최초의 증여세 과세가액에서부터 순차로 공제하는 방법
2. 2 이상의 증여가 동시에 있는 경우에는 각각의 증여세 과세가액에 대하여 안분하여 공제하는 방법

다). 이때 증여건별로는 증여재산공제액 범위 내의 금액이라 하더라도 합산한 금액이 공제액을 초과하면 그에 대해서는 증여세를 내야 한다.

Q_29. 아버지와 할아버지에게 각각 증여받은 경우 증여재산공제방법은 무엇인가요?

증여세는 수증자별·증여자별로 과세하는 것이지만, 증여재산공제는 수증자별 한도이다. 즉, 자신(성년)의 모든 직계존속으로부터 공제를 받을 수 있는 10년간의 총한도가 5,000만원이라는 뜻이다. 예를 들어 5년 전 직계존속인 아버지로부터 증여받을 때 5,000만원을 이미 공제받았다면 이번에 할아버지로부터 증여받을 때에는 더 이상 공제받을 것이 없다. 만약 이번에 아버지와 할아버지로부터 동시에 증여받았다면 증여재산공제액 5,000만원을 증여재산가액에 비례해서 안분공제한다.

Q_30. 여러 명으로부터 동시에 증여받은 경우 증여재산공제는 어떻게 적용하나요?

2 이상의 증여가 그 증여시기를 달리 하는 경우에는 2 이상의 증여 중 최초의 증여세 과세가액에서부터 순차로 공제하고, 2 이상의 증여가 동시에 있는 경우에는 각각의 증여세 과세가액에 대해 안분하여 공제한다. 예를 들어 성년자녀가 아버지로부터 1억원, 할아버지로부터 3억원을 증여받았다면 1억원에서는 1,250만원(5,000만원×1억원/4억원)을, 3억원에서는 3,750만

원(5,000만원×3억원/4억원)을 공제하게 된다.

Q_31. 법정지분을 초과해서 받은 상속재산에 대해서도 증여세를 내야 하나요?

피상속인의 유언이나 법정지분비율대로 상속재산을 나누는 것이 어려울 경우 상속인들의 합의에 의해 상속재산을 나누는 것을 협의분할이라고 한다. 협의분할에 따라 특정상속인의 상속분이 증가하더라도 이는 공동상속인으로부터 증여받은 것으로 보지 않고 피상속인으로부터 상속받은 것으로 보기 때문에 증여세를 낼 필요는 없다.

그러나 상속등기가 완료돼 각 상속인의 상속지분이 확정된 후 협의분할을 해서 특정상속인의 상속지분이 증가한 경우에는 그 증가한 부분에 상당하는 재산가액을 공동상속인 중 지분이 감소된 상속인으로부터 증여받은 것으로 본다.

Q_32. 미성년자녀 명의의 보험을 인출하면 증여세가 부과되나요?

아버지가 미성년자인 자녀를 계약자와 수익자로 해서 저축성보험을 가입해 납부하다가 만기나 사고 발생시에 수익자인 자녀가 보험금을 받으면 보험금에 대해 증여세가 과세된다. 또한 중도해약이나 인출에 따라 계약자인 자녀가 보험금을 받더라도 이에 대해 증여세가 과세된다.

☑ 관련 세법
상속세및증여세법 제4조 [증여세 과세대상]

③ 상속개시 후 상속재산에 대하여 등기·등록·명의개서 등(이하 '등기 등'이라 한다)으로 각 상속인의 상속분이 확정된 후, 그 상속재산에 대하여 공동상속인이 협의하여 분할한 결과 특정 상속인이 당초 상속분을 초과하여 취득하게 되는 재산은 그 분할에 의하여 상속분이 감소한 상속인으로부터 증여받은 것으로 보아 증여세를 부과한다. 다만, 제67조에 따른 상속세 과세표준 신고기한까지 분할에 의하여 당초 상속분을 초과하여 취득한 경우와 당초 상속재산의 분할에 대하여 무효 또는 취소 등 대통령령으로 정하는 정당한 사유가 있는 경우에는 증여세를 부과하지 아니한다.

Q_33. 상속등기 후 상속지분에 변동이 생기면 증여세를 내야 하나요?

상속받은 재산을 특정인에게 무상으로 이전하는 것은 증여에 해당하므로 증여세를 내야만 한다. 다만 법정지분대로 상속등기 등을 했다가 상속인 간 협의에 의해 상속분을 재확정해 상속세 신고기한 내에 경정등기를 하고 상속세를 신고한 경우에는 지분변동분에 대해 증여세를 과세하지 않는다. 따라서 상속재산을 협의분할하고자 하는 경우에는 등기·등록·명의개서 등을 하기 전에 분할하되, 등기 등을 했다가 재분할하더라도 상속세 신고기한 내에 경정등기를 하고 변경된 내용대로 상속세를 신고해야 상속지분 변동분에 대해 증여세가 과세되지 않는다.

Q_34. 채무인수를 조건으로 증여받는 경우 증여세 과세가액은 어떻게 계산하나요?

증여재산에 담보된 채무를 수증자가 인수하는 조건으로 증여받는 것을 부담부증여라고 하는데, 부담부증여인 경우에는 동 채무액을 공제한 금액을 증여세 과세가액으로 한다. 그러나 부담부증여분(채무액)에 대해서는 증여세를 과세하지 않는 대신 증여자에게 양도소득세를 과세한다.

Q_35. 증여받은 자녀를 대신해서 증여세를 내줘도 되나요?

증여세를 대신 납부해준 경우에도 이를 재증여로 보므로 해당 증여세 대납액에 대해서는 증여세를 내야 한다. 단, 증여자가 세법상 연대납세의무가 성립(수증자의 행방불명, 주소 및 거소 불분명 등)되어 대납한 경우는 관계없다.

Q_36. 부담부증여의 경우 채무는 무조건 증여세 과세가액에서 공제되나요?

부담부증여라 하더라도 배우자나 직계존비속 간의 부담부증여에 대해서는 수증자가 증여자의 채무를 인수한 경우에도 해당 채무액을 공제하지 않는다. 그러나 채무부담계약서, 채권자확인서, 이자지급에 관한 증빙 등 실제로 부담하게 되는 것이 입증되는 채무이거나 국가·지방자치단체·금융기관으로부터의 채무, 재판상 확정된 채무 등이 객관적으로 인정될 때에는 채무액을 공제할 수 있다. 또한 수증자의 채무상환능력이나 이자지급능력이 확인돼야 한다.

Q_37. 배우자나 자녀 명의의 예금에 대해서도 증여세가 부과되나요?

배우자나 자녀 명의의 예금을 '배우자나 자녀에게 실제 증여한 것으로 볼 것인가' 아니면 '단순히 배우자나 자녀 명의를 빌려 차명으로 예금한 것으로 볼 것인가'에 따라 세금 과세 여부가 달라진다. 그런데 증여재산공제액 범위를 초과한 자녀명의의 예금은 차명거래로 간주되어 금융실명거래및비밀보장에관한법률에 따라 처벌을 받게 되며, 세법상 배우자나 자녀 명의의 예금에 대해서는 명의자의 예금으로 추정한다. 따라서 자녀가 별다른 소득이 없는 경우에는 가급적 증여재산공제액 범위 내에서 증여하고 증여재산공제액을 초과하는 예금의 경우에는 증여신고를 해두는 것이 바람직하다. 또한 아직까지 배우자나 자녀 명의의 예금에 대해 증여세를 과세한 사례는 없으나, 자금출처자료를 확보할 목적이라면 증여신고를 해두는 것이 바람직하다.

Q_38. 아들이 부모 명의의 부동산을 담보로 돈을 빌려도 증여세를 내야 하나요?

자녀가 부모의 재산을 담보로 제공하고 자금을 차입한 경우 부모로부터 담보를 제공받음으로써 얻은 이익 상당액(불특정다수인 사이에 통상적인 지급대가가 1,000만원 이상인 것에 한함)에 대해서는 증여세가 과세된다. 이 경우 증여받은 이익은 상속세및증여세법 시행령 규정에 의해 용역의 무상제공에 따라 지급해야 할 시가 상당액 전체가 된다(국세청 재산세과-1153, 2009. 6.11).

Q_39. 배우자에게 재산분할을 해주면 증여세를 내야 하나요?

남편만 소득이 있고 부인은 소득이 없다 하더라도 부부의 재산은 부부 공동의 노력에 의해 만들어진 것이므로 부인의 가사노동 등에 의한 기여분을 배우자의 몫으로 인정해 주는 것이 재산분할제도이다. 이 경우 배우자의 몫을 가사노동에 의한 정당한 재산권으로 보기 때문에 증여세나 양도소득세 등 세금 문제는 전혀 발생하지 않는다. 한편 이혼위자료로 재산을 이전하는 경우 증여세는 없지만 부동산인 경우에는 양도소득세를 내야 한다.

Q_40. 증여세의 연대납세의무는 어떤 경우에 발생하나요?

증여세는 재산을 증여받은 수증자가 납부하는 것이 원칙이지만 수증자의 주소 또는 거소가 분명하지 않아 조세채권의 확보가 곤란한 경우 및 수증자가 증여세를 납부할 능력이 없다고 인정되어 체납처분을 해도 조세채권의 확보가 곤란한 경우에는 증여자가 연대하여 납부할 의무가 있다. 명의신탁재산(토지와 건물은 제외한다)의 경우 그 명의자로 등기 등을 한 날에 그 재산의 가액을 실제소유자가 명의자에게 증여한 것으로 보는데, 이런 경우에는 실제 소유자에게 증여세 납부의무가 있다.

Q_41. 증여받은 돈으로 주식을 샀을 경우 운용수익은 증여가 아닌가요?

증여받은 돈에 대해 당초에 증여신고를 하고 그 돈을 운용해서 벌어들인 것은 수증자의 몫이므로 이에 대해서는 증여세를 낼 필요가 없다. 그러나 당초 증여시에 신고하지 않은 상태에서 자금출처조사를 받았다면 운용수익을 포함한 전체 금액이 증여재산가액에 포함된다.

☑ 관련 세법

기본통칙 31-24…6 [위자료에 대한 증여세 과세 제외]

이혼 등에 의하여 정신적 또는 재산상 손해배상의 대가로 받는 위자료는 조세포탈의 목적이 있다고 인정되는 경우를 제외하고는 이를 증여로 보지 아니한다.

상속세및증여세법 제4조의 2 [증여세 납부의무]

⑥ 증여자는 다음 각 호의 어느 하나에 해당하는 경우에는 수증자가 납부할 증여세를 연대하여 납부할 의무가 있다. 다만, 제4조제1항제2호 및 제3호, 제35조부터 제39조까지, 제39조의2, 제39조의3, 제40조, 제41조의2부터 제41조의5까지, 제42조, 제42조의2, 제42조의3, 제45조의3부터 제45조의5까지 및 제48조(출연자가 해당 공익법인의 운영에 책임이 없는 경우로서 대통령령으로 정하는 경우만 해당한다)에 해당하는 경우는 제외한다.
1. 수증자의 주소나 거소가 분명하지 아니한 경우로서 증여세에 대한 조세채권(租稅債權)을 확보하기 곤란한 경우
2. 수증자가 증여세를 납부할 능력이 없다고 인정되는 경우로서 체납처분을 하여도 증여세에 대한 조세채권을 확보하기 곤란한 경우
3. 수증자가 비거주자인 경우

Q_42. 현금 · 유가증권 · 부동산 중 증여세 절세 목적상 가장 유리한 것은 무엇인가요?

소득이 있어 재산취득자금을 입증하기 쉬운 경우라면 현금을 증여해서 직접 재산을 취득하게 하는 것이 가장 유리하다. 그러나 소득이 없어 재산취득자금 증명이 어려운 경우에는 부동산증여가 더 유리하다. 부동산은 시가가 실제 시세보다 낮게 공시되기 때문에 과세표준이 낮아져 절세효과를 얻을 수 있다. 그리고 저평가된 주식이나 경제상황에 따라 일시적으로 저평가된 시기에 주식을 증여하면 증여세 절세가 가능하다.

Q_43. 증여재산의 증여일은 언제를 의미하나요?

증여일은 증여세의 신고기한과 관련해 중요한데, 등기 · 등록을 요하는 재산은 소유권이전등기 · 등록신청서의 접수일이 증여일이다. 그리고 주식 및 출자지분은 객관적으로 확인된 주식 등의 인도일을 증여일로 보되, 인도일이 불분명하거나 인도 전에 명의를 개서한 경우에는 명의개서일을 증여일로 본다. 그 외 기타재산은 인도한 날 또는 사실상의 사용일이 증여일이다.

Q_44. 재증여받은 경우 앞서 낸 증여세를 전액 다 공제받나요?

재증여의 합산과세에 따라 10년 이내에 동일인으로부터 증여받은 재산가액을 과세가액에 가산하는 경우 기납부한 증여세(증여 당시의 증여세 산출세액을 뜻함)는 다음 금액을 한도로 공제한다.

$$증여산출세액 \quad \times \quad \frac{가산하는 \ 증여재산에 \ 대한 \ 증여세 \ 과세표준}{합산한 \ 증여세 \ 과세표준}$$

　예를 들어 자녀(성년)가 7년 전 부친으로부터 1억 5,000만원을 증여받고 증여신고를 마쳤는데, 이번에 또 시가 3억원 상당의 부동산을 증여받았다면 합산과세에 따라 증여세 과세표준은 4억원이 되며, 이에 따른 증여세 산출세액은 7,000만원이다. 여기서 기납부한 증여세 1,000만원(산출세액)과 공제한도 1,750만원(7,000만원×1억원/4억원) 중 적은 금액인 1,000만원을 공제하면 증여세 산출세액은 6,000만원이 된다.

〈키워드 색인〉
* 각 쪽수는 해당 키워드가 있는 절을 의미합니다.

미리 준비할수록 덜 내는 현명한 상속·증여설계 | 2021 최신 개정판 |

초판	1쇄 발행	2009년 10월 30일
개정판	1쇄 발행	2015년 2월 20일
개정판	2쇄 발행	2015년 6월 10일
개정2판	1쇄 발행	2017년 3월 20일
개정3판	1쇄 발행	2019년 3월 29일
개정4판	1쇄 발행	2020년 11월 27일

지은이	이병권
펴낸이	한준희
펴낸곳	(주)새로운 제안
등록	2005년 12월 22일 제2020-000041호

책임편집	이도영
디자인	이지선
마케팅	문성빈, 김남권, 조용훈
영업지원	손옥희, 김진아

주소	(14556) 경기도 부천시 조마루로 385번길 122 삼보테크노타워 2002호
전화	032-719-8041	팩스	032-719-8042
홈페이지	www.jean.co.kr	email	webmaster@jean.co.kr

ISBN	978-89-5533-598-9 (13320)
ISBN	978-89-5533-599-6 (15320) 전자책